重訪中國
鄧嗣禹回憶錄

China Revisited
by An Overseas Chinese Historian

....

鄧嗣禹————————著　Ssu-yü TENG (Au.)

彭　靖————編譯　Jing PENG (Ed.)

彭　麗————編譯　Li PENG (Ed.)

重訪中國：鄧嗣禹回憶錄　　I

1949年鄧嗣禹贈予女兒鄧同蘭之照片（編譯者提供）

1950年鄧嗣禹在哈佛大學留影（編譯者提供）

鄧嗣禹贈予譚其驤之照片（攝於1970年代中期）（編譯者提供）

1980年鄧嗣禹在美國自宅前留影（編譯者提供）

1982年在美國匹茲堡大學合影，由左至右為王伊同、鄧嗣禹、鄧懿（周一良夫人）、Margaret Susan Henriques Teng（鄧嗣禹美國夫人）、周一良（編譯者提供）

目錄

推薦序－論今昔學者之境遇與學養／張西平 1
故鄉明月－編譯者絮語／彭靖 5
編輯說明 15

引　言／費正清 17
自　序／鄧嗣禹 19

第一章　第一次中國考察（1972）／鄧嗣禹 25
　　一、從香港經廣州前往上海 25
　　二、上海 30
　　三、杭州 44
　　四、南京 49
　　五、北京 55
　　六、瀋陽與鞍山 128
　　七、從北京到延安 138
　　八、西安 152
　　九、鄭州 171
　　十、武漢 175
　　十一、長沙與韶山 189
　　十二、廣州 209

第二章　第二次中國考察（1978）／鄧嗣禹 221
　　一、上海 221
　　二、北京 224
　　三、天津 227
　　四、經蘇州回上海 228
　　五、兩次重訪中國的比較 229

編譯者補述　參加林則徐誕辰二百周年紀念活動─
　　　　　　第三次回國紀實（1985）／彭靖 235

附錄一　北京大學任教歲月（1946-1947）／鄧嗣禹
　　 247
　　一、我為何選擇北大 247
　　二、北大教授的趣事 250
　　三、我與胡適先生的交往 255
　　四、胡適之先生何以能與青年人交朋友 259
　　附篇一　從粵漢路慘案看中國的公共事業 267
　　附篇二　返美途中考察日本教育 273

附錄二　風雨同歸：香港、澳門訪問始末（1956）
　　　　／彭靖 281

附錄三　文化大革命後的教育和知識分子生活問題
　　　　（1974）／鄧嗣禹著　楊秀珊譯 297

譯後記　／彭靖 315

推薦序 論今昔學者之境遇與學養

張西平

（北京外國語大學資深教授、《國際漢學》期刊主編）

今讀彭靖先生、彭麗先生編譯的《重訪中國：鄧嗣禹回憶錄》一書，感慨萬千！民國之際，雖亂世多艱，然學者輩出，其學養深厚，成就斐然，令人景仰。他們或生於清末，幼承庭訓，飽讀詩書，國學根基深厚；如胡適之先生以現代方法整理國故，開一代學術新風；陳寅恪先生學貫中西，精通多國語言，於唐代中古史研究，發前人所未發，其「獨立之精神，自由之思想」，更成為學界之精神標竿。鄧嗣禹負笈海外，汲取西學之精華，遂成中西合璧之大家。後執教於美國東亞系，合作於費正清，傳播華夏文化之功顯著。鄧先生一生成就斐然，於異域杏壇，弘揚華夏學術，為中西文化交流之橋樑。以鄧嗣禹為代表的民國一代的學者，心懷天下，以學術為報國之器，其志可嘉，其行可敬。

今我輩學人，生於國運昌隆之時，恰逢民國一代學者漸漸淡出歷史舞臺，將我輩推向學術舞臺的中心。現在年輕學者已經很少知道鄭天挺、韓儒林這些名字，從事海外漢學研究，很少知道鄧嗣禹、楊聯陞這些前輩的名字。改

革開放後的我們這批學者已是今日學界之棟樑，科研經費充裕，學術交流頻繁，儼然已成今日學術之大咖。但其學養與鄧嗣禹、楊聯陞等前輩相比，相差甚遠。我輩學人之中，不少滋生驕矜之氣，對前輩學者之成就缺乏敬畏，學術交流中時有傲慢之態。今細度《重訪中國：鄧嗣禹回憶錄》，深感我輩學養所囿，完全不及民國前輩。從小少有家學教養，基礎的教育大都是小學程度，青年時又上山下鄉，歷經磨難後考入大學，拿下博士學位。雖然，今日風光無限，然多浮於表面，能傳世之作寥寥。

夫學者之本，在於學養與謙遜。今之學者，雖有國家強盛之舞臺，然不可忘卻自身學養根基之淺薄，雖著作等身，但面臨百年未有之大變局，已有之知識和成績或將如浮雲。民國學者於亂世尚能堅守學術初心，今之我輩學者更應於盛世砥礪前行。當以鄧嗣禹諸公為楷模，沉潛學問，深耕細作，以謙遜之心對待學術，以敬畏之心對待前賢。今時，吾輩展中國學術世界化之研究，不可不記鄧先生之輩的耕耘與成果。他們那一代人以其才學與志業，開闢中國學術通往世界之途，為今日世界之中國研究打下基礎，他們的精神與貢獻，當永載史冊，為吾輩所敬仰與追思。

最後，我以鄧嗣禹先生所寫〈中國學術世界化〉一文，作為這篇序言的結語，以沿著他指出的方向努力：

中國重要的問題，同時也是世界的問題，中國學術，

同時也是世界學術的一部分。這是盡人皆知的。要想解決中國重要的問題，首先或同時要將世界的問題得到合理的解決。要想中國學術世界化，首先要瞭解世界學術的趨勢，然後我們知道努力的目標，與世界學術並駕齊驅，方能將中國學術發揚光大。

所謂中國學術世界化者，有兩種可能的解釋。第一，是將中國學術傳播於世界，使世人對於中國文化發生景仰。第二，是用世界的科學知識，學術潮流，研究中國文化，使中國人於本國文化的研究，不致落在外國人對我們文化的研究之後。[1]

2025 年 2 月 4 日

---

[1] 鄧嗣禹，〈中國學術世界化〉，《大公報》（天津），1947 年 3 月 17 日，版 3。

故鄉明月－編譯者絮語

彭 靖

《重訪中國：鄧嗣禹回憶錄》一書是留美學者、時任印第安納大學（Indiana University）歷史系資深教授鄧嗣禹先生在1979年出版的回憶錄著作。在這本書中，除了北京大學的任教歲月以外，鄧嗣禹著重介紹他作為中美發表聯合公報之後，較早一批美國歷史學家考察團成員於1972年6月訪問中國大陸的詳情。在歷時二個月的考察中，鄧嗣禹以海外華人的身分，走訪了廣州、上海、北京、西安、武漢、長沙等十三個城市，書中記錄他參觀、考察與演講時的所見所聞，以及接受外交部宴請，與費孝通、顧頡剛、劉大年、冰心等著名學者交流的詳細情形。

1978年10月，他再次回到中國大陸，拜訪顧頡剛、顧廷龍、譚其驤、鄭天挺等師友，從事訪友、論學等活動。1985年10月，當林則徐誕辰二百周年時，全國政協在北京召開大型紀念活動，並邀請海外五位學者參加。鄧嗣禹作為以鴉片戰爭研究為博士論文的研究學者，列為全國政協首席邀請人員。本書主要是對這四次回國經歷的真實記述和評論。

一、寫作背景與學者評價

　　1971年夏季，時任美國總統的尼克森（Richard M. Nixon）宣布，他將於1972年初訪問中國大陸。這個消息發布後，任教於耶魯大學（Yale University）中文系的專欄作家趙浩生教授，曾經在巴黎《世界報》（*Le Monde*）和香港《七十年代》月刊上，發表題為〈美國華僑看尼克遜訪華〉的文章。該文開宗明義表示，在留美四十萬華僑看來，尼克森總統訪華的消息，就像抗戰勝利一樣令人興奮。文中並談到留美華人可分為四類，其中一類是年齡超過五十，在全美各大學和各項事業中最有成就的中國學者。趙先生分析說，這些人大部分是抗日戰爭勝利前後，到美國的公費或自費留學生，他們雖然大多數加入了美國籍，但是在感情上依然是中國人，隨著年齡的增長，他們期盼重回故土，重見親人，並希望能夠把自己的學問報效祖國。尼克森訪華的消息，使他們的願望有了實現的可能。

　　1972年2月，尼克森總統訪問中國大陸，在上海發表聯合公報之後，這些學者即陸續有人回去探親、訪問。而且，由於他們當中不少人都是國際知名學者，因此他們重訪中國大陸的舉動也就引起很多人的關注。在他們回美之後，不斷有人請他們發表談話、演講，談他們重訪中國大陸的印象。其中，有些學者發表的長篇文章、回憶錄書籍陸續被翻譯成中文出版，供研究當代中國的學者們借鑑。

　　自從1937年，鄧嗣禹到達美國，協助恆慕義（Arthur

William Hummel, Sr.）編寫《清代名人傳略》（*Eminent Chinese of the Ch'ing Period*）一書，1942年師從費正清（John King Fairbank）獲得哈佛大學（Harvard University）博士學位後，他長期在美國芝加哥大學（University of Chicago）、哈佛大學、印第安納大學任教。其中，1946年至1947年曾應北京大學胡適校長邀請，擔任歷史學教授，講授中國近代史課程以來。

1972年重訪中國的他，已有二十多年沒有回到故鄉。作為一名海外著名歷史學家，為了表達對於故鄉的深切眷念之情，在此書封面的顯著位置，他以中文題上「故鄉明月」四字。

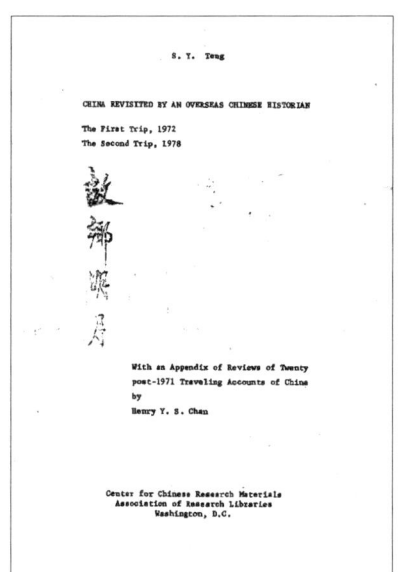

本書英文版封面（編譯者提供）

鄧嗣禹在自序中介紹：「在本書中有許多關於中國的社會與經濟現況、城市與農村的新風貌、人民的性情與禮節的評論。有些則是關於行程安排、觀光設施、旅遊景點、考古遺址、藝術作品的資訊，並且考量我的學術興趣，有許多關於過去與現在中國史的介紹。其中最有趣的可能是關於毛澤東的早年生活與思想，以及中國共產黨的歷史。最後不可避免的會有個人的觀察與評論。」

鄧嗣禹與費正清生前保持亦師亦友五十多年的師生情誼，費正清並多次為鄧嗣禹的博士論文，以及多部學術著作撰寫過前言和序言，鄧嗣禹也是與費正清合作時間最長、發表論文最多的留美學者。[1] 此次費正清在百忙之中，再次為本書撰寫了熱情洋溢的序言。

費正清在序言中稱讚：「反映在他具體調查、經歷與觀察上的，是準確而簡潔的敘述，因為他是位訓練有素的學者。⋯⋯美國讀者會在書中找到關於如何在中華人民共和國旅行，與在旅途中會看到什麼的清晰描述，還有零星的對近數十年來革命變化的觀察。從他特別的背景來看，他能夠以不同視角，來觀察今日的中國。」

美國社會科學理事會、國家人文基金會和印第安納大學對於該書高度認可，曾共同資助鄧嗣禹在研究階段和旅遊期間的資金，並認為「此書和其中文章是一本在西方世

1　詳見鄧嗣禹、彭靖，《家國萬里：鄧嗣禹的學術與人生》（上海：上海人民出版社，2015）；彭靖，〈亦師亦友五十年：鄧嗣禹與費正清的學術因緣〉，《中華讀書報》，2013年5月22日，版17。

界難以獲得的稀有書籍」。

2015年，上海師範大學歷史系資深教授、博士生導師虞雲國在《家國萬里：鄧嗣禹的學術與人生》一書的評語中，特別提到鄧嗣禹的這部遊記書籍，他說「上世紀70年代鄧嗣禹曾兩訪故國，著有《大陸遊記》，當中更有家國萬里的濃濃情結，希望不久能出版大陸版。」

二、參訪過程的二大重點－毛澤東的早年生活

毛澤東作為參加過中國共產黨「一大」十五位出席者之一，中國共產黨和解放軍的創始人，他早年的生活與思想的形成，一直是中共黨史研究學者和歷史學家研究與關注的焦點。

在本書中，有關毛澤東出生地韶山陳列館與毛澤東研究的內容，無疑佔有著重要的篇幅。所涉及到的內容包括：毛澤東的家庭出生、毛澤東的六位親屬成為革命烈士、毛澤東的青年時代、毛澤東思想的形成、五四運動加速了毛澤東的政治活動、自修大學與毛澤東思想等六個部分。

關於毛澤東的家庭出身問題，在土地改革時期，毛家曾被當地劃分為「富農」。在他的青年時代，曾經閱讀過大量的書籍，對於他後來領導共產革命起到重要的作用。

在1911年夏季，毛澤東通過考試進入湖南省立第一中學。學習半年後離開學校，以自學的方式，在湖南省圖書館閱讀了大量書籍，為後來共產革命活動儲備了許多理

論知識。這個時期正是第一次世界大戰爆發階段。同時，他還研讀過許多嚴復翻譯的西方政治、哲學和經濟著作。

鄧嗣禹在書中還總結到：毛澤東很用功，他喜歡文學、歷史與哲學，但他不喜歡數學、音樂與美術。他常讀著名的古典詩〈離騷〉，這或許是他擅長作古典詩的部分背景養成。

毛澤東思想的形成在大陸學者研究並不多。鄧嗣禹在書中強調指出「從1913年至1918年，毛澤東在湖南第一師範學校求學，這間學校相當於專科學校。這是他思想形成的時期，特別值得注意。」毛澤東給他的朋友寫了一封信，「西方思想亦未必盡是，幾多之部分，亦應與東方思想同時改造也。」這表明他早期對盲目照搬西方一切產生的懷疑。

他總是手握一支筆，在文章旁邊寫一些旁註和評論。在《倫理學原理》[2]的空白處，他就寫了萬餘字的評論。他不贊成作者關於社會變革的觀點，並評論說，在中國一定會有一場社會革命發生。在其豐富的學習筆記中，毛澤東強調，從書本中獲得的理論知識是貧乏的。實踐知識必須從自然和社會中去尋找。要瞭解蠶桑，就必須愛護蠶。為了促進工人、農民和學生之間的運動，人們必須去工

---

[2] 《倫理學原理》(*System der Ethik*)一書是德國哲學家泡爾生(Friedrich Paulsen)的代表作，由楊昌濟的好友蔡元培翻譯。1917年秋天，毛澤東一面聽楊昌濟老師的修身課，一面在這門課的教材《倫理學原理》做大量批註，系統地闡述了自己的人生觀和宇宙觀。

廠、農村和學校，瞭解那裡的學習條件和問題。

毛澤東正是在湖南的早年生活奠定這樣的基礎。

三、參訪過程的二大重點－學者的晚年生活

在鄧嗣禹出版本書前後，有一些到訪過中國大陸的美國著名學者、記者，以及華裔文學家也曾出版過類似的著作，比如蔣彝的《42年後重訪中國》（Yee Chiang, *China Revisted after Forty-two Years*）；哈里森‧索爾茲伯里的《前往北京與更遠的地方：關於新亞洲的報導》（Harrison E. Salisbury, *To Peking and Beyond - A Report on the New Asia*）；哈蘭‧克利夫蘭的《中國日記》（Harlan Cleveland, *China Diary*）；埃米特‧戴德蒙的《中國日誌》（Emmett Dedmon, *China Journal*）等，個別書籍也曾翻譯成中文出版。但是，他們的出發點與所觀察的角度明顯不同。

費正清在序言開宗明義指出：「這本中國遊記與眾不同，作者不僅是一位擅長向美國讀者介紹中國的美國教授，他也是一位受過古典教育、真正土生土長的中國老派學者。」

鄧嗣禹在這本書中，大篇幅介紹昔日師友晚年的生活，如費孝通、顧頡剛、劉大年、冰心、顧廷龍、譚其驤、鄭天挺等。這些內容大多數是目前出版的著名學者傳記書中未曾見到的實況。例如，1978年10月，在吳世昌的陪同下，鄧嗣禹拜訪他在燕京大學的碩士生導師——著名歷史學家顧頡剛（1893-1980）。鄧嗣禹便在書中描述了

1978 年他們見面時的真實場景。同年，鄧嗣禹曾接受中國大陸外交部的宴請。此次，他與老朋友、著名女作家冰心也有過交流。

鄧嗣禹的學生陳潤成教授也對本書有這樣的評價：「鄧教授的旅行紀錄表現出他作為中國歷史學家的專長。他的紀錄提供了一些中國著名大學圖書館的良好資訊，以及許多博物館的最新考古發現。除此之外，他的書包含了延安博物館內展示的中共黨史的簡潔摘要，並對毛主席的早年生活與家庭背景有著有趣的討論。以上對中國歷史的研究者們都是有用的。同時讀者也會從本書中瞭解到一些中國大學著名學者的情況，以及中華人民共和國的中等教育體系。」

四、關於文革發起的原因與評論

對於這方面的內容，目前在大陸出版書籍中絕對是一個禁區。1972 年，鄧嗣禹訪問中國時，正值文化大革命（1966-1976）期間。因此，在訪問過程中，他不可避免地涉及到對於文革發起原因與評論的記述內容，專門有一小部分談到「無產階級文化大革命」。提及從 1919 年的五四運動，到 1957 年的百花齊放，以及無產階級文化大革命，北大都居領導地位。其中文化大革命是「觸及人們靈魂」的最大規模運動。最初僅是學術討論，聚焦在對時任北京市副市長吳晗編的歷史劇《海瑞罷官》的批評。

書中還有一些內容，涉及到文革期間，毛澤東與劉少

奇的鬥爭焦點，其中有關紅衛兵成員對劉少奇的評論，也是十分敏感的內容。諸如此類，在書中還有多處。

因此，臺灣出版的繁體版書籍，將是以完整面貌呈現給讀者的唯一機會。

目前，費正清的著作中譯本大多數已由大陸的出版社出版，銷售業績良好。例如，《費正清中國回憶錄》中譯本先後由中華書局（1983年）、中信出版社（2013年、2017年）多次出版。2019年8月，費正清與鄧嗣禹合著《中國對西方的反應》（*China's Response to the West: A Documentary Survey, 1839-1923*，中譯本名為《衝擊與回應：從歷史文獻看近代中國》），由後浪出版公司引進版權，民主與建設出版社出版，開啟費－鄧著作中譯本的先河。

為了能夠系統性反映鄧嗣禹「重訪中國」的足跡與歷程，編譯者將他1946年至1947年在北大任教期間的回憶錄，與1972年、1978年、1985年三次訪問中國的回憶錄書籍、書信等內容合為一體，中譯本更名為《重訪中國：鄧嗣禹回憶錄》，為正在研究費正清、鄧嗣禹學術成就與漢學貢獻的學者提供全新的視角。同時也期待能受到更多文史愛好者的歡迎與喜愛。

編輯說明

　　本書前二章譯自 1979 年鄧嗣禹所著 *China Revisited by An Overseas Chinese Historian*，記述其 1972 年與 1978 年自美國返回中國大陸之所見所聞。但正如作者在本書自序中提及的寓言故事，「讀者如果不考慮觀察者的主觀意識，就太過粗心大意了」，需要注意的是，本書是在美國的華人史學家，為了西方讀者而寫的共產中國遊記，因此許多記述重點與描述方式是為迎合西方讀者的興趣與觀點，主要度量衡單位採用美國習慣用法，計算金額單位也採用美元。但就鄧嗣禹本身的關懷，書中也以 1949 年以前的中國與共產中國做對比。

　　另鄧嗣禹於 1937 年赴美國留學後，曾多次返回中國，包括 1946 年至 1947 年間受校長胡適之邀至國立北京大學任教，1956 年拜訪香港與澳門，以及 1985 年受邀參與林則徐誕辰紀念活動等等，亦收錄期間所作文章、書信與考察論文為本書附錄，或可提供讀者對照之用。

　　書中註腳依原著作者為「原註」，編譯者所下者為「譯註」。

引言

費正清

　　這本中國遊記與眾不同，作者不僅是一位擅長向美國讀者介紹中國的美國教授，他也是一位受過古典教育、真正土生土長的中國老派學者。他出生於華中湖南省的一個小城鎮，離毛主席的故鄉不遠。

　　當鄧教授回到中華人民共和國時，他沒有被歸類為「外國人」，而是被當作一位返鄉的「華僑」。他在1972年夏天回鄉兩個月的時間，讓他能像中國通一樣，為我們提供李伯大夢式（Rip Van Winkle）的前後對比，但更重要的是，作為華僑，他能夠深入洞察並親眼目睹中國的現狀。他住在不甚豪華的飯店裡，必須自己支付計程車與交通費用，近距離觀察中國人的生活。他比起「外賓」少了很多特權，但多了與一般人交談的機會。同時，他也參加了向各地遊客開放的旅行，參觀幾個城市並聽取簡報，就如同最近幾個月其他人向我們描述的一樣。

　　鄧博士受過傳統教育，他從小寫書法，背誦四書五經。他的早期職業生涯是在北京的燕京大學擔任目錄學與歷史學研究專家。他在1932年取得燕京大學學士，1935年取得碩士，同時擔任學校的講師與《史學年報》的編輯。

　　因此他來自革命前的世代，他的教育與才能將他陶冶成一位中國傳統的非政治學者，在英語能力與現代研究方

法上與時俱進，但仍然沉浸在傳統學習當中。

鄧先生在1937年三十一歲時來到美國，先在國會圖書館（Library of Congress）工作了一年，然後獲得哈佛燕京學社（Harvard-Yenching Institute）的獎學金。三年後，他取得哈佛大學博士學位。自1941年起，他在芝加哥大學工作八年。1950年來到印第安納大學，1966年升為教授。他的傑出之處不僅是出版了二十本書與七十五篇文章，也是因為他在日常生活中的孜孜不倦與熱情好客。

在美國從事教職的職業生涯中，鄧先生一直是位純粹的歷史學家，與中國的革命運動相距甚遠。當1972年他回到中國時，便因此成為來自兩個世界的觀察員——一是中國共產革命之前的世界，另一則是遠在美國的外國人世界。反映在他具體調查、經歷與觀察上的，是準確而簡潔的敘述，因為他是位訓練有素的學者。他以非政治性與半超然的態度奉獻於學術研究，因此他特別關注教育與同僚的教育環境。

美國讀者會在書中找到關於如何在中華人民共和國旅行，與在旅途中會看到什麼的清晰描述，還有零星的對近數十年來革命變化的觀察。從他特別的背景來看，他能夠以不同視角，來觀察今日的中國。

1974年5月4日

自序

鄧嗣禹

　　曾經有三個近視眼在比賽，看誰能在遠處讀出招牌上的文字。他們把眼鏡擦乾淨，站在最有利的地點，最終他們誰也沒能看清楚招牌上的內容。但他們拒絕承認失敗，怪罪光線不足而不是自己的近視，並決定在明亮的朝陽下再試一次。

　　在此期間，除了自己的衰弱視力以外，他們也可以採取補救方法，例如詢問其他人招牌上寫什麼。其中一人甚至一不做二不休，在半夜將招牌拆了下來，這樣不只能看清上面的文字，甚至能知道招牌尺寸、墨水顏色等等。

　　第二天早上，這三個近視眼都能輕鬆地讀出招牌文字，其中一位甚至「看」得太清楚了，能精確說出要特寫放大才能發現的細節。大家一致認為這個人有最好的「視力」。圍觀者看著這三位以及他們的「高深造詣」，哄堂大笑。因為那塊他們讀的招牌在昨天半夜被拆下來之後，還沒有掛回去呢。

　　這個寓言故事可用以比喻過去三十年來流傳的許多關於當代中國的猜測，以及似是而非的報導。僅舉其中一例，著名女詩人謝冰心據「可靠來源」的報導已經過世，死於惡名昭彰紅衛兵的反覆騷擾。有個她的舊友，同時也是著名學者，還曾在學術期刊上專門為她寫了一篇動人的

紀念文章。然而 1972 年我到中國旅遊時，卻極其榮幸地與謝冰心共進晚餐。缺乏第一手知識的臆測比比皆是。有位「消息靈通」的大學生曾問我毛澤東是否患了喉癌，因為她讀了一篇長文，文中宣稱毛澤東其實很久以前就死了，目前公布的毛澤東照片是由巧妙的替身假扮的，她問我是否能證明這些資料的真實性。我回答說若是如此，那尼克森總統與日本的田中首相都是傻瓜，因為他們遠道拜訪中國，只為了與毛澤東的替身會談。

俗話說得好，「眼見為憑」，在現場目擊（無論陰晴）確實比透過望遠鏡頭有優勢。即便如此，圖像也會根據觀眾而改變，讀者如果不考慮觀察者的主觀意識，就太過粗心大意了。

以我為例，我也戴著歷史學家的眼鏡，我有中國史學位，並對共產中國抱持悲觀的態度。為了公平起見，我應當簡單介紹我個人的背景，以便讀者預先知道我的參考座標。我出生在湖南常寧的一個小山村裡，我的前半生在中國，而後半生在美國度過。1925 年至 1937 年我住在北京，在燕京大學取得了學士與碩士學位。1937 年我來到美國，1942 年取得哈佛大學博士學位。此後約三十年，我在多所美國大學中教授中國歷史，除了 1946 年至 1947 年的學術休假，[1] 這段時間我在國立北京大學教中國近代史。此後直到在本書中描述的訪問前，我未曾回到中國。

1　〔編註〕鄧嗣禹原文為 1947 年至 1948 年，實為 1946 年至 1947 年。後續譯文亦照樣修改，不另加註說明。

從 1950 年代以來，大多數我所閱讀的出版品對中國的描述都是負面的，或是處於崩潰的邊緣。我預期會看到的是最糟糕的情形。因為缺乏食物與食用油，我還想說我的體重會在旅行中減輕個好幾磅。

儘管我待過日本、蘇聯、香港、臺灣、倫敦和其他研究中心，但我一直心懷在北京圖書館工作的希望。這個願望終於在 1972 年夏天得以實現，我同時也參觀了中國的十三個城市：廣州、上海、杭州、南京、北京、瀋陽、鞍山、西安、延安、鄭州、武漢、長沙與韶山（毛澤東的出生地），搭乘飛機和火車超過八千英哩。在旅遊過程中，我和各行各業的人們交談，像平時一樣作好筆記、留下照片，並試著拜訪每個重要的歷史博物館至少兩次。我盡我所能地與每個人說笑，並總是得到讚賞的微笑或風趣的回應。顯而易見，過去三十年的艱苦並沒有奪走中國人的幽默感。

我發現當個專心的聽眾會比滔滔不絕的批評者學到更多。例如某次當博物館導覽員正在對旅行團口若懸河地講解時，我表明我知道一點中國革命的歷史，並糾正他的幾個小錯誤，他馬上禮貌地打斷了我的話，並對我說：「如果你知道的比我多，就沒必要再參觀之後的展覽了。」此後他不再努力解說，或許還有點生悶氣，隨便指著展品說個兩句。這件事讓我想起過去的中國人，他們希望訪客能自發信仰儒家思想，並對任何批評儒家生活方式的言論感到憤怒。

我回到美國以後，把我的筆記翻譯成英文，並起草幾篇短文，主題是關於中國教育和知識分子生活，以及中華人民共和國在文化大革命後的外交關係。朋友與學生們似乎認為我的非正式評論更有趣、更有啟發性，他們對這種與中國當前形勢相關、非教條式的彙整反應更好，能讓他們發揮出自己的結論。因此，我認為我寫出的這本書不是正式教科書，而是我 1972 年夏天在中國所見所聞的個人紀錄。在本書中有許多關於中國的社會與經濟現況、城市與農村的新風貌、人民的性情與禮節的評論。有些則是關於行程安排、觀光設施、旅遊景點、考古遺址、藝術作品的資訊，並且考量我的學術興趣，有許多關於過去與現在中國史的介紹。其中最有趣的可能是關於毛澤東的早年生活與思想，以及中國共產黨的歷史。最後不可避免的會有個人的觀察與評論。

　　經過兩個月的親身體驗和數十年的研究後，我對中國的總體印象是現代中國反映了毛主席驚人的影響力，無論是好是壞，他的影響力將會持續很久很久。

　　在這本書的寫作過程中，我必須感謝許多朋友與同事。謝謝南西・瓦克拉維克（Nancy Waclawek），她替我作本書中許多部分的口述紀錄，並將我的手稿打字。蓋爾・馬爾格林（Gail Malmgreen）閱讀了全部手稿，並加以潤飾。

　　感謝費正清教授為我撰寫引言，這是跨世代合作的最新表現，以及曾任雙日出版社（Doubleday Company）編

輯的歐陽楨主任（Eugene Eoyang），他編輯了本書手稿的初稿。英格勃格‧克內茲維奇（Ingeborg Knezevic）仔細閱讀了本書的最終版本。艾索‧理查森（Ethel Richardson）準確地重新打出全部手稿。我還要特別感謝我的妻子在寫作本書時給予我的堅定支持與鼓勵。

最後，還要感謝社會科學研究理事會、國家人文基金會，以及印第安納大學提供研究和旅行補助金，用於尋找西方世界無法獲得的珍本書與資料。我要感謝數不清的空服人員和旅館接待員、工人、農民以及前紅衛兵，他們忠於為人民服務，誠實、真摯並友好，使我印象深刻。我發現中國的年輕世代是可愛與可佩的，我祝福他們一切順利，成為未來的創造者與歷史的締造者。

如果書中有錯誤之處，完全歸咎於我，我就如同寓言中的近視眼一樣，已是朽木不可雕也。

回顧我的第一次旅行，老實說我只在一個地方感到失望──與我想像中的體重下降相反，我反而胖了兩磅。

第一章　第一次中國考察（1972）

一、從香港經廣州前往上海

　　1972 年 6 月 17 日凌晨，我離開印第安納州布盧明頓（Bloomington, Indiana），搭乘阿列格尼航空（Allegheny Airlines）前往芝加哥，再轉乘西北東方航空（Northwest Orient Airlines）飛往西雅圖。西雅圖機場複雜的安檢措施，使我抵達東京的時間比原定延遲了一個多小時。在東京的希爾頓飯店逗留幾小時後，我們終於離開了日本，於 6 月 19 日抵達香港。我們花了 18 日整整一天在橫跨太平洋。

　　在香港啟德國際機場，計程車司機想騙我，堅持說基督教青年會酒店沒有空房。這趟前往我下榻飯店的行程，原本只要四塊錢港幣，結果花了我四美元。

1. 從香港到廣州

　　抵達香港後不久，我先去中國旅行社與經理 Hsü Mingyang 見面。他問我要用外賓的身分，還是華僑的身分。我問他有什麼差別，Hsü 先生誠實地告訴我，外賓在中國的活動會受到限制，除非有中國翻譯陪同，否則不能四處旅行，而華僑有更多的自由，可以自己旅行。可想而知，我當然選擇當華僑。到中國之後，我才知道如果當初選擇外賓身分，我可以住到更好的飯店，得到更友善的待遇。身為華僑，我必須滿足於只住在二級飯店，在北京和廣州，甚至只能與必須到中國接受醫療的病人住在一起。

辦完手續之後，我整天都在採購這趟旅程要用的物品，香港的物價幾乎和美國一樣。我遵照建議前往香港的中國銀行，將帶來的美元交給負責主管，他則給我一張匯率優惠的信用證，當我在旅途中有需要，隨時都可以在任何分行提款。

6月21日凌晨4時50分，我早起前往九龍火車站，搭乘九廣鐵路列車。萬有圖書公司經理徐炳麟先生前來送行。火車站周邊都是小販，賣雨傘、手帕、手提袋等。英屬香港的頭等無空調車廂，大概就相似於美國的經濟車廂。上午7時36分列車出發，9時抵達中國邊境的深圳車站。

過橋到中國境內，我馬上注意到，深圳車站比九龍車站寬敞、乾淨，迎接我們的人都很有禮貌，車站播放名曲《東方紅》歡迎乘客抵達。我不禁流下了眼淚，或許是因為返回闊別二十四年的祖國而興奮，也或許是出於恐懼——我的朋友們警告說，我可能會被中國共產黨扣押。儘

管行李檢查又慢又嚴,但是所有人都獲得友善的對待。帶入中國的現金都必須登記,並兌換成人民幣,我認為這是設計來防止黑市交易的措施。到目前為止,中華人民共和國一直維持著穩定的貨幣體系,在過去二十多年間,外幣匯率也沒有太大的波動。

下午3時7分,火車離開深圳前往廣州,距離是八十七英哩,車費是三塊半人民幣,大約是一點七五美元。[1] 我在廣州只待了一晚,住在華僑大廈飯店。雖然房間裡有個人浴室及現代化的廁所,但是沒有熱水。床上放著一張很好的竹蓆,睡在上面很涼快,但我覺得它不乾淨,因為它幾乎不可能洗,而且毫無疑問已經被許多旅客用過了。我體貼地沒有向飯店要求新床單或新竹蓆,這會造成他們的麻煩。另一方面,飯店的接待員非常親切與樂於助人,像遇到老朋友一樣。在四分之一個世紀前,我想我絕不會得到中國飯店員工如此誠摯與友好的接待。

我原本預計在廣州觀光幾天後再搭飛機去北京,但接待員告訴我未來五天從廣州飛往北京的航班都已經客滿,但若我想改變行程,隔天往上海的航班還有空位。我在飯店遇到了一位來自美國的年輕中國教授,我倆決定第二天,即6月22日上午飛往上海。

---

[1] 〔原註〕當時一元人民幣相當於四十五美分,但是在1973年1月時,約是五十二美分。儘管匯率有所波動,在本書中以平均值計算,一美元約為二元人民幣。

2. 從廣州到上海

　　前往上海的航班由俄羅斯製造的伊留申飛機執飛，飛機很小，沒有空調，又難看，但一路飛行平穩。一位十七歲的女空服員說她是湖南人，但說的是大多數中國人都能聽懂的普通話。我告訴她，我離開中國已經二十四年了，幾乎是個洋鬼子了，她笑著說：「歡迎回到你的祖國」。我表示對中國的經濟與社會狀況很感興趣，並詢問了她的經濟狀況。她非常坦率、毫不猶豫地告訴我，她在航空公司工作了兩年四個月，每個月的薪水是三十二元人民幣，相當於十六美元。

　　我嚇一跳，問說：「這麼少的錢，怎麼過日子？」

　　她回說：「我的收入很夠，而且我覺得非常滿意。」她的食宿都是免費的，工作很輕鬆，在數小時的飛行工作之後，她可以在空服員宿舍裡休息一到兩天。

　　飛機在位於上海西南方一百一十英哩處的杭州機場落地加油，乘客可以在這裡買東西吃，因為飛機上只供應水果、糖果與飲料。

　　我去過許多世界級的大城市，而杭州機場航廈是我見過最宏偉的。杭州機場在尼克森總統（President Nixon）訪華之前建成，精心設計並以現代繪畫裝飾。建築簡潔，但令人敬畏，有點像華盛頓特區的林肯紀念堂。天花板很高，吸音效果良好，當擠滿了數以百計的乘客時，也沒有人會被噪音所擾。

　　航廈內提供的食物價格非常合理，仿宋瓷的餐具非常

漂亮。年輕中國教授與我和幾位加拿大商人共用一張圓桌，加拿大商人說他們曾多次到訪共產中國，顯然他們是群中國通。他們點了昂貴的餐點，而我們點的則是普通餐。當所有菜都上齊時，他們反而很羨慕我們的選擇，因為我們的餐點中有蔬菜，而他們的只有肉。

吃完飯後，我去看一下紀念品櫃檯，裡面有華麗的絲綢、刺繡風景畫，與莊重的建築物和諧相映。的確，杭州的一切都很吸引人。我們要求在飛機起飛前去拜訪尼克森總統剛去過的西湖，但不行，因為飛機票上清楚地標明了目的地是上海。廣州的飯店已經發電報給上海，一輛汽車正在機場等著接機。

在上海機場，一位中國旅行社的年輕女接待員來接我們，並把我們的行李搬到汽車上。從機場到飯店的漫長車程中，她告訴我們許多在1949年解放（Liberation）後的生活情況。她說：「舊中國的生活和現在不能相比，是兩個不同的世界。以前每個人都想從旅客，尤其是外國人身上盡可能多賺錢。現在每個人都在為人民和社會服務。用自己的時間和精力來為他人服務，是莫大的榮幸。」

我意識到她在做宣傳工作，但還是專心聽。接著她說：「今天中國的每個人首先都服從毛主席的領導，其次才是聽從自己父母的話。國家鼓勵晚婚，但如果兩個人情投意合想早結婚，也不會受到處罰。因為節育、墮胎，以及更好的醫療照護，出生率和死亡率都已經降低。」她告訴我，她作接待員／導遊的月薪是二十一點五美元。

在上海停留期間，我和那位年輕教授都由這位接待員照料。她幫我們安排拜訪朋友，參觀博物館、工廠和人民公社。事實上，我們想做的一切都是由她安排的。她建議我們省錢的交通方式，就是拿一張地圖，搭公車前往都會區的任何地方。在受她照顧大約一週後，我們決定邀請她到飯店的餐廳用餐。她非常禮貌地拒絕了，因為幫助旅客是她的分內工作，而且導遊不被允許接受任何形式的饋贈。

二、上海

上海因為位於海邊而得名，最早是個漁村，直到元朝時，還是個不起眼的小鎮。馬可波羅（Marco Polo）沒有提過上海，但充滿熱情地描述杭州。到 17 世紀，上海已經成為一個繁忙的港口，黃浦江上桅杆林立。鴉片戰爭（1839-1842）後，上海是五口通商之一，並轉變成一個極度奢華又極度貧困的國際性都市，擠滿了帝國主義者、資本家、幫派分子、強盜、乞丐與娼妓。這些人現在都不見了，取而代之的是朝氣蓬勃的工人、農民與行為端正的士兵。上海是一個直轄市，由北京中央直接管轄，儘管實施人口控制政策，但它依然擁有近一千萬人口（不包括近六百萬住在城郊和附近農村地區的人）。[2]

2　〔原註〕*China Reconstructs*, Vol. XXI, No. 7 (July, 1972), p. 16.〔編註〕《中國建設》（*China Reconstructs*）為中國大陸出版的英文期刊。

在上海的第一個早晨，我沿著黃埔江邊散步。當時天氣陰冷多雨，所以我繫了條領帶並穿著大衣。因為我不尋常的穿著，我很快被一群穿著短袖開襟襯衫的本地人包圍。他們小聲地說：「他是日本人。」我說：「你們有見過像我一樣英俊的日本人嗎？」這個玩笑式的回答得到了一陣掌聲，以及「歡迎華僑」的大喊聲。

在黃浦公園，我遇到了一位退休的玉石雕刻家，他目前擔任公共建設項目的督導，負責在防波堤後興建平臺，讓民眾在公園散步時，能欣賞到黃埔江的美麗景色。他是自願做這個工作的，因為玉雕的長期經驗，他已經習慣注意各種細節。他已經七十一歲了，並領著七成工資的退休金，怪不得他看起來很滿足！我欣賞他那帶著灰色粗眉毛而親切的臉，在得到他的許可後，我拍下了他的照片。最後我們帶著友情，依依不捨地道別。

後來我走累了，就改搭公共汽車。大部分中國公車是無軌電車，且比美國公車長一倍，在中央有像「手風琴」的連接部分。車費很便宜，通常二美分就可以坐好幾站。即使公車很擁擠，每個人都還是很和善，也通常會把座位讓給老人和小孩。我記得以前逃票是習以為常的事情，但在這裡，沒有人試圖逃票。我的公車之旅很快就被打斷，因為一個有趣的招牌吸引我的注意。

中國共產黨第一次全國代表大會會址位於前上海法租界，現在稱為興業路。這是一間普通的兩層樓灰磚建築，門上有帶有拱形的門楣。1921 年 7 月，中共一大在

約六十六平方英呎的室內舉行，有一張長桌與十二張椅子，擺放得跟當時一樣。十二位代表，包括毛澤東在內，出席這次大會。現在這座建築作為文物保護單位，被完整地保存下來。儘管裡面沒什麼可看的，但作為一位歷史研究者，參觀這座建築時，我還是很興奮。

1. 少年宮

6月23日下午，約百餘人的華僑搭乘巴士去參觀少年宮。這是一個課外活動中心，讓孩子們得以消磨空閒時間，並讓他們遠離是非。少年宮每天可容納二千名青少年從事各種活動，包括急救、體操與雜技、芭蕾、現代舞、音樂、歌劇、繪畫、剪紙、小馬達或幫浦的接線、組裝無線電接收器、做模型飛機、理髮等等。在老師、工人與軍人的監督下，每個學生都可以選擇自己的活動，寓教於樂。

在少年宮裡也指導孩子如何學習與組織討論國內外時事，安排他們參觀工廠、碼頭、農村和革命遺址。孩子們被鼓勵與訪客握手、交談，以增長他們的國際意識。

為了歡迎我們參觀少年宮，許多學生穿著五顏六色的制服，化了妝，一組人打鼓，並高喊「歡迎！歡迎！熱烈歡迎！」在參觀工坊後，回到小禮堂內欣賞他們的表演。在沒有人指揮的情況下，一個由東、西方樂器組成的交響樂團演奏和諧悅耳的音樂，不過我懷疑可能有個指揮躲在某處。孩子們的努力令人愉快，印象深刻。

孩子們被以「聽毛主席的話」,這句無所不在的座右銘訓練,他們被期待服從。透過學校和家長的密切合作,少年宮使男孩、女孩們能在德、智、體三方面發展,培養目標是成長為具有社會主義意識的、受過教育的勞動者。中國希望這種訓練方式不會產生在西方社會偶見的不利影響,像是當父母或神職人員要求孩子參加教會時,通常只會成功讓孩子永遠討厭宗教。

我們其中幾個人晚上還去看表演,節目包括雜技、展示平衡技、體操運動、能載上十餘人的自行車雜耍等等。整場表演十分完美,但我沒有很吃驚,因為我曾經在1960年的中亞看過類似的表演。[3] 這場在上海的表演票價不貴,三小時的演出只需要二十美分。

2. 上海工業展覽館

6月24日,我們參觀上海工業展覽館,這是座宏偉的建築,只花了十個月就在原哈同(Hatung)花園舊址完工(哈同是一位極有成就的上海猶太富翁)。展覽館概述中國工業、醫藥、棉紡、造船、科學儀器生產、毛織與絲織、無線電與電信等項目的發展,主要以上海區域為中心。館內隨處都有綜合目錄可以拿取。

大廳裡展出的上海牌汽車在中國很流行,它設計精良,經濟實惠,最高時速達六十英哩。在中國,所有的汽

---

3 〔編註〕1960年,鄧嗣禹隨費正清赴俄羅斯,共同參加在列寧格勒舉行的「世界東方學者大會」,會後兩人又到中亞一帶考察一個月。

車公司都是國營的，在公路上行駛的汽車當然要比西方國家少得多。職業駕駛都受過良好的訓練，經驗豐富，並根據他們的無事故駕駛年數進行評比。政府根據經驗與事故紀錄，給予司機的月薪介於三十五至四十五美元之間，他們每天工作八小時，每週六天，包括沒有額外收費與小費的等待時間。我想補充，中國已經廢除了小費制度，對像我這樣節儉的華僑而言，真是最令人滿意的一點。

我設法取得一輛專供要人在正式場合使用的黑色大轎車駕駛許可。展示者輕輕地踩了一下油門，汽車移動了，他說：「我們不能浪費太多汽油。」

在造船方面，噸位高達一萬噸的船舶也在館內展出。像這樣規模的船舶，在過去因為缺乏技術、大型船塢、資金與原料，是無法製造的。

館內一再強調國家自傲的技術與工業成就，正如我們的導遊自豪地說，一家柴油引擎工廠在沒有蘇聯的機械技術幫助下，獲得了巨大的進展。這裡還展示了電動鑽孔機、每小時可印製二千五百頁的多色印刷機，以及報紙發送器。在精密科學和電子儀器方面的成果，包括一百兆赫的計算機、五十兆赫的示波器，以及能放大四十萬倍的電子顯微鏡。一個能以每秒三千六百九十九加侖速度抽水的巨型幫浦也同時展出。在盡頭是一部簡單而巧妙的腳踩發電機，用於在小村莊放映電影。

醫學展區成果包括使用針灸的心臟手術攝影展。其中一張照片是當病人被開胸且大量出血時，一位護士餵病人

吃橘子。另外的照片則展示一位手被完全切斷的婦女，她的手被成功接上，甚至能夠拿起一塊重約十磅的鋼塊。

3. 上海魯迅故居

下午，我與另外四位學者去參觀知名左派作家魯迅的故居和墓地。魯迅故居的家具反映了他簡樸的生活方式，他的書桌顯得很陳舊，桌上布滿裂紋。朱嘉棟先生是研究魯迅生平與著作的專家，也是魯迅故居的管理人。他告訴我們魯迅全集正在籌備中，我建議如果能有索引、參考書目，並特別分出一冊收錄偽稱為魯迅所作的文章，對學者來說將會更有用。

4. 智取威虎山

晚上，我們應邀去觀賞一部革命現代京劇——《智取威虎山》，由上海京劇院的學生演出，門票只要二十五美分。

《智取威虎山》主要講述的是 1946 年一支由三十六人組成的解放軍小分隊奮鬥故事，他們藉由動員東北牡丹江地區的群眾，消滅了盤據地勢險峻的威虎山敵軍。威虎山的名字意味著一座險峻的要塞。這是個簡單的英雄故事，其主題是遵循毛澤東思想，獻身革命。

演員們對傳統京劇的歌唱、對話、表演方式、雜技、舞蹈動作和音樂等各方面稍做修改，漂亮的背景變化快速，而當演員們獻唱時，舞臺旁同時有優美的臺詞。所有這些改進都增加了吸引力，然而儘管現代京劇聽起來很愉

快,但與過去的經典大師,如譚鑫培與馬連良的演出,仍是無法相提並論的。

5. 上海機床廠

6月23日上午我參觀了上海機床廠,該廠以生產二百多種磨床聞名,除了內銷,也出口到歐洲、亞洲、非洲和拉丁美洲。這家工廠同時以「七二一」工人大學所在地而知名。學校之名來自1968年7月21日,毛主席指示要從工人中培養技術人員。

在解放前,上海機床廠被稱為「中國農業機械公司」,目的為製造與修理簡單的農業機械。1957年,毛澤東親自來廠視察,並鼓勵工廠的五千名工人要發揚自力更生、艱苦奮鬥的精神。1960年,磨床操作員張梅華在參加萊比錫國際博覽會時,注意到一部能製造高拋光表面的磨床。經過各種努力,他還是沒有能取得設備的操作說明書。回到工廠後,便花了四年半的時間研究與試驗,最後終於成功製造出高精度萬能外圓磨床,這部機器能生產出十四級的光潔度,就像一面鏡子。當時這是世界上最好的機器。解說員介紹:「我們可以把機器表面拋光到一根髮絲七十分之一的細緻度。」這種機器在飛機與無線電工業中被廣泛使用。同時工廠也擁有大型精密螺紋研磨磨床,可以製造出直徑二十英吋、長十六點五英呎的一級精度導螺桿。解說員繼續說:「最大相鄰螺距誤差僅有人類髮絲的二十四分之一粗細。」明顯對工廠的生產能力非常

自豪。

　　工廠旁的「七二一」工人大學提供工作經驗五年以上的員工兩年半的培訓。這裡的畢業生新知識與老經驗兼備，因此有能力進行技術創新。學校有九十八名學生，其中包括二十五名女性，平均年齡在我們拜訪時是二十五歲。務實的在職培訓令我印象深刻，培訓是由工人、技術人員和幹部組成的「三結合」工作小組，以小組形式研究和解決問題。他們取得的成果令人欣慰，與毛澤東 1968 年 7 月的期望非常吻合。

　　機床廠還附設一個公共托兒所，負責照顧一至六個月大的嬰兒。在前往托兒所的路上，我聽到嬰兒的哭聲。在我走到大門口準備拍照前，護士們已經把他們抱起來餵奶了。

6. 梅隴人民公社

　　6 月 25 日下午，我自費搭乘私人汽車，前往上海郊區的梅隴人民公社。公社成立於 1958 年，有六千零三十七個家庭、二萬四千人——每個家庭粗估約四人。女性比男性多，因為部分家庭的男性在其他地方工作。公社分成十三個大隊和一百五十六個生產隊，擁有約三千六百六十六英畝（二萬二千畝）的農地，生產稻米與棉花。其中三分之一的土地種植蔬菜，供應上海市區的居民。每個農民都要學習所謂的「山西大寨精神」，即透過成員的辛勤勞動，在貧瘠的土壤上取得豐收的模範公社。現在梅隴公社每畝

（約六分之一英畝）稻米平均產量為一千七百四十九磅，是解放前的三點六倍。

棉花產量是解放前的三點三倍，蔬菜產量為每畝一千二百六十五磅，增加了七倍。公社裡也有果園，可供應上海水果。公社每年養豬二千五百頭，主要是為了產出的肥料及豬肉。溫室裡種有草藥與蘑菇。養雞採用的是與美國相同的現代飼養方法。

至於農業機械，公社僅有十三輛拖拉機，五十五部手動機器，二百四十一支幫浦，其中只有七支是高功率的，九成五的灌溉用水由幫浦抽運。目前該公社土地的耕種方式，有七成以上已經用機器取代人力。

每畝田平均使用一百磅化肥，公社主任告訴我，過量使用化肥對土壤弊大於利，調配好化肥和天然肥料的使用比例，會增加更多的生產力。

由於灌溉系統的大幅進步，乾旱與洪水已經不再是中國的嚴重問題。水由運河抽出，先進到水庫，再灌溉稻田。如果有數週或數月沒有降雨，幫浦可以從大水庫中抽水灌溉農田。

人民公社中附設有各種工廠，如農機廠、中藥廠、木工廠，以及紡織與玻璃工廠。還有幾個小型的圖書館、報攤及小學。所有兒童必須依法受教育到國中程度。每個生產隊都設有衛生室，負責處理成員的小病或意外傷害。重大病症則由公社或城市的醫院治療。每年每人一美元的醫療保險費，使成員可以獲得包括住院在內的完整醫療

協助。

　　在公社裡，每人年收入超過八十美元，每戶超過三百美元。公社的公共基金為老年人提供住宿、食物、衣服、藥品與喪葬費用。現在火葬在上海很普遍，從前，起源於佛教的火葬並不受大眾歡迎，但由於公墓墓位短缺，火葬已經廣泛流行起來，特別是長江三角洲地區。

　　在公社裡，小孩由公共托兒所照顧。他們的母親和父親下班後再來接他們，用裝有特殊座位的腳踏車載他們回家。

　　農民公共食堂則不受歡迎，只有在農忙的季節，人們才在那裡吃午飯。大部分家庭其他時候喜歡在自家裡做飯。在今日的中國，食物的價格非常合理，白米每磅七美分，鹽以前很貴，現在每磅也只要七美分。

　　公社負責人告訴我公社的缺點，像是生產量不均。有些生產隊每畝農作物產量超過一千七百四十九磅，有些生產隊的產量則較少。不均的原因，首先是人為因素，有些生產隊只知道埋頭努力工作，而更有效的方法是有能力的領導，以及成員的密切合作，積累更多的肥料等等。其次是農業機械的長期短缺。另一個公社面臨的難題是變動的工時，在種植與收穫季節，農民必須投入很多時間，而其他時候則只工作幾個小時。就平均來說，男性平均每月休息兩個整天，女性則是四個整天。每天工作八個小時，但在農忙時平均工作十個小時以上，而在如冬天的淡季，或許一天只工作六個小時。

公社成員的工資按「工分」系統發放。換句話說，每個人的報酬取決於他的生產力。一般來說，一個強壯的男性每月能得到九十工分，女性則能得到七十或八十工分。農民每年總共獲得的工分將按以下方式處理：百分之二十五用於生產成本，百分之五用於國家稅收，百分之十用於銀行存款，剩餘則是農民的淨收入，且無須向中央政府或省政府再繳納任何附加稅。

每個農民都有一小塊約○點○一一二英畝的土地作為私人財產，用來種植蔬菜。住家附近也有一些土地，一般用於種植向日葵、洋蔥和大蒜。向日葵被認為是對毛主席崇拜的象徵，因為紅太陽照耀東方，紅太陽的升起，等同毛主席與中國的力量。

7. 曹楊新村

1949 年以前，上海有許多人無家可歸。解放後，為了數百萬工人和農民的福利，上海市區建造了許多新村。我參觀了名為曹楊新村的建設計畫，是 1951 年在普陀區的真如鎮舊址上建立的，距上海市中心約二十分鐘車程。曹楊新村有一萬五千個家庭、六萬八千人，平均每個家庭四點五人。在新村裡有一萬三千四百名中學生，一萬五千名小學生，以及二千三百名幼稚園學生。以上數據是由新村的代表看著他的筆記本唸出來的。還有一間工人文化宮、一間銀行、一家服裝店、一個公園及一座游泳池。從前該地的居民很貧窮，或是無家可歸，有些人幸運能住到「外

面下大雨，裡面下小雨」的閣樓裡。解放後因為建了更多工廠，現在每個人都有工作保障，並有房子可以住。志願從事看護孩子，或監督公共建設年輕工人工作的退休勞工（男性六十歲，女性五十五歲），可以獲得在職工資的七成作為養老金。

新村常常舉辦分享過去艱辛的集會，這是為了喚起人們對現在生活水準的感激，並鼓勵對毛主席與共產黨的崇拜。

為了更清楚地瞭解當地人的生活條件，我經常打聽各種日用品的價格，甚至在一家雜貨店作筆記。為了服務工廠裡三班制的工人，這家雜貨店每天二十四小時營業。最好的金華火腿每磅一點二三美元，一般的去骨火腿每磅五十五美分。食用油，例如花生油，一斤是四十四美分。白米配給量是每人每月三十三磅。他們告訴我：「白米配給一般來說是足夠的，而且除了白米外還有許多蔬菜、馬鈴薯與其他食物作為補充。」

對我來說最有趣的是這家店甚至有賣半成品菜餚，例如裝在紙盤中，配上洋蔥與薑片的肉片，另一盤是火腿片，再另一盤是兩三種蔬菜。每樣都已經切好，並配上各式調味料，為了讓工人在家做飯時可以節省備料的時間。這些半成品菜看價格由五美分至二十二美分不等。這個做法對既忙又累的工人很有用，他們可以選擇想吃的食物，並按自己的口味烹煮。說到花在製作這些半成品菜餚的額外時間，雜貨店店員堅持：「我們很樂意這麼做，毛主席

一再告訴我們要為人民服務。」

在上海曹楊新村，我參觀了一戶有兩個大房間的工人公寓，室內非常乾淨整潔，還有與另一戶共用的浴室與廚房。承租人每月支付二點七五美元房租與二點二五美元水電費，合計五美元。住戶說：「我們吃得很好，每個月食物平均花費七點五美元。」他說他每個月的月薪是四十九點四三美元，他的兒子與媳婦則分別是三十五美元和二十五美元。他說：「沒有人會去吃便宜的馬鈴薯啦，沒有毛主席，我們絕不會過上這麼好的日子。」

解放前，他已經十年沒有工作了。他臉上帶著大大的微笑說：「解放後沒有人失業，跟 40 年代的通貨膨脹不同，現在的物價很穩定。現在上海沒有幫會，沒有妓女，沒有乞丐，也沒有麻將賭徒。在舊社會，我是個貧窮的勞動者，沒有人會注意到我。但是今天，即使是你這位美國教授，也會來這裡拜訪我。我真的很幸運！」

他給我們香菸和茶，並邀請我們坐在他的床鋪與椅子上，但我們更想與他深入交談，而不是麻煩他準備茶水。透過他的介紹，我瞭解到，在中國每個工人每天需要工作八小時，每週工作六天。但實際上工人不是工作整整八個小時，因為還有休息時間，有時候午餐和午睡都包括在這八小時內。他還告訴我，每個工人都有地方可住，不過有時是四人共用一間。

光是上海，就有六十多個這樣的新村。我參觀的這棟建築物樓高九層，但沒有電梯。裡面有一個學習班與書報

攤，在公共文化室裡還有電視。我問：「環境這麼擁擠，一棟房子裡住了這麼多人、這麼多小孩，是不是經常發生爭執呢？」屋主回答說：「偶爾會有爭吵，但是可以透過住戶會議解決。男性、女性，甚至小學生都可以參與會議，並有權利表達意見。在達成共識後，大家會繼續和諧地生活，因為我們必須遵守少數服從多數的原則。」

當我們正在繼續討論時，一位五十多歲的婦女進門，打斷了我們的談話。她說：「讓我告訴你，教授，所謂的宿命論是胡說八道。以前我非常窮，我一直信仰佛陀，希望在來生能有好運。但現在我不再信仰任何神明了，我非常幸福，我衣食無虞。」

在她興奮地講完後，另一位婦女站在門口補充說，她認識的工人有十二個小孩，但全都死於疾病和營養不良。現在的夫妻傾向只生兩個小孩，但不會讓他們夭折。這在今日是可能的，因為有更好的營養、醫療保健，以及麻疹與小兒麻痺疫苗等等。

接下來我們的話題轉到了結婚儀式與節育。我被告知，一般沒有正式婚禮儀式，但是如果新郎、新娘真的想要舉辦婚禮，他們會舉辦一場親朋好友出席的結婚會，可能是茶會，也可以是宴會，但大家不太會送結婚禮物。節育則由人民自覺進行，他們被鼓勵，而非強迫進行生育控制。因為大多數中國工人與農民都明白人口過剩問題的嚴重性，並支持計劃生育。此外人們覺得孩子太多，會影響母親的工作能力，從而降低家庭的收入。

三、杭州

1. 乘火車到杭州

　　6月24日，[4]我搭火車離開上海前往杭州，本來與我同行的年輕教授則與他的親戚待在上海。火車很乾淨，車行平穩，沒有如部分西方記者筆下中國鐵路的搖晃感。機車頭、車廂、鐵軌和內裝都是中國製造的。每間包廂可乘坐四名乘客，但是我每次搭火車時，包廂內都只有我一人。包廂的標準配備是地毯、電風扇、可關閉的擴音器、床墊與竹蓆、白亞麻布枕頭、保溫瓶與幾個茶杯。餐點美味可口，可在餐車享用或送到包廂裡（不用另外付小費），價格與普通餐館一樣。如果加上空調，中國火車甚至能與美國火車相提並論，但是中國火車的搭乘與其他費用比較合理，而且可能比美國火車更準時抵達目的地。

　　從我一上車開始，列車長就不停地播送通告，包括新聞廣播、來自毛主席集的引文、音樂、京劇、革命歌曲，以及實用的乘客須知。乘客們被提醒上火車時，不要急，不要推擠，應該禮讓老人、小孩先上車；行李不要放得離座位太遠；確保列車的衛生與安全；不要隨地吐痰，也不要讓小孩隨地小便；不要在座位周圍扔廢紙或其他東西；不要探頭到車窗外；不要站在兩節車廂之間。上廁所時，

4　〔編註〕此處時間為筆誤，因6月24日鄧嗣禹仍在上海，可能為6月26日。

要確認將自己後口袋裡的東西都拿出來，以免掉進馬桶。

在列車到站前，列車長會提醒下車旅客做好準備，確保沒有遺留物品在車上。列車完全停妥後，乘客們才井然有序地離開。

鐵路兩側覆蓋著青翠的稻田、桑樹或果樹，還有密密麻麻的運河，有些距離只有幾英哩遠。運河系統的開鑿是為了灌溉與運輸，長江三角洲地區可能有中國最肥沃的土壤，一年至少可以二穫，時常能有三穫。

在農田裡通常會看到十到二十人，推測是人民公社的社員，為豐收而努力勞動，也偶爾能看到有在使用農機。這確實是一幅美麗的圖畫，一個魚米之鄉。但因為沿線都是樹木，我發現很難從火車上拍照。我非常欣賞這片風景，不由得低聲喃喃自語：「住在這裡的人多麼幸運啊。」不過也有人提醒我，蘇州與松江地區居民繳納的土地稅，一直比其他地方都高。

一位同車乘客注意到我對這片風景的喜愛。他與我攀談，告訴我不僅這裡的人很幸運，整個中國的年輕一代都是「在蜜罐裡成長」。

我喜歡這個比喻，並問他：「怎麼說？」

他回答說：「因為政府為他們提供免費教育、工作保障、穩定的收入和醫療，所以他們在各方面都很幸福。」

2. 杭州

杭州是浙江省省會，也是中國最知名的城市之一，以

其財富與優美的風景著稱，特別是尼克森總統曾造訪過的西湖。杭州建於 605 年，是大運河的最南端，曾是南宋的首都（1127-1279），後來馬可波羅以「天城」（Kinsai）之名多次提及。「天城」的北方話發音是「行在」，意思是皇帝的行都。這座城市現在以生產絲綢、剪刀、扇子與錫箔聞名。

杭州的人口估計約有七十五萬，有五間大學、五十六間中學、八間綜合醫院、六間專科醫院。1950 年以後，杭州政府疏浚西湖，並在湖邊興建許多房屋，也拆除了不少老房子。同時種植三千萬棵樹，增加四千畝的公園，發展絲織棉紡，並引進冶金、機械、化學、橡膠、汽車、曳引機、船舶等其他工業。將老絲綢廠重建並擴大，建造中國最大的現代絲綢印染廠。另外為補充產量有限的棉織品，還新建了一座合成纖維廠，專門生產夏裝，不需要布票即可購買。杭州擁有十八家大型絲綢廠，生產五百多種絲綢，有近四千種圖案。[5]

我們只參觀建於 1922 年的杭州絲綢廠。解放前，這個工廠只有少數工人生產手工紡織品。但現在，他們使用現代化的繅絲機和其他機器，雇傭了一千七百名工人，其中幾乎一半是女性。工廠的三百三十部機械織布機二十四小時運轉，工人分為三班制，生產產品比以前更便宜、更快，品質也更好。但是工廠接待員指出廠內目前的缺點，

5　〔原註〕參考 Peking Review (Dec. 15, 1972), pp. 22-23.〔編註〕《北京周報》（Peking Review）為中國大陸出版的英文期刊。

例如有些機器太過陳舊，無法精密地複製出複雜多色的圖案。儘管如此，在 1971 年，這家工廠的總收入依然超過九百萬美元。

3. 西湖

參觀過絲綢廠後，我們之中的幾個人立即前往著名的西湖。西湖面積約二千三百英畝，是中國最美麗的地方之一。由於時間不多，我只能匆匆一瞥。飯店服務生為我們擬定縝密的計畫，使我們能夠以最有效率與經濟的方式參觀這個風景名勝。幸運的是，美麗的島嶼與建築物都集中在同一區，因此幾天之內就能走完所有著名景點。

於是，6 月 29 日上午 10 時半左右，我們登上一艘小汽船前往遊湖。一眼望去，湖水清澈平靜，蜿蜒的湖岸點綴著島嶼、船隻、蓮花，以及其他花卉與植物。人工湖岸邊的房屋花園優雅地以奇石美化。搭船一段時間後，我們登上湖心亭，每人點了一碗藕粉，只要七美分。這是西湖的特色美味，由當地盛產的蓮花製成。

6 月 29 日下午，我們被帶去參觀建於 970 年的六和塔，附近是錢塘江大橋，這兩個都是遊客喜愛的景點。為了保留體力，我沒有爬到六和塔塔頂，也沒有就近看錢塘江大橋，只拍了幾張照片。接著我們被帶到虎跑泉，這是山間的一條通道，喝了芬芳清爽的茶水，每杯六美分。當我喝到第五杯的時候，外面開始下起大雨，小茶館漏水了，而且天色變得很黑。當我給賣茶的小販三張二元人民

幣鈔票時，她說：「先生，您將賬單誤讀為兩美元了，金額只要二十美分，我們不能多收你的錢。」她確實給我留下很好的印象。

這使我想起遇到的另一件事，當我搭火車到達杭州時，一個搬運工從最後一節車廂提著我笨重的手提箱，穿過長長的月臺到車站。搬運服務的官方價格是五美分。我給了他十美分，跟他說不用找錢，他說他不能接受小費。他試了三個地方，才把十美分的鈔票換開，找給我五美分。這僅是我遇到的其中幾件事例，讓我注意到在今日中國工人中似乎盛行一絲不苟的誠實。現在中國任何地方都不會接受小費，但是我擔心，當數以萬計的遊客到來後，許多人會在菸灰缸下留下小費，這樣小費制度就可能會逐漸恢復。即使每個中國人都被確保至少活在最低生活水平以上，但畢竟人的天性就是想賺更多錢。

之後我們搭公車去了吳山，在山上可以俯視整個杭州市區，並去了柳浪聞鶯（實在是個詩意的名字）聽黃鶯的鳴唱。最後的景點，是我們下榻飯店所在的花港公園。植物與蓮花為飯店營造安靜、涼爽與僻靜的氛圍。

晚餐後我在飯店前漫步，遇到一位年輕的公車司機。他告訴我，他的月薪是三十五美元，其中七點五美元用來買足夠他吃的食物，一點五美元用來付房租與水電費。他有兩個孩子，夫復何求！

西湖地區的蚊子非常多且擾人，因為大多數房子都靠近湖邊。如果沒有蚊帳，會被咬得很慘，而即使有蚊帳，

蚊子仍然像游擊隊員般想方設法潛入蚊帳裡，騷擾毫無戒備的入眠者。

從前，有閒有錢的人可以在西湖住上幾天或幾週，散步、划船，享受一家人的歡樂假期。富有的新婚夫婦在湖邊度蜜月，有男女船夫負責划船、買食物與其他雜事，當新婚夫婦在船上睡著時，還會溫柔地為他們蓋上被子。為了享受如此奢華的生活，人們當然必須付出高昂的代價。我的一位旅伴曾有這樣的體驗，因為他的妻子是前地主的女兒。過去船夫們經常為了爭奪富裕的客人而打架，如今他們之間已經不再競爭，反之，「為人民服務」而合作。

6月30日，我們其中十個人被帶去參觀西湖附近的龍井，知名的龍井茶即因由此地產出而得名。我們喝到了芳香宜人的龍井茶，但因為產量有限，我們不能買回家。其他人則去了動物園，園中展出白色大貓熊，還有一隻被關在幾乎無法轉身的小籠子裡的巨大黑熊。

由於事先有縝密的計畫，在兩天半內的時間內，我遊遍西湖區域最有名的景點。在我看來，雖然這次旅行非常愉快，但西湖的美景卻不怎麼壯觀。

四、南京

7月1日，我搭火車離開杭州前往南京，全程一百二十九英哩，三小時的旅程，費用共計三點二五美元。軟臥車廂很舒服，相當於美國的普爾曼車廂（Pullman class）。

雖然我的包廂裡有四個鋪位，但只有我一個乘客。本來要進來的其他乘客，被火車服務生引導到別處去了。

晚餐時，一位餐車服務生先來幫我點餐，再把準備好的餐點送到我的包廂。我點了一碗三肉麵，只要二十五美分。

火車進站之後，一位中國旅行社的導遊來接我，用公務車帶我去人民路七十五號的勝利飯店。

南京，即南方的首都，人口約一百三十萬，曾有八個朝代定都於此，最後是在 1927 年至 1949 年間，作為中華民國的首都。南京的城牆長二十六英哩，當我 1947 年來此時，我看到城牆內有稻田和菜園。但現在，也就是二十五年後，這些田野大部分被拿來蓋新房子。不大的南京無線電廠生產高品質的小型短波無線電收音機「貓熊 B804-1」，在香港的售價約十七美元多，據我個人經驗，比起美國製造的輕巧又便宜多了。

儘管技術和工業進步，南京與我訪問的其他中國城市相比似乎比較落後。我注意到，在人們去上班後，寬廣的街道兩旁有許多的自行車架。此外還有很多被兩三個或更多人推拉著，裝滿貨物的手推車。後一個現象可能是由於人力車和三輪車的廢除，以前的苦力現在有了其他的工作。但是如果以美國標準來衡量南京所見，中國仍然是一個貧窮、落後的國家。

中國在工程領域取得的其中一個偉大成就是南京長江大橋，在長江最寬、最深的地方橫跨兩岸。從前，搭乘自

上海開往北平的火車，需要轉搭特殊渡輪渡江。7月1日下午，我和其他遊客一起去參觀了南京長江大橋，這是中華人民共和國引以為豪的「展示品」。這項巨大的技術壯舉沒有任何外國援助，從頭到尾都是由巧手的中國工人設計建造，使用中國的鋼鐵材料。因為長江的寬度與水流的湍急，蘇聯顧問實際上是反對這個計畫的。

這座大橋花了九年時間（1960-1969）才完工，長四點二英哩，寬六十二英呎。每根橋柱都被往下打二百五十六英呎到河床內，水面上的部分則是一百六十英呎。橋面有兩層，下層是鐵路，有兩條軌道可以雙向並行，上層是公路，兩側還有人行通道。

導遊邀請我們拍大橋的照片，並向我們介紹：「七千多名經驗豐富的中國工人花費九年參與這項偉大的工程，大橋的建造費用準確說來約一億四千萬美元，即二億八千萬人民幣。」這些數據也張貼在接待室裡，那裡有一部電梯將遊客帶到岸邊的高臺上，觀賞大橋的壯麗全景及長江的景色。

7月2日上午，我和幾位印尼華僑一同去看被稱為莫愁湖的古蹟。這裡有座樓閣，裡面有張精美柚木製成的桌子，桌面雕刻著棋盤。這座建築的管理員告訴我們，明朝的開國皇帝朱元璋與大臣徐達開曾在這裡下棋。朱元璋輸了棋，於是他把這座建築賞給了徐達開，並命名為勝棋樓，他還把這座園林和莫愁湖同時送給了徐達開。無論故事是真是假，這個象棋桌與其他柚木家具確實精美，還有

一些賞心悅目的書法和繪畫，出自清初著名學者與藝術家鄭板橋（1693-1765）之手。管理員告訴我，所有的家具和書畫都是複製品。我猜想為了避免紅衛兵破壞，這些原件應該都被收在安全的庫房中。

這位管理員是位前解放軍指揮官，他告訴我們，在今天的中國，想從軍就像過去考秀才一樣困難。一個士兵需要從一長串工廠、農場、學校得到推薦信，證明他是所屬單位中最好的成員之一。提交推薦信後，還要進行各種測驗，確保候選人是否如他的紀錄一樣優秀。他必須健康、強壯、勇敢、政治思想健全，並決心為國家和人民服務。新兵第一年的月薪只有四美元，供應他的日常支出，至於制服、住宿與膳食都是由國家配給。但是月薪在第二年會增加到五美元、第三年七點五美元、第四年十二點五美元、第五年十七點五美元到二十美元。今天的軍人就像我們每個人一樣購買電影票或劇票。在舊時代，他們有時會拒絕付錢，如果哪個售票員敢要錢，經常就會面臨被毆打的命運。

我看到許多年輕女孩穿著軍裝，因而天真地問：「他們都是好戰士嗎？」我被告知她們是非戰鬥人員，是處理文書工作與修改制服的文職人員，或是軍護。

那天下午，我搭公車去參觀雨花臺，這是個靠近南京城牆的據點，太平軍與曾國藩率領的湘軍曾在此激戰過四十六個晝夜。但現在，雨花臺的保存不是為了紀念太平天國，而是為了紀念被國民黨政府在南京處決的共產黨

人。在刑場的中心有一座祭壇,但我不忍心去看。共產黨烈士紀念塔簡單而莊重,建在山頂上的制高點,後面種滿了柏樹。

在南京時,我試著聯繫太平天國史專家羅爾綱,但沒有成功。南京太平天國歷史博物館裡有人告訴我,羅先生已經被調到北京工作了。我也試著參觀南京國立中央大學,現在簡單地稱為南京大學,但同樣不成功,因為在暑假期間,校方行政人員並未準備接待單獨訪客。我能做到的,只有與歷史系的王繩祖教授通了電話。稍後我收到了韓儒林教授的信,回答我對南京大學的所有問題。以下是他的回覆:

> 除了幾個特別的系所以外,我們在文化大革命後的1972年春天開始招收新生,目前有一千多名學生。但根據招生計畫,三、五年後,我們將招收六、七千名學生,大約等同於之前的學生人數。目前的這一千餘名新生與過往學生的知識背景不同,過往學生僅透過筆試選拔,而這些新生全是透過推薦的方式招收的。

> 自文化大革命以來,高等教育已按照毛主席的無產階級理論,落實「所有學生都應該從工廠、人民公社和部隊中選拔與推薦」的教育思想。這些學生進入大學後,承擔著按照毛主席思想上大學、管理大學和改造大學的任務。

> 除非是從工人、農民與士兵中脫穎而出、才華橫

溢的青年，否則沒有被選拔與推薦的機會。根據幾個月來的實際教學，以及與新生的頻繁接觸中獲得的理解與經驗，我真正地意識到，今日的大學與以前相比，完全大相逕庭。不只學生的政治意識增強了，在經歷文化大革命的磨練後，教師與學生都改進了他們的思考模式。他們對問題的認知，以及精神面貌都完全不同。現在所有人都意識到為誰而教、為誰而學。他們不再是為成績與學位而學，而是學習如何學以致用，這樣他們才能為國家與人民服務。教授喜愛學生，學生尊重教授。這個新現象令我們高興，予我們無限的啟發。

至於教科書，南京大學不採用任何中國近代史課本。我們現在有個編輯委員會，新的歷史教科書正在編寫中。這個委員會由年長的、中年的與年輕的教授們組成，一起討論與編寫。另一個委員會正在編纂世界史課本，由資深教授王繩祖和蔣孟引負責，另外有十多名中、青年教師參與。

這封短信幫助我瞭解南京大學的現狀，我特別喜歡「學生們上大學、管理大學、改造大學」的觀念。

晚上，我和其他華僑觀看了一場雜技表演，票價是二十美分，包括中場休息時的一杯柳橙汁。我在這裡看到大約二十名外國人，有些來自美國，有些來自法國。由於夏天的酷熱，所有人的穿著都很不正式。

劇院裡常聽到有人掉了皮夾或摺扇的廣播：「請到失物招領處指認與領回丟失物品。」在上海時我曾兩次在某家店看到小黑板，公告撿到遺失物，等待失主認領，認領時必須出示證明。

五、北京

1. 飛往北京

7月3日，我從南京搭機飛往北京。福建人 Chu 女士來機場接我，並帶我到華僑大廈飯店。在降落前，我想從飛機上尋找玉泉山附近的寶塔，這是西苑機場的地標。一位軍官問我在找什麼，當我告訴他時，他笑說：「你一定很久沒到過北京了，西苑機場已經多年沒有民航機起降，現在是軍用機場。我們將要抵達的是新機場，就在老機場東方幾英哩外。」

我離開機場時，途經一條綠蔭夾道的新高速公路，這條公路或許是 1972 年 2 月，為尼克森總統訪問中國而設計的。

北京，即北部的首都，自從我上次造訪後，已經發生了巨大的變化。城牆的許多部分，東直門、西直門、東單牌樓與西單牌樓，以及老路面電車都已經被拆除。幹道大幅拓寬，可以和莫斯科的街道媲美。新的大廈與摩天大樓也已經建成，因此老居民可能幾乎認不出北京了，除非他拜訪後巷，並踏入老宅院中。不過因為不再有人力車，也

不容易找到計程車,遊客幾乎沒有機會進入老城區。

儘管如此,我還是試著去看看北京的老內城,發現胡同裡幾乎沒什麼變化。這些胡同若不拆房,就很難拓寬,而許多房屋卻又是急需的。雖然每條街道都保持乾淨,但老房子的牆壁看上去大都需要修補,門也需要重新上漆。看來中國人一般都不會太常燙褲子、擦皮鞋或粉刷房子,以免被批評為走上資本主義的道路。

北京過去常見小販,他們大喊、打鼓或搖博浪鼓,叫賣食用油、蔬菜與糖果,現在已不復見。為了小孩與老人,長得有點像痰盂的移動馬桶仍被安置在巷邊,夜香收集者會來清空以做堆肥。夜香車由驢或馬拉著,覆蓋得很好,不太引人注意,因此不像以前那樣引人反感。

有許多新建築,包括東郊站、歷史博物館、美術館和地鐵交通網。此時此刻,混雜著對過去遺跡的鄉愁,以及對新建設的興奮之情,老居民再次成了新住客。

2. 北京大學

7月4日,一群來自美國和加拿大的華裔教育家,在北京大學文化革命委員會 Kuo 副主任同志,與一位華僑大廈飯店職員的陪同下,搭乘巴士,前往參觀北京大學(即北大)。這個地點從前是燕京大學,我曾有十年(1927-1937)在這間美國傳教士開辦的大學求學與教書。像往常一樣,已經事先聯繫過校方。當巴士在上午8時30分抵達學校正門時,另一位校文革副主任(實際上的校長)周

培源、周一良教授（從前我的燕大室友）、兩位現為教員或講師的前紅衛兵領袖（一男一女），以及其他幾位教授與工人代表等著我們，並在下車時與我們逐一握手。在看到老校門與宮殿式的大學建築時，我十分感動，幾乎流下淚來。

飯店聯絡人一定已經事先提報過訪客們的學術專長。這個參觀團主要由中國語言文學的教師組成，還有一位教育學、一位圖書館學，以及我自己這個歷史學專長。而北大接待的人員，除了副主任周培源是物理學家以外，還有著名的歷史學家周一良，以及北京大學的圖書館員。

然後我們的巴士跟著一輛小汽車，從北大校園開往周培源的舍邸，這裡從前是燕京大學校長司徒雷登（John Leighton Stuart）的居所。所有人圍坐在客廳的大會議桌旁，周培源先致簡短的歡迎辭，並概述北大的狀況。他指出在1966年文革之前，北大有一萬一千名學生，二千一百名教職員工，但現在只有四千二百名學生，而教授的人數則保持不變。

接下來，由一位現為生物化學講師的前紅衛兵領袖，針對大學的學生運動做了冗長的報告。他的發音清楚，腔調標準，考量到聽眾是華僑，他口若懸河，但語速緩慢。根據他的報告，最近透過推薦招收的學生，包括「四成的工人、四成的農民與一成的士兵」。我推測剩下的一成學生是來自普通高中的畢業生。

他繼續說：「在學校一切都是免費的，免學費、免住

宿費、免伙食費」。此外，學生還可獲得他們原來在工廠、農場和軍隊工作時相同的工資。

他的報告結束後是訪客的提問時間，其中一些問題相當幼稚，甚至有點挑釁，不過討論就是這樣子。主人們表現平靜，也沒有對無禮的提問表示抗議。在我看來，大多數中國人仍然本性善良，他們友善、禮貌，很有幽默感，能逗笑喧鬧的客人，使他們安靜下來。

在搭乘校車參觀時，我們看到了圖書館、科學館和其餘的廣闊校園。主人們仍然陪同我們，包括周培源。我非常想去看看學生宿舍與餐廳，但都只是路過而已。我注意到有幾個學生坐在樹下或湖邊，捧著裝有食物的大搪瓷碗吃午餐。

回到校長舍邸，我們發現也已經到吃午餐的時間了。盛宴（以當下中國標準而言）設在附設的飯廳中，來賓、男女主人們分別在三張圓桌就坐，有汽水與茶配餐，但是沒有酒。

今日在中國是很難喝醉的，而且也很少在路上看到酒鬼。在停留期間，我不僅未曾見到喝醉的人，也沒有看到任何一間酒館、酒吧或酒品店。在杭州時，我曾非常希望能品嘗本地出產極美味的紹興酒，它已經聲名遠播數千年了。我有次詢問飯店服務生，他回答說：「沒貨。」我就訂購了一瓶，隔天他說：「還沒有到貨。」第三天，直到我離開前，酒都沒有出現。與此同時，我的朋友請我喝了一杯葡萄酒。烈酒如茅台、白乾，並不在飯店的展售櫃

中。在我受邀參加的兩個官方宴會上，茅台被倒在小杯中，續杯個一兩次，就再也沒有了。相較臺灣與香港，那裡常常乾杯，還有為了勸賓客超量喝酒的划酒拳和其他遊戲，今日中國大陸的主人們往往會自我限制只乾杯一次。

用完美味的餐點後，周培源先行告退。我們這些訪客要求繼續問答時間，而主人們習慣在飯後午睡，看起來累了，但無法拒絕。我們決定折衷中斷片刻，或休息或自由活動。我乘機與另一位燕大校友到校園裡拍照，並去看我們求學時曾住過的宿舍。宿舍明顯沒有準備迎接訪客。我們偷看了房間，現在一間房由三或四名學生共用，從前只住兩人。走廊與廁所從前由宿舍管理員灑掃得一塵不染，現在灰塵與來自飲水臺、馬桶的漏水，使生活變得不太愉快。樑柱從前色彩鮮豔，但現在紅色油漆已經褪去，露出了光禿禿的水泥圓柱。校園內無人打理、年久失修的建築物，以及八個月乾旱造成的乾棕色草坪。我想起大約四十年前學生年代的美麗校園，不禁悲從中來。

無怪乎從前來北大留學的許多外國學生，都帶著對北大的負面印象返國。他們需要有堅強的意志力和忍耐力，才能在有限的空間裡與一萬一千人快樂地共同生活，並在甚至不足以容納八百名學生的小圖書館裡學習，就算圖書館附近建築物還有額外開放幾個閱覽室也於事無補。缺乏舒適生活與學習的現代化處所，可能會成為中國師生與外界交流的潛在障礙。

當討論繼續進行，我仍在思考我過去的印象與現在學

習環境的對比,因此我在會中說的不多,即便是中美關係的問題。北大方面更沒有人會說出自己的觀點,而是選擇等待周恩來宣布政策。這時,無精打采的談話突然間變成了對新話題的熱烈討論。

3. 無產階級文化大革命

從 1919 年的五四運動,到 1957 年的百花齊放,以及無產階級文化大革命,北大都居領導地位。其中文化大革命是「觸及人們靈魂」的最大規模運動。1949 年,中國革命的創造者只奪取了上層權力,留下許多政府裡的舊組織和資產階級的意識形態。在這種情況下,毛主席總是擔心年輕一代不會有足夠的革命熱情。於是他主張為了幫助國家擺脫殘存的封建、資本主義與資產階級傾向,需要一場更徹底、更尖銳的革命。

1966 年 2 月,這場廣泛的文化革命始於北大。最初僅是學術討論,聚焦在對時任北京市副市長吳晗編的歷史劇《海瑞罷官》的批評。5 月 26 日,聶元梓與其他六位北大哲學系的講師在大學食堂牆上貼了大字報,抨擊校長陸平的管理與中共北大黨委。全體學生明顯大吃一驚。6 月 1 日,毛主席下令廣播聶元梓等人的大字報全文。這場廣播像一聲春雷,猛地掀起了全國的文化大革命。

主人們大部分都有參加文革,其中一位訪客向他們提問:「文化大革命是突然爆發的『權力鬥爭』,女士們、先生們,你們是否同意這個解釋?」

主人們馬上回應：「不，先生，這既不是權力鬥爭，也不是突然爆發的。」幾乎所有人都一致同意這個觀點。

一位前紅衛兵領袖接著說：「你們海外華人學者在關於文化大革命的意義，以及誇大武裝鬥爭性質方面被誤導了。這是真正意義上的無產階級文化革命，它不是晴天霹靂，而是長期存在於資產階級和無產階級兩個階級間的鬥爭，直到它發展成為一場不可避免的革命。早在1957年，毛主席就明確指出即使在社會主義社會，階級鬥爭仍然存在，無產階級必須繼續革命。毛主席在1957年對資本主義和右派路線發起了鬥爭，1959年廬山會議鬥爭達到高潮，當時彭德懷暴露了他的反黨陰謀，這導致建設社會主義社會方法的大爭論。爭論的核心，實質就是我們應該走什麼路線，是走社會主義路線，堅持無產階級統治，或是走資本主義路線，讓資本家壟斷政權。毛主席察覺了劉少奇秘密反革命計畫的危險性。1962年，毛主席提醒全黨防止修正主義，隔年他揭露了劉少奇路線的危險，但劉少奇沒有受到任何影響，他繼續發展他資本主義式的修正主義。在接下來的三年裡，毛主席意識到他再也無法忍受劉少奇的陽奉陰違，同時也無法避免這場大革命。於是在毛主席個人動員下，這場猛烈而重要的文化革命爆發了。因此說文化大革命不是突然爆發的，而是深思熟慮的任務。」

另一位海外學者問：「文化大革命的目的是什麼？」

前紅衛兵回答：「革命的目的是粉碎劉少奇的修正主

義，恢復無產階級被劉少奇及其黨羽奪取的權力。所有文化領域都應該進行階級鬥爭，以鞏固和加強社會主義經濟基礎，保證人民走正確的社會主義道路。」

我們被告知文化大革命是一場全國性的公開革命，讓底層群眾可以揭發官僚、幹部、知識分子們的罪惡與腐敗生活，以及農場和工廠的領導人犯的罪行與錯誤。這些人需要被以無產階級群眾的手寫大字報、大辯論與其他公開形式鬥爭，於是他們在政府、工廠和公社內部的修正主義與資本主義秘密計畫得以被發現，並被完全消滅。

另一位訪客問：「這場權力鬥爭要花多少時間？」

一位主人有點不耐煩地回答：「我們剛才說過，文化大革命不是權力鬥爭。為了落實黨的正確路線，我們必須停止資產階級的做法，並取回被資本主義同情者佔領的職位，如此我們才能為無產階級的利益執行政策。這場生死的鬥爭源於1967年1月上海的革命風暴，並持續了約二十一個月，直到革命委員會在西藏、新疆，與其他各省都成立組織。」

一位訪客還有些疑問，並認為總歸來說，這還是一場高層內部的權力鬥爭。

我們得到的答案是：「所有革命的根本問題，包括文化大革命，都是政治權力鬥爭。無論哪個階級取得權力，都將為自己階級的利益和特權行使權力。如果無產階級不能奪取政權，他們就會被劉少奇和他的追隨者奴役。因此這是革命的根本問題，而不僅是你以為的權力鬥爭。」

我問：「文化大革命是毛澤東與劉少奇之間對立路線的鬥爭，對嗎？」

一位主人經過片刻的思考之後，低聲說：「或許如此。」

關於武裝鬥爭，主人們承認存在軍事衝突與極端行動，但他們說：「這類事件並沒有持續很久，也不像一些誇大的報導所說的，有成千上萬，甚至數百萬人被殺了。」

有個疑問是關於文革的結果。這個答案很簡單：「是的，我們已經取得了巨大的成功。」另一個問題隨之浮現：「你們是如何取得成功的？」回答是：「我們所有的勝利，都是在毛主席的指導下贏得的。這場革命運動使毛澤東思想擴大到空前的廣度和深度，深入全國七億餘人民的心中。毛澤東思想的傳播，是文化大革命最大的成就。廣大群眾熱烈地學習毛主席的思想，並在實際革命形勢中加以應用。他們批評修正主義和資產階級，人民群眾開始瞭解到，為了防止受到修正主義者和資本主義追隨者的影響，即使在社會主義社會中，革命仍然是十分必要的。」

「文化大革命結束了嗎？」

「雖然取得了偉大勝利，但是尚未結束。無產階級必須始終堅持鬥爭、批判、改革所有違反無產階級原則和利益的政策和派系。為了確保所有中國人都朝著正確的革命道路前進，不會誤入歧途，鬥爭、批判、改革一直是必須的。所有中國青年都參加了三大革命運動，即階級鬥爭、生產鬥爭，和科學實驗。」

在聽了他們的簡報之後，我們這些訪客感到，剛才他

們告訴我們的，和我們在西方文獻上讀到的內容不一樣。我們之中有些人照單全收相信他們的說法，其他人則持懷疑態度。

下午4時30分，我說了幾句話感謝北大的主人們，接著我們上了停在大門口的巴士。所有北大人員都前往大門口，像早上一樣，與我們分別握手道別。對他們而言，這真是美好的一天。

4. 北京師範大學附屬中學

雖然我們都是美籍華僑，但也有一些人畢業於北京師範大學附屬中學（即師大附中）。他們要求在7月5日參觀母校，而我也很高興地加入他們的行列。

參觀的程序與北大差不多。我們在學校正門口會合，被引導到會議室，提供茶水、香菸，以及擦臉巾，提振我們的精神。而後我們聽了關於學校歷史與現況的整體報告。

學校的招生政策首先是基於所居住的地區，其次根據申請人在德、智、體三方面的發展，由校方按這三個標準再評估。

在這間特殊的中學，每年有三十一週是課堂學習，八週在工廠或農場實習，暑假和寒假則各有一個月。這個課程設計顯示，中學畢業生的出路或就業機會有二：在農場或工廠工作。

教師的最低工資是二十五點二美元，最高工資是七十

五美元,而有特殊專長教師的特別工資是八十點五美元。一位老師說他租兩房公寓,房租每月只要七十二美分。

學校有掃除粗心用字的運動,錯字與誤用字被列在公布欄上,以引起所有學生的注意。

中國還有消除文盲的廣泛運動。根據師大附中的校長所言,這場運動已經持續了二十年。他說:「北京市內有二百七十九所中學,每所學校招收一千五百至二千名學生。」接著,我精確地引用他的話:「在北京,每個人都能讀寫,識字率是百分百。」

高中教師由地方政府指派,他們是終身職,不需要每年續約。缺乏經驗的新教師由資深同僚協助教學(有時透過旁聽),新老師也會直接收到學生對改進教學的建議。他們聽黨的工作報告,參與同僚的課堂和專題討論會,並與其他教師交流經驗。如果經過這些努力,某些教師仍然不能提升教學水平,他們可能會被調任到其他更適合他們才能的工作。但這顯然很少發生。

學生可以根據自己的興趣選擇課外活動,如文藝宣傳、團隊運動和美術。體能訓練則是必修課,因為體育是毛主席教育方針中的原則之一。每天上午 10 時 30 分停課二十分鐘,一千多名學生跑到大操場,跟著老師的擴音器口令做體操。如果老師看到有訪客在旁觀看,他會下令熱烈鼓掌歡迎。

我們隨後參觀課堂教學,匆匆走過一間間教室,聽十到十五分鐘講課或討論。我們出入教室時,掌聲總是隨之

響起。這些學生與我還在當學生時有很顯著的區別，從前我們每天專心且安靜地聽課，但是今天的中國學生提出問題，參與討論，他們被老師鼓勵舉起手來，並大聲發言。讀完一則古書中的故事或軼聞後，強調解釋。老師會問一位學生如何理解這段課文，然後問第二人相同的問題，最後讓第三人比較前兩位不同的理解程度與解釋的細微差別。我注意到，所有的學生都能用自己的話講述故事，顯示他們已經在家預習過。大部分站起來回答問題的學生手臂上都配戴著紅衛兵臂章，反映他們優越的智力，以及服膺毛澤東思想。因為這是種榮譽，許多學生放學後都還配戴著臂章。

5. 革命京劇《沙家浜》

晚上，飯店接待員為我們訂了京劇《沙家浜》的門票，由最好的中國京劇團在全國政協禮堂演出。沙家浜是江蘇的小地方，二戰期間是個抗日基地。一批受傷與生病的新四軍，在日本佔領下的沙家浜，藏匿在民家療養。

女主角阿慶嫂是中共地下黨連絡員，假扮為茶館的老闆娘，而日軍首領和偽軍指揮官都垂涎於她的美貌。在劇中她設法為共產黨蒐集情報，最後新四軍和民兵奪回了沙家浜，並俘虜了日軍首領與偽軍指揮官。

這個簡單的故事分為十個場景，演出優秀而專業，唱作俱佳。生動多彩的舞臺背景為本劇大大加分，包括農場、漁民小屋、沿著湖岸航行的船隻、山丘與戰場。舞

臺燈光也很傑出，使觀眾的注意力始終維持在男女演員身上。

全劇主題是推崇毛主席的人民戰爭與軍民合作思想，以軍民合作的力量戰勝日軍與偽軍的瘋狂掃蕩企圖。這種抗日主題老戲劇頻繁上演，或許有額外的意圖——提升陳毅的第三野戰軍的榮譽，以平衡林彪第四野戰軍的殘餘影響。陳毅在 1972 年 1 月去世，毛主席出席了他的葬禮，這是莫大的榮譽。

6. 北京第一實驗小學

7 月 6 日早晨，我從正在試行新教學方法的北京第一實驗小學，得到對今日中國的另一觀點。

根據 Chang 老師介紹，這所學校成立於 1912 年，目前共有六十八名教師，一千一百七十名學生，分為二十二個班。學校在文革期間曾一度關閉，並於 1967 年 3 月重啟。他說：「我們目前的教學科目有政治、語文、數學、音樂、繪畫和英語等學科。」他們剛開始在五年級教授英語課程，目前這些努力都還處於實驗階段。

在他簡短的介紹後，我們幸運地聽到了一堂英語課。老師在黑板上以印刷體寫下這些句子：

How do you do?

What is your name?

My name is XXX.

Who is he?

He is XXX.

Is XXX your classmate?

Yes, he is.

Are you friends?

Yes, we are.

We study Chairman Mao's work together and help each other.

老師大聲地讀一次，接著要求學生們跟著他逐字複誦。經過幾分鐘的練習，老師叫兩名學生上臺表演對話。他們說英語時互相握手，兩三組學生重複這個練習。第一組上臺的學生們有點害羞，且因怯場如坐針氈，他們甚至無法握緊對方的手。第二與第三組學生的表演則有些進步。

這種教學與實踐的方法使課堂氣氛活躍起來，而學生們似乎輕鬆地學會了基礎英語。課堂快結束時，老師鼓勵部分學生和我們這些美國來的訪客一起練習這些短句，但他們明智地將最後一句「We study Chairman Mao's work together」替換為一句簡單的「thank you」。在聽到我們許多人以英語或中文說話後，學生們渴望進一步學習英語。我說：「你們講得很好，學習英語的速度比我們以前快多了。」

接著我們走進了另一間正在教中文的三年級教室。黑板上掛著一幅圖，標題寫著「看圖說話」。圖中有個學生

在雨中撐著傘走路,另一個沒有傘的學生則跑在後面。老師問:「在這種情況下,我們應該怎麼做?」

一位配戴著紅臂章的學生舉手自願回答:「毛主席告訴我們,我們彼此應該要搞好關係,互相愛護,互相幫助。」

老師指出:「原則上你是對的。但是如果有傘的人住在學校附近,沒有傘的人住在離學校很遠的地方,他們該怎麼辦呢?」

幾個學生異口同聲:「有傘的人應該先把沒有傘的人送回家,然後再回自己家。」

政治宣傳與公民訓練從幼稚園和小學就開始了,貫穿各級教育機構,不論是教材選擇、表現方式與討論,政治語言都很強烈。功勞永遠歸於毛主席。

這間小學的教師起薪是十五美元,最高是六十五美元。每週上課鐘點是十八至二十堂,每堂四十五分鐘。教師有義務每天在校服勤八小時。

在討論時,我們問了幾個尖銳的問題。例如:「現在小學還會體罰嗎?」

我們被告知:「不,體罰早就廢除了。」

「那麼如何對付頑皮學生?」

「我們與他們的雙親合作,說服這些學生表現得更好,學習更用功。我們還指派模範生當問題學生的玩伴,希望能引導他們走上正軌。糾正問題學生需要耐心與技巧。」

「配戴紅臂章的紅小兵或先鋒少年兒童——他們是怎麼被選上的?」

「首先學生要自己申請成為紅小兵，然後透過學生、老師們的公評，確保申請人聰明而健康，對毛澤東思想有深切理解和實踐，並且品行端正。」

北京師範大學附設的實驗小學有一千一百一十七名學生，[6] 其中有四百一十一名學生是紅小兵。紅小兵們與教師保持密切的關係。他們在班級裡的表現一定要比其他學生好，還要作其他同學的好榜樣。

師生關係是友好、合作和相互尊重的。他們有著同志情誼，並可以自由交換意見，特別是在學生事務上。因此，情況已經和文革期間大不相同，據傳那時學生還會虐待老師。一位在學校教了四十多年書的老教師說：「你們訪客說的那些對老師鞭打和折磨的故事都太誇張了。如果學生真的像媒體報那樣殘酷對待老師，那我今天怎麼可能還活著在這裡教書呢？」

關於教學課程，這間實驗學校正努力在五年內教完從前六年教育中的所有課程。教科書是集體編寫的，北京市的三間實驗小學會交流意見，去蕪存菁編纂出最好的教科書。

政府制訂了將小學與中學列為國民義務教育的教育政策。重視推理分析與實踐，而不鼓勵背誦式教育。在考試時，學生可以帶書和筆記進教室，並與同學討論問題。學生的成績是根據他的分析力、對主題的領悟力與洞察力、

---

6 〔編註〕前文為一千一百七十名學生，應為口述時，打字人員誤聽 seventeen 與 seventy，而有兩種數字。

組織力,以及能否清楚簡潔地表達理念來評斷。

有人提問如何對待考試不及格的學生。老教師說:「首先我們會考慮學生的個人情況,是否是因為智力不發達、天生動作慢,還是有家庭問題,或者純粹是疏忽和懶惰。然後教師、家長和高年級學生會合作,盡力去幫助他。」動作很慢的學生可以重複學習課程,並多一個學期完成他們的五年課程。另一個補救辦法是讓學生在暑假和寒假期間繼續學習,以便落後的學生能夠趕上其他同學的學習進度。

共產主義教育者認為對學生能力的評估,不應該只看成績。教育的目的是為了兒童在身、心、靈上的全面發展。因此有了所謂的「五好學生」,即學習好、勞動好、身體好、思想好、出身成分好。學校的學習不過是這五個標準之一。

7. 北京出土文物展

7月6日下午,我沒有事先預約,自己去參觀了文化大革命以來的出土文物展覽。對中國文化與歷史感興趣的北京遊客而言,這是個「必去」的行程。

即使在動亂時期,因為工人、農民和軍人的共同合作,考古遺跡都被完好保存,沒有被摧毀或盜賣,這是大眾文化水平提升的表現。人民現在被鼓勵認識國寶的價值,並在發現不尋常或有趣的事物時通報政府。政府會立即派專家到現場勘查,並可能開始科學的發掘作業。

1966 到 1972 年的六年間，出土的考古文物數以千計，主要來自周代（前 1100 - 前 221）、西漢（前 206 - 8）、唐代（618 - 906）和其他朝代的墳墓。展覽文物按省區位置排列，而非按時間順序。

　　在河北滿城，一座西元前 113 年的諸侯陵墓被挖開，發現了二千八百餘件文物。其中最珍貴的是前所未見的金縷玉衣，由玉片組成，以金絲縫製，覆蓋全身，包括頭腳。玉枕也是由相同的材料製成。在中國的古老觀念中，有隔絕作用的玉能長期保護屍體。兩千多年後，屍體當然已經完全腐爛了，部分金絲也斷了。考古學家耐心地將金縷玉衣復原，他們計算出，這兩件金縷玉衣由四千八百四十六塊拋光的玉片製成，使用六十三盎司的金絲，其構造顯示製作者的高超技藝。

　　同樣漂亮的還有金銀鑲嵌的博山爐，蓋子形狀像山巒起伏，是漢代貴族的興趣。

　　更吸引人的是一盞鍍金的青銅燈，設計與工藝同樣精巧無比。其形象明顯是一名侍女，手持一盞可以調整方向的燈。製作時期大約是西漢中期，並銘刻「長信宮燈」文字。燈體有一個可移動的燈罩，以便調整光線的方向和強度。侍女寬大的袖子遮住了跪著的身體，頭部是可拆卸的，身體中空，她的右臂是根將煙霧導入中空身體的管子，從而讓房間裡不會有煙霧。

　　在同一座墓穴中挖掘出的玉佩與其他首飾也顯示了先進的工藝技術，同時還發現了堅固的鑽具與針灸用針。

在下一個省分湖南，出土了三百二十八件商周青銅器，其中有玉戒指、項鍊、手鐲。這些文物告訴我們四千多年前，湖南與華北平原間就有相當密切的接觸。

1971 年 2 月，湖南長沙有極佳的發現，是個由兩個槨室保護內棺的墳墓，此外棺材還被封在壓緊的厚白膏泥層中，以隔絕濕氣。在這座春秋晚期（前 770 - 前 450）的墳墓中，找到了超過二百七十件青銅與漆器陪葬品，其中有些非常漂亮。[7]

1970 年，空前的重大發現是陝西省西安何家村的唐代寶窖。出土文物中包括金銀器皿、玉器、珠寶，藥用礦物（朱砂、紫水晶、煉長生不老藥用的鉛黃），其中超過二百件金銀器皿已經公開展出。有個精美的金碗，其上有花形紋路。還有個鎏金舞馬銜杯紋銀壺，其上的花紋是一匹跳舞的馬，口中銜著一個杯子，證明唐朝工藝的傑出創造性。

寶窖中的物品屬親王李守禮（741 年逝世）所有，他是唐玄宗的堂兄，當時唐朝文化達到最高點，這些文物證明了大唐在安史之亂前的富庶。

1966 年，在湖北發現許多西周青銅器。展品中有個青銅曾仲斿父壺非常漂亮，還有像唱片的玉環。這個壺或許可以幫助研究者定位曾國的所在地，約在靠近安徽的京山。

7　〔編註〕馬王堆應為漢墓。

河南省在展覽中表現也很傑出，最值得注意的是洛陽的含嘉倉遺址，1969年至1971年間出土。糧倉建於605年，佔地五十萬平方碼，封住超過四百座對稱排列的圓形倉庫。糧倉的地板、屋頂和牆壁都蓋得很好，留有空氣流通的空間，以防止穀物受潮發霉。每個倉庫上都有刻在磚上的文字，記載在糧倉中的位置、儲存的穀物數量與年分（介於692年至699年之間）、狀態與倉庫管理員的姓名、穀物的來源。這些紀錄顯示了仔細的管理方法，由前唐著名的嚴謹行政系統所安排。

安徽發現了兩個西周晚期（約西元前8世紀）的青銅器，一個鼎，一個方瓶，還有許多楚國（西元前5至西元前3世紀）的金幣。但是展品沒有新疆和甘肅的文物那麼令人印象深刻。

1966年在新疆的吐魯番地區，出土了兩件唐朝的工藝品，一件是有著花鳥圖案的紅地鳥籠卷草紋刺繡，另外是一雙雲頭錦鞋。在文化大革命期間，挖掘出百餘處唐代墓葬。出土了使用蠟染與絞染的絲織品，還有一些契約與隸書書寫的名單等文件。吐魯番還有個重大發現，長五公尺的鄭玄（127 - 200）《論語鄭氏注》，寫於710年。據說這是現存最早的論語謄抄本，比之前在甘肅省敦煌石窟發現的年代更早。

甘肅發現了大量歷史文物。1967年在天水出土紅陶人面像，屬於於新石器時代晚期的仰韶文化。部分基於這些新發現，中共學者製作了早期文明的新年表：仰韶文化

（六千年前）、馬家窯（蘭州）文化（五千年前）、齊家（武威）文化（四千年前），最後一個約與龍山文化同期。

1967年，三百四十件西周青銅器、十七件秦代（前221 - 前207）青銅器出土。其中有件測量重量的青銅砝碼，其上的銘文與《史記・秦本紀》的記載相合。

展覽中看起來最現代的是1969年在甘肅發現的東漢（25 - 220）馬踏飛燕。這匹天馬看起來正全速奔跑嘶鳴著，馬頭、馬尾高高舉起，呈現精巧的平衡，看起來有如飛在空中。天馬的右後足下踩著一隻飛燕，其他三足懸空，製作的藝術家以此有力地呈現了牠風馳電掣的速度。設計這尊全身重量僅以一足穩固支撐的動物，需要強大的創造力與獨創性，以及可觀的力學原理知識。這匹飛馬是真正的傑作，只有十三英吋高，約十七英吋長。

1971年，山東鄒縣出土一件紅陶鼎，是四千多年前原始社會晚期的代表文物。稍早的1969年還在濟南出土一組包含音樂家、舞者與雜技演員的西漢陶俑。現在普遍認為這些表演者可能都是本地人，而非來自羅馬帝國。

關於展覽內容不再贅述，必須要親眼得見才能領會。我想要再次強調國家對文化遺產的重視。自1949年解放以來，中共和政府一直採取保護考古發現與歷史遺址的措施。這項工作得到幹部、工農兵，以及稍晚文革期間紅衛兵的支持，他們都堅持發揚社會主義合作精神，並將出土文物送交國家永久保存。因此中國是個考古學家、人類學

家與社會歷史學家的金庫，他們可以藉由這些新文物研究中國的歷史。

8. 四季青人民公社

7月7日，一群華僑前往參觀四季青人民公社。這個名字意味現在北京全年都能有綠色蔬菜，從前綠色蔬菜在漫長而寒冷的冬天是很稀有的。四季青人民公社位於海淀區，首都西方約七英哩處。

公社常委 Wang Shu-yin 在簡報前先以茶水、香菸款待我們。她說這個公社由九千二百多個家庭組成，即四萬一千人，佔地四萬一千畝，平均每人一畝，即六分之一英畝。

公社成員分成十二個大隊，大隊下又細分為生產隊。公社經營一家修理店、一家鑄造廠與一家機械廠，還有一個溫室用以測試新種子，和一個小煤礦。公社在1958年8月成立後，第一個重大的任務是建設灌溉系統，包括挖一條約六英哩長的運河，並開鑿超過五百口井，以電動幫浦抽取地下水。由於灌溉系統的改善，九成八的土壤可以種植食物。

這時公社主任 Chia Chün-lin 走進接待區。他被介紹給參訪團後，就安靜地坐著，直到討論時間才回答問題。

Wang女士繼續簡報，她指出公社必須購買自己的機器。目前公社有七十七輛大卡車、四十三輛大型拖拉機、一百二十輛小型手動拖拉機，和七百多部其他農業機械，包括收割機、打穀機、切碎麥桿以飼養豬隻馬匹的機械設備。

她說，因為社會主義革命，農民的士氣高昂，因此公社的每英畝產量逐年增加。二萬二千畝土地投入種植蔬菜，1971年向國家上繳二億四千四百萬磅，這是1957年上繳數量的兩倍，創下了當地的史上最高紀錄。這個地區種植有茄子、番茄和其他約一百種蔬菜。

　　生產是由國家為了符合人民需求而精心計劃的。政府制定了五項標準：數量、品種、品質、時間（季節性與持續供應）、公定價。政府規定了合理的價格，目的在使農民能仰賴收入過著舒適的生活，同時保障市場供應量。有時政府也需要介入補貼，例如以每磅三美分收購農民的過熟番茄，而以每磅二美分，甚至一美分的價格賣給人民。

　　公社領導誇耀在社會主義國家，一切都是為了符合人民的需求而生產，並定以每個人都買得起的價格。他說社會主義體制完全不同於資本主義，資本主義體制的價格由農場主與經銷商控制，他們總是只考慮自己的利潤，而不顧窮人的需求。

　　公社有一萬三千畝土地用來種植稻子和小麥，平均每畝產量為八百二十五磅，而1957年是三百八十五磅。公社高層表示，希望在不久的將來，每畝能收穫一千一百磅。另外有六千畝土地作為果園。每年飼養三萬三千頭豬，其中一萬頭上繳給國家，其餘供公社成員食用。還有一個大型養鴨場，每年向國家上繳二萬餘隻鴨子。許多著名的「北京烤鴨」就是來自這個公社。

　　這個地區成立公社後，總收入翻了一倍。因為收入的

增加，Wang 女士說：「我們可以資助教育事業，並讓公社成員接受總共十年，一直到中學的教育。」

解放前，大多數貧困家庭的孩子沒有受過教育。Wang 女士坦承：「我就是個沒上過學的人。解放後，新政府最早的戰役之一是消滅文盲。政府提供大眾教育、夜間部等場所，訓練人民閱讀和寫作，不分年齡與性別。1949 年以前，我一個字也認不得，但現在在夜間部學習幾年後，我很高興我可以讀寫了。」

公社中有兩所中學和十八所小學。上學是強制性的，如果孩子沒有上過學，就不會允許他工作，因此他會無以為生。

在醫療保健方面，公社裡有二百七十名「赤腳醫生」和八十八名醫務工作者（包括醫生和護士）。公社成員每年以五十美分的費用獲得完整的醫療照顧。如果醫療保險費用不足，政府會補足差額。醫生通常去病患家中出診。所用藥物大部分是草藥，但是藥效與西藥一樣，或者更有效——這是 Wang 女士說的。至於鰥寡孤獨者，則由公社照顧。

公社有一百支電話、一個無線電廣播網和許多公共擴音器。電視則只在每個生產隊總部有。每棟房子都有電。偶爾會放映免費電影，並常有樂團與雜技團來公社表演。

公社社員的平均年收入約為二百五十美元，個人收入最高是四百美元，最低的則為一百八十美元。這個數字不包括個人飼養雞、鴨、豬、羊的額外收入。

公社每年必須向國家繳納總收入的百分之二點八，社員個人則不必繳納任何所得稅。每個家庭都有一間小公寓或房子。如果想要蓋自己的房子，只需要取得材料，鄰居與朋友會自願幫忙一起蓋，而公社還可以提供部分借貸。一間三房的房子，大約要七百五十美元。

　　對於那些不願意扶養雙親的人，公社會從他們的收入中扣除固定比例作為懲罰。公共幼稚園負責照顧公社成員的嬰幼兒。這個公社很少使用所謂的公眾「大食堂」。

　　每個生產隊都有一個宣傳小組，其任務是宣傳毛澤東思想。他們向成員解釋政治理念，並敦促他們閱讀隊部附近圖書館裡的報章雜誌，以及毛澤東的著作。

　　民兵成員的軍事訓練時間安排，由公社根據每週規定的訓練時間，以及每位隊員的定期參與情況決定。

　　在收穫的季節，公社每天生產超過三萬三千萬磅番茄，在當地以每磅一美分的價格出售。當番茄在北京市場售出後，公社社員可以獲得銷售額的百分之五利潤。桃子每磅大約十五美分。但北京的水果商也可以拿到百分之五的傭金。

　　如同以往，簡報快結束時，都要有幾句一般性的自我批評。四季青人民公社還不是國家裡最好、最進步的，公社成員們還沒有盡他們最大的努力。

9. 中國美術館

　　7月7日下午，我參觀了解放後建成的中國美術館。

館中陳列的油畫、水彩畫作品，主要是由工農兵完成的。畫中主題大多關注平民生活，並帶有革命主題。毛澤東各時期的肖像與彰顯他群眾關係的各種畫作，被集中放在一個大展覽廳裡，以強調毛澤東與大眾的緊密連結及聲望。這些革命畫作在風格與形式上，都與傾向以花鳥風景及其他自然事物為主題的傳統中國畫相當不同。

我花了大約三小時看完五個大展廳，感覺耳目一新。雖然展廳中擠滿許多訪客，但我不太注意他們。而看來其他訪客見到我的穿著與他們很不一樣，也不會感覺到不自在或好奇。在今日中國，一個人似乎可以不被他人打擾，自個兒快活了。

我得知許多人是利用休假來美術館。因為大城市中人口過多，星期日並非中國的共同假日。部分工廠與公社會在週一或週三休息，以緩解城市娛樂設施的擁擠情形。

10. 人民的萬里長城

7月8日，我加入一個旅行團，參訪距離北京只有五十英哩的長城。對我來說這是一次再訪，因為大約三十年前，在燕大春假期間我就已經去過了。當時通往長城的道路崎嶇不平且塵土飛揚，在風大的日子裡很令人不快。現在我發現公路已經鋪平，兩側還種植許多樹木，空氣變得清新，旅行也變得愉快。

當我作為學生第一次來長城時，我沒有爬到長城的最高點，但這次我爬上去了——其實是因為旅行團裡的年輕

人向我發起挑戰。然而上山容易下山難，長城上的磚頭經過幾個世紀的使用，已經磨損變滑了。我全身的重量都集中在小腿上，甚至不敢站直，以免摔倒。我應該要像尼克森總統一樣聰明，他在正式外交訪問長城時，只冒險爬到了第一層。

回到地面後，我們到附近的餐廳吃了午飯。休息片刻，我們就去參觀明十三陵。進入墓區前，我們先在石象的象鼻下、石馬和石獅的背上分別拍了許多照片。這些動物立在通往墳墓的神道兩側，據說是為了驅趕可能傷害帝王陵墓的惡靈。

第一座對外開放的陵墓是萬曆皇帝（1573 - 1620 在位）的定陵。墳墓長九十五點四九碼，寬五十一點六九碼，始建於 1584 年，花費八百萬銀兩。根據革命宣傳者的估計，在 16 世紀時，八百萬兩可以買到足以讓一百萬人吃六年的白米。兩個通往萬曆皇帝墓室的石門重約二十二噸，地宮的牆壁與地板皆由大理石建成。據估計，大約六百五十萬名工人參與這個工程，數年建造期間，平均每天有三萬名工人在施工。

皇帝的槨是巨大的，裡面有兩個內棺。在最裡層發現了皇帝的腐爛屍體，以及大量的珠寶、金銀、器皿、刺繡、錦緞、各種絲綢與亞麻織品，都保存完好。目前部分出土文物正在陵墓一樓展示。織品與珠寶的工藝甚至被認為在 20 世紀的最好作品之上。

定陵不久前才被挖掘。盜墓者多年來試圖打開它，卻

總是失敗，沉重的門以巨大的石磚密封，使他們徒勞無功。解放後，政府決定發掘這座墳墓，雇用許多工程師和石匠，還有一大隊解放軍參與，由重型起重機和其他設備協助工作。在打開陵墓後，為了方便遊客參觀，所有的隧道和臺階都被恢復到原本的狀態。這個建築是如此巨大，讓人想起開羅的大金字塔。

我們還參觀了另一座由幾十根柚木柱子支撐的巨型陵墓。我伸出手臂想粗估柱子的周長，但我甚至不能環抱它腰圍的一半。一個士兵和我手拉著手，但就連他的手臂加上我的，都不足以環繞柱子。一塊中共的說明牌寫說，為了修建這些柚木柱子，在中國山區或西藏河谷尋找大樹時，有大約五百名工人喪生。為了裝飾皇帝的陵墓，成百上千的工人小心地砍伐每棵樹，並仔細地搬運數百英哩。

我們還參觀了十三陵水庫，工程始於 1958 年，當時毛澤東、周恩來、朱德等人都參加了破土儀式。展示牌顯示官方關注的是政府人員與農民為巨大建設工程貢獻時間與精力。據估計，這個人工湖可以灌溉數百英畝的土地，不幸的是，北京在我拜訪前已有八個月沒有降雨，水庫裡的水位很低，連河畔的柳樹都在烈日下枯萎了。因此導遊只有遙遙指出這個著名建築物，沒有花時間帶我們去參觀。此後我們就乘車回北京了，這裡距北京三十四英哩遠。

11. 餐廳情況

那天傍晚，我去了一家在東風市場（原東安市場）附

近的川湘餐廳用餐,他們提供的食物與華僑大廈飯店有很大差異。我點了兩道菜,再加上一碗白飯的糧票,總共只要五十美分。在餐廳用餐的費用與在飯店差不多。北京和上海的所有餐廳與商店看來會在晚上 7 時 30 分關門,此時所有顧客都擠著要離開東風市場。在關門前,有個老人使用自製的掃地機清理餐館的地板,因為周遭人還是太多,他得一直不停說著「讓讓」。

在中國,所有餐廳都對無產階級開放。沒有人被允許吃得奢侈,即便他有能力負擔也是一樣。大部分菜餚要價都低於一元人民幣(即五十美分)。據說顧客必須將點的菜吃完,不然會被餐廳工作人員批評為浪費。

北京以「北京烤鴨」聞名,僅有兩處餐廳為政府邀請的外賓提供這道佳餚。一場官方晚宴會安排兩個房間,一間有著用餐的圓桌,另一間則是談話用的扶手沙發。宴會可能會持續到晚上 7 時 30 分後,但不會超時太多,因為主人與賓客慣例會在飯後不久互道晚安。這些特別保留的房間非常乾淨,以鮮花與帷幕裝飾,也很安靜。這些餐廳對大眾開放的部分總是十分擁擠,因此需要在開門前半小時就來排隊,才能確保有桌椅用餐。而我獨自一人前來,碰到了很尷尬的情況。我笨拙地將行李放在桌子上的一小角,但是桌邊沒有椅子。當我離開去找椅子的時候,我的行李被其他像我一樣需要座位用餐的人移走了。跑堂們太匆忙了,他們沒有時間徹底清理桌子,食物通常被直接由桌上掃到地下,有時還會落在椅子上。在坐下前得好好看

個仔細!

然而觀察平民的生活也是種樂趣,不論是夫妻,或是一群朋友的聚會。小孩安靜地吃著,一開始還會抱怨川湘餐廳的菜太辣,但沒過多久就習慣了。沒有一組人會點超過自己食量的菜餚,除了啤酒外也不喝其他酒精飲料。沒有乞丐在一旁等著撿剩菜吃,那是三十年前的常見場景。沒有人穿著正式,因為來用餐的顧客大部分是工人或農民,他們進城裡享受休假,並吃頓餐廳菜換換口味。

在中國餐廳裡總是人滿為患,晚來的人必須站著等前一批客人吃完飯。這當然對想悠閒地吃頓飯,或者與親朋好友好好說幾句話的人來說是非常困擾的。我想這種情況在其他城市裡也是一樣,在餐廳數量增加到足以供應增長的人口前,問題是無法解決的。

12. 共產中國的好心人

過度勞動終於開始來討債,我發現自己感到噁心與疲憊。更雪上加霜的是我從長城下來時,扭傷了小腿肌肉,所以走起路來步履維艱。我常聽說中共黨員是死硬的狂熱分子,把人民當作人海,並不太關心個人的生活。畢竟中共的敵人指控他們在解放期間與之後謀殺了無數中國人。但是令我驚訝的是,所有的飯店服務生,就連電梯操作員與餐廳工作人員,都對我深表同情。他們皺著眉禮貌地詢問:「先生,您怎麼了?一定很痛。您最好去看醫生。」

我說我在長城上受傷了,休息個幾天腿就會好了。然

後我回到房間休息了幾個小時。我靜不下來，很快就試著打電話給一個老朋友，但沒有成功。隨後我打電話給我的前大學室友，北京大學周一良教授，我請他幫忙安排去查閱北京大學的圖書館目錄。他答應幫助我，但認為最好透過我下榻飯店的黨組織與大學的黨組織去安排。

13. 強制醫療

7月10日上午，我待在飯店房間裡，因為我的腿似乎比之前更糟了。我一瘸一拐地走下樓去吃早餐。在餐廳前有張黑板上的告示寫著：「7月9日下午，某個國外顧客前往一家中國藥店購買打火機。由於計算上的失誤，我們多收了他一元人民幣（五十美分）。這筆款項已退還至服務檯，請顧客憑身分證明取回。」這種嚴謹的誠實使我震驚，在1949年以前這確實是罕見的，當時如果顧客在商店多付了錢，錢絕不會被退回。顧客不能回店裡要求退款，唯恐會受到批評：「你剛剛在店裡時為何不說？現在我們不能確定你有沒有多付錢。」當然，記帳方法或古老，或根本沒有，重新對帳是不可能的。

飯店的房務員注意到我跛著腳，她勸我去看中國醫生。她是位已婚女性，待我如她的兄弟。

我堅持：「沒什麼大不了，在幾天內就會好的。」清潔人員也看到我笨拙地走著，並建議我就醫。他的忠告是真摯與認真的，就好像他是我的弟弟一樣。

突然間，飯店的革命委員會副主任叫我上車。我說：

「今天我不打算出去。」

他說：「有輛計程車會送你去醫院，還有一封推薦信。」

顯然房務員已經向上級報告了我的情況，而他們決定對付這個頑固華僑的最好方法，就是強迫我接受治療。無可奈何地，我接受了他們善意的脅迫。

當我被帶到醫院的時候，那裡已經大排長龍，其中許多人似乎病得很嚴重。儘管如此，兩位言辭親切的中國醫生還是馬上幫我治療。其中一位幫我的腿按摩，約半小時後它腫了起來。他安慰我：「別擔心，按摩會讓你的肌肉恢復原狀，並幫助血液循環。」他開給我一些草藥，要煮滾後用藥汁來清洗我的腳，一天數次，同時他還給了我一些白色的內服藥粉。治療結束後，等在醫院外的計程車免費載我回去飯店，因為飯店經理已經支付了所有費用。

「不人道」的中國醫生特別努力治療「不治之症」，並拯救絕症患者的生命。他們宣稱開發出嚴重燒傷患者的治療好方法，比西方所使用的更好。在許多情況下，接受持續的針灸治療後，啞巴能說話，而聾人可以聽到聲音。因為醫生的耐心，以及醫院合理的（或微不足道的）收費，目前有很多華僑回到中國來進行重大手術或治療慢性病。

14. 與外交部高官會面

隔天，7月11日早晨，我待在飯店房間裡閱讀中國報刊，並收聽廣播節目——內容有新聞報導、一段政治宣傳、歌劇音樂、毛主席著作中的名言摘錄（並指示版本與頁數）。對我這個來訪的外國人來說，廣播節目很有趣，內容豐富，甚至令人興奮。但如果一直聽這樣的節目，無論如何，我很快就會感到無聊了。京劇片段雖然很有娛樂性，但數量不多，很快就會變得單調乏味。

下午4時30分，我在外交部國際司與龔普生會面，她的丈夫章漢夫是外交部前副部長，她也是高階官員。龔女士與我是燕京大學的老同學，她熱情地接待我。我們先談了關於燕京大學前心理學教授夏仁德（Ralph Sailer）的簽證問題，我希望她能幫忙加快簽證批准的程序，因為他們之間也是老朋友了。龔小姐說：「請告訴轉告夏仁德博士耐心等候。」暗示在革命政府的管道中，她無法提供幫助。其次我們談了關於共產中國出口毒品至美國的指控，中國政府應該予以駁斥。「中國政府已經公開譴責了這個荒謬而毫無根據的宣傳說法。」

接著我問起幾個老朋友的現況，她看了看我寫在紙片上的名字，想了片刻，說：「據我所知，這些人不在外交部裡工作。」又談了二十分鐘後，我們互相道別。當天傍晚，一位信差將一些中國否認出口毒品至美國指控的聯合國出版品送到我的飯店房間。這個迅速行動顯示當中國政府認為情況緊急時的效率。

15. 天壇

7月12日早上，我和幾個朋友租了一輛小汽車，開車去看天壇、陶然亭公園、中央公園。[8] 天壇位於天壇區，1949年以前，這是個乞丐、綁匪出沒的貧民區，有一個銷售二手衣、家具、手錶與珠寶的市場，商品大部分來自當鋪或小偷。那裡還有說書人、算命先生、雜技演員、變戲法的、花鼓唱跳、舞者與妓女。儘管我曾在北京住了十多年，也只去過天橋兩次。每次朋友們都會提醒我經常檢查錢包，看錢包是否還在後口袋裡，或是已經被某些靈巧的扒手偷走了。

1930年代，國民黨曾以天橋作為刑場，行刑隊射殺匪徒、政治犯和其他犯人，並在當地報紙上公諸於眾。如老子所言：「民不畏死，奈何以死懼之。」

而現在，我非常驚訝，我從前見到的貧民區已經完全消失了。街上不再有成堆的雜物，沒有歌手或其他街頭藝人。今天的街道已經拓寬、拉直，兩側綠樹成行，並保持乾淨。

我們還發現天壇最近被重新翻新，樑、屋簷與柱子的色彩光鮮亮麗，周遭幾英畝的土地都種上了綠色的柏樹。

因為腿傷還沒有痊癒，我沒有四處晃蕩看看附近的古建築與寺廟。我直接從天壇回到車上，與我們的司機相談甚歡，他正在微調汽車，並告訴我在中國做私人司機，比

---

8 〔編註〕即今中山公園。

農民或普通工人賺的錢更多,因為私人司機並不只是保持多年無事故紀錄的老練司機,也同時必須是能當場修理故障的技師。

他開的這輛車是 1959 年或 1960 年於波蘭製造,但外表看來沒什麼明顯的刮痕。如果有任何小損傷,他會立刻修理並重新上漆。他說這輛汽車曾在只做大修的小工廠中徹底檢修過。

許多司機都曾是軍人,在他們五十歲退役前,曾多年在崎嶇的路上開過吉普車、卡車或坦克。

他每個月賺四十一美元,每天工作八小時,包括等待時間在內。他的妻子也有工作,長子每個月的月薪是十七點五美元。小兒子還在唸高中,畢業後就可以工作賺錢了。因此,這位父親與家人們過得舒適幸福,「感謝毛主席」。偶爾他們能上館子吃頓飯,去游泳或看電影。汽車修理完畢後,他坐在車後,似乎對他的生活條件感到放鬆與滿足。

和司機講了一會兒話後,我不想再打擾他休息了,所以我試著去拍攝旁邊種植成幾何圖案的柏樹。天氣條件很理想,也有充分時間可以仔細拍攝,因此我對成果有很高的期望。但不幸地,我在北京與南京長江大橋停留期間拍攝的三捲彩色底片,因為相機故障而全毀,我的美夢在失去這麼多無可取代的照片後幻滅了。

離開天壇後,我們驅車前往陶然亭公園。有人說東直門與西直門拆下的木構被移到這個公園永久展示,並將作

為歷史遺跡保存。令人失望的是,我們並沒有找到這些木構,只看到一座可以游泳的大池子,其中一部分種了蓮花點綴。因為長期乾旱造成的缺水,大游泳池被關閉,而蓮花則看起來相對矮小。去中央公園前,我們在這裡悠閒散步。

16. 北京中央公園

中央公園在天安門廣場附近,一直是北京最著名、最受歡迎的娛樂中心之一。這裡有許多老樹,像是高大的落葉槐樹、銀杏、橡樹、榆樹,特別是樹幹如蕾絲圖樣的白皮松。根據林業專家的說法,其中一些老樹已經有四百到八百年的樹齡。[9] 在樹間葉蔭下,許多人每天在此運動,或打流行的太極拳。

公園裡有許多裝飾優美的宮殿式建築、涼亭、溜冰場、小屋與其他美麗的景點供民眾賞遊。從前公園裡還設有許多藤椅與桌子,男士們夏天時可以在這裡飲茶、賦詩或打盹。報童會留下幾張報紙,尤其是有漂亮影星或知名運動員的彩色照片版面,供男士們過目。約莫一個小時後,報童會再回來取走報紙或雜誌,拿去給其他顧客看。每個顧客都會給報童一筆豐厚的小費,但金額還是比購買報刊便宜些。

從前還有幾間知名的餐館與茶館,供應遠超一般人能

9　〔原註〕梁泰然(林業部工程師),"Old Trees in Peking," *China Reconstructs* (August, 1964), pp. 29-38.

負擔的昂貴佳餚。只有大學教授與學生,或者富商與政府官員才能吃得起。

以前中央公園的入場費很貴,但現在只要三美分,食物也是平價販售,所以總是擠滿了人。

我拜訪中央公園的目的是為了拍攝年輕男女們打情罵俏,我請一位旅行團裡的女士幫忙,當看到情侶們坐在一起,她會去詢問他們是否能讓我拍照。我的相機已經準備好要拍攝調情場景了,然而我大失所望,不僅是因為我們問過的情侶都拒絕拍照,而是因為每對年輕男女或坐或走,都至少距離彼此一碼以上。我遠遠地看到一個少女坐在長椅一端,而一個少年坐在另一端,他們明顯交談得很入迷。我小心地靠近,首先將鏡頭對準新漆的漂亮涼亭,接著快速地將觀景窗移向這對年輕情侶,但他們馬上就變得嚴肅,並將頭轉離相機。

受挫於拍攝工作的結果(比我預期的更徒勞無功),我點了一頓豐盛的午餐,以大吃一頓盡情地補償我藝術上的大失所望。我的「同路人」(不是政治意義上的!)明顯害怕價格太高,只買了冷飲和零食。我知道他們餓了,因為我們整個上午一直在四處觀光,所以我多次邀請他們嚐嚐我點的三、四樣菜,但是他們都拒絕了。他們想必垂涎三尺。當我結帳時,只付了一點一五美元,我的同路人想必很後悔沒有點一頓午餐來吃,但他們下午還安排了要去別處,所以已經來不及改變心意了。這整個上午的花費是每人一點七五美元,因為我們四人共乘一車。

17. 更換旅館與旅行身分的困難

那天下午，我去西城區看了一下民族飯店。比起華僑飯店，民族飯店既大又好，更安靜，鋪有地毯，還有幾輛計程車在飯店前等著載客。我在進飯店前必須出示護照。接著我提出想看看房間和餐廳，希望能搬進這裡住，但不幸地被拒絕了，無疑是怕我打擾了外國人。我覺得不太高興，輕聲爭論說我持有美國護照，我也是個外國人。飯店人員禮貌而堅定地回答：「先生，您是否持有美國護照並不重要。您仍然是個中國人，在華僑飯店裡會受到很好的待遇。」

在中國，旅客一旦被指定為華僑，他就不能被重新歸類為外賓。外賓同樣也不能將他的身分更改為華僑，以便住在華僑飯店，並與當地人自由交流。

18. 全國攝影藝術展

離開了飯店，我有些不滿。我看到一張告示，以大字寫著全國攝影藝術展在民族文化宮展出。民族文化宮是另一棟 1959 年前後建成的漂亮建築。我付了三美分買入場券，櫃臺人員給了我票，並以手勢示意我取回找零。看來他認為我不會說中文，因為展覽就在外國人住的飯店附近。

攝影展總共有三個展廳。其中一個展廳展出毛主席不同人生階段的照片與海報，包括抗戰和解放戰爭（Liberation wars）時期。展覽的重點不是將軍或其他高

官,而是士兵與平民,顯然這就是「毛主席的中國」。大部分照片是黑白的,不過是由全國性競賽中脫穎而出的,所以都拍得非常好。

另外兩個展廳裡則掛滿了戰地、農場生活,以及軍人和工人們英勇行為的照片。展覽的主題仍然是革命宣傳。展覽的大多數參觀者也是工農兵,他們似乎真的很高興能看到自己階級的傑出成果。沒有任何一幀照片是關於學者的生活,在今日中國,他們幾乎就是社會邊緣人。

從前這類展覽展出的照片,大多是俊美的年輕人看著太陽升起,或者是彩虹在雲霧繚繞的山間,山頭點綴著美麗的花朵、桃花與櫻花。而今天的照片主題是完全不同的。

19. 新華書店

仔細看過這些照片後,我搭公車前往莫理循大街(王府井大街),現在叫人民大街(儘管換了名字,舊名字仍然流行)。我走進新華書店,這裡是中國的官方書店,銷售共產中國的所有宣傳作品。書店很寬敞,有馬克思和列寧著作的譯本,毛澤東的中文與各種外文著作。此外還有中國科學院院長郭沫若的部分論著,包括甲骨文與金文研究。店裡只有兩種關於古典文學的出版品,郭沫若的最新著作《李白與杜甫》是其中之一,於是我買了一本。另一本是章士釗的《柳文指要》,價格太貴且書本厚重,我很難將它買回家。這兩種學術著作可能激勵了許多中國知識分

子，他們熱切期盼更多類似性質的出版品會被允許出版。

我翻遍了書店裡的小冊子，希望能買個一兩本。但大部分都是關於自然與科技（例如如何提煉石油、如何修理汽車），不符合我的興趣。最後我買下了兩套關於北京的各種宮殿與新建築的攝影集。我還買了本小紅書毛主席語錄，包含他的四篇哲學論文，以及所有已出版的詩。這本「語錄」並不是林彪摘錄的一兩句話，文章被全文印出，以讓人瞭解完整的脈絡。在這本非常有用的小書中，引文的來源也被仔細的標出。

20. 北京協和醫學院（P.U.M.C.）

離開書店後，我又去了附近的北京協和醫學院，很多年前我是這裡的病人，現在它被稱為首都醫院。這個醫學院及其附屬醫院，是由洛克菲勒基金會（Rockefeller Foundation）成立並資助，並有許多美國與歐洲醫生在此執教與行醫。建築物模仿宮殿，屋頂蓋著綠瓦，內部的地板與牆壁則是大理石。它保持得一塵不染，由自負而穿著雪白制服的醫護們經營。這座建築有著華麗的外觀，過去是豫王府。據說有個美國人叫黃包車帶他去醫院，但因為他的中文發音不標準，重複說了很多次，車伕仍然聽不懂他想去哪裡。最後美國人不耐煩地大罵：「Damn you fool（該死的笨蛋）！」車伕立刻大喊：「喔先生，你是說豫王府，馬上帶你去！」

今天這間醫院仍被視為中國最好的醫院，大門與從前

一樣，只是現在門前窄街上停滿了各種汽車。每輛車後都有一塊寫著「使」的小牌子，代表這是大使館座車，載著外交人員或其家屬來院接受治療。醫院的屋簷和柱子在尼克森總統到訪前被重新油漆過，一小隊美國安全人員在總統到訪北京前先行抵達，並檢查了醫院的設備，以確保若總統需要醫療照護時，會有一家像樣的醫院。

醫院的內部環境和從前有很大的差別。首先，走廊的光線黯淡，醫生護士們的制服是米色的，暗示它們可能不是由最好的棉布製成，又或者沒有天天以漂白劑清洗。所有醫護都表現得非常謙虛，不疾不徐地走著，且有禮貌地回答問題。地板與牆壁現在鋪上了水泥。整個建築物內部都迫切需要修繕，可能是長時間使用而沒有定期翻新的緣故，又或是因為文化大革命期間紅衛兵造成的破壞。紅衛兵迅速將協和醫學院改成「反帝醫院」，以消除它與美國洛克菲勒基金會的關係。這個帶有敵意的改名，可能還伴隨了一些破壞行為。然而這只是我的猜測，我無法從任何一位醫護得到答案，他們明顯認為我的好奇心不在他們的醫療義務之內。

我注意到醫院裡中藥與西藥並用，據說許多醫生是中西醫兼通的專家。經過資深醫生同意後，病患還可以自由選擇要服用西藥或中藥。

21. 大眾餐館大眾價

離開醫院之後，我累到無法回旅館晚餐，於是我又到

川湘餐廳「打游擊」，幸運的是剛好有空位。當我在等餐時，我對菜單作了統計調查，總共有五十種選擇，其中三十五道菜低於五十美分，最貴的則是大約六十美分。無怪乎這裡門庭若市。如往常般，我點了兩道肉、一碗菜湯和一杯啤酒，總共六十美分。我無法全部吃完，即便我是湖南人，味道還是太辣太重了。

22. 北京市第一聾啞學校

這所學校成立於 1934 年，當時入學人數為七十人，分成七個班，人數稀少是因為學費高昂的關係。

自解放以來，有四間聾啞學校開設，每間學校都有三百多名學生。一學期的學費和雜費只要一點二五元，甚至還設有給極度清寒學生的獎學金。

從 1968 年 11 月開始，每間學校都有三名以針灸治療聾啞的解放軍專家。因為個人的文化背景有限，他們被送往東北接受數個月的進階訓練，並帶著更好的針灸技巧返回。這些軍人逐一教導其他老師，所以現在全部學生都能在教室中接受針灸治療。

在我們拜訪時，一位老師揭開玻璃碗，裡面有大約一打針，每支都差不多二英吋長。她先取一支針，用棉花擦拭，接著將棉花浸入酒精中，擦了擦學生的臉頰。學生頭枕著教科書，讓老師將針刺入他耳下約一英吋處。有些參觀者拍了照，但我的照相機壞了，於是我只好滿足於仔細觀察學生接受治療時的臉部表情與眼球運動。他既沒有眨

眼也沒有喊叫，只是安靜地躺在桌子上。針灸針以大約一點五英吋的深度插在他的臉上，過了幾分鐘後，老師稍微搖動了針。我們這些參觀者有的大喊：「天啊，一定很痛！」

老師笑著解釋：「不會很痛，效果很像美國的電療法。這些軍人在自己身上試用過無數次針灸，並治好自己的聾啞，然後才到學校來治療其他人。」

兩三分鐘後，學生被要求將臉轉向另一邊，以便進行同樣的治療，他顯得相當淡定。

在展示針灸療法後，老師要求學生大聲地讀出教科書上的文章。她告訴我們哪些學生是聾人，哪些是啞子。聾生可以毫不猶豫地理解老師所說的話，但與我們這些訪客對話時，他們必須非常專注，或請我們再說一遍，或許是因為我們的口音是他們所不熟悉的。

啞生被要求大聲地讀出幾個句子，其中一兩位做得不錯，但帶著點結巴，其他兩位則讀得十分吃力，部分語詞幾乎無法理解。

老師告訴我們：「不同人對針灸治療有不同反應，有些人進步得比其他人快速。耐心與延長治療會有幫助的。這個班在這裡才大約一年半，如果他們能在這間學校學習三、四年，並不間斷地接受治療，結果應該會更好。」

醫院時不時派出受過耳、喉與眼疾訓練的正規醫師來幫助針灸師，並檢查每位學生的身體狀況。

聾啞生也需要到農場與工廠工作，每年大約兩個月

左右。

為了慶祝華僑來訪，學生們表演了餘興節目。每個學生都手拿一朵向日葵，並唱著「毛主席萬歲！」接著幾個啞生被指定大喊口號，諸如「我們千萬不要忘記階級鬥爭」。他們用力地大喊，脖子上的青筋都突起了。

在北京，聾生與盲生是分開受教的。盲生的特殊學校教導他們新的字母，而不是傳統國字。盲人不僅接受演奏樂器的訓練，還學習使用電話總機、接線等等。一學期學費與其他雜費加總起來，也是一點二五美元。

23.「五七」幹校

7月14日，我們參觀了北京東城區五七幹校。1966年5月7日與1968年10月4日，毛主席發布了兩條指示，[10] 這間學校即是因此成立。

毛主席擔心在中華人民共和國中的新官僚主義者階級，會是掌握特權並與脫離人民的特權階級。因此，他建議成立「五七」幹部學校，幹部包括政府人員、軍官、學校教師與行政人員，黨員、非黨員等成員應輪流參加，學習馬克思主義、列寧主義、毛澤東思想。同時他們會在農

---

10 〔原註〕在第一項指示中，毛主席說：「就可以促進逐步縮小工農差別、城鄉差別、體力勞動和腦力勞動的差別……就可以使知識分子勞動化，勞動人民知識化，就可以培養出有高度政治覺悟的、全面發展的億萬共產主義新人。」*Peking Review*, Vol.9, No. 32 (August 5, 1966), pp. 6-7. 在1968年的指示中，毛澤東說：「廣大幹部下放勞動，這對幹部是一種重新學習的極好機會，除老弱病殘者外都應這樣做。在職幹部也應分批下放勞動。」*Peking Review*, Vol. 11, No. 41 (October 11, 1968), pp. 23-24.

村地區從事體力勞動。這個「勞動改造」迫使幹部們擺脫官僚主義和資產階級作風，繼續革命。在我到這裡以前，我以為「五七」幹校一定是個奴隸營，或至少是充滿苦役的悽慘地方，但出乎意料之外，我在幹校裡度過了愉快的一天。

當我們7月14日到訪時，只有五百名學生出席。在過去的三年間，這間學校已經教育了大約二千五百名學生，他們至少要在這裡待上六個月。

根據毛主席的五七指示，學生應該以1930年代晚期到1940年代早期在延安的「抗大」為榜樣，端正他們的生活與態度，並成為無產階級的模範幹部。

幹校的學生必須密切注意以下三點：

(1) 學生們應認真學習，並將理論與實踐相結合。他們應該對馬克思、列寧和毛澤東的著作，包括《共產黨宣言》、《國家和革命》有通盤瞭解。這間學校與其他學校的根本差異是，這裡的學生需要自學與彼此討論，而不是聽取他人講課。

(2) 學生的時間約三分之一用於學習，三分之二用於生產工作。勞動旨在發展學生們的奮鬥精神，維繫革命傳統。學生建造自己的校舍，耕種自己的食物。學校原址是一塊大沙地，沒有橋，沒有路，也沒有房子，兩年多之後，這個地方變得適於居住與豐饒。學生不允許脫離人民或實際工作，並必須學習中國農村需要的所有技術和技能。學校校長聲稱，「五七」幹校是讓

幹部保持在正確的革命道路上,並避免修正主義的必備工具。

(3) 幹部們要向工農兵學習,工農兵的代表們常常報告他們的經歷,學生們應與工農兵一起工作、生活、奮鬥和討論。他們必須服務窮人,一位醫生幹部搬入無依無靠的老婦人家中,為她準備食物與藥品,甚至為她清理馬桶。這位模範學員得到了許多貧農的讚賞。

在過去三年裡,幹部們已經開墾了一百一十七英畝的土地,並收穫了九百三十五噸糧食、六百噸蔬菜。生產的收入足以應付學校的所有開支,還綽綽有餘。

每位學生每天必須工作與學習八小時。在此時間之外,學生從事運動、打乒乓球、演奏樂器和業餘劇團等活動。在中國其他地方,還有專門為大學教授與學生開設的五七幹校。

北京東城區五七幹校的校長是位前解放軍成員,向訪客簡報完畢後,他做了些自我批評,說在認識學生的不同背景、不同知識水準與不同工作態度方面還有許多改進空間。工作與勞動的時間分配也是可改進的,他認為在冬天應該花更多時間學習,而在夏天則花更多時間勞動。

他隨即提供我們更多進一步資訊,學生的平均年齡是四十歲,男女各半。

一位訪客詢問幹部的定義。校長回答,幹部是群眾的骨幹。幹部不一定是共產黨員,沒有入黨的政府人員也可以被稱為「幹部」。

簡報結束後，我們參觀了農場、學生建造的工廠、豬圈、雞舍、果園、番茄園、廚房，以及類似軍營的居住區。每間房間大約十四英呎寬、二十二英呎長，由四人或更多人共同居住。床下放著他們的簡單物品。儘管房間是夯土地板，牆上只抹了白石灰，還是維持得乾淨整齊。毫無疑問，因為訪客來訪而井井有條。

我們被告知，所有人必須在早上5時30分起床，40分做早操，6時吃早餐。6時30分到10時30分前往農場勞動，然後回來休息、午餐和午睡，下午3時到7時再出去工作。每個人都必須在晚上10時準時就寢。

男女總是一起工作、學習和討論，幾個月後，他們產生了真正的同志情誼。一位訪客問有多少學生會在這六個月將盡時結婚，答案是「不會有任何一對」。經過追問後得到的解釋是，大部分學生在入校前都已婚了，並且提醒我們學生的平均年齡是四十歲。他們來校有著正經的目標：再教育與再教化，他們沒有時間與精力去思考像戀愛這樣的資產階級消遣。我想大體上或許是真的，但不能保證有人類的地方不會有例外出現。

午餐在正午12時供應。我們真的吃了頓美味佳餚，因為所有的東西，包括肉、雞、魚、菜都很新鮮，此外還有農場現摘、並用井水冷卻的西瓜和桃子。所有人都吃得心滿意足，並且親切地交談，彷彿學校行政人員、學生和訪客們是多年老友。

我問：「你們平常都吃得這麼好嗎？」

答案是：「差不多。」

我好奇他所說的「差不多」是什麼意思。有位學生給我看他們平常的菜單，上面有著這些菜：滑蛋瘦肉，二十五美分；青豆炒肉，十八美分；白飯，沒有標價；沒有豬肉的米粉，七美分；紅燒肉絲，二十美分；五香青椒炒肉絲，二十美分；燉雞肉，四十美分。通常一個人會點兩道菜，或與朋友共享一道大菜，每餐平均會花上二十到三十美分。每位學生仍然領取原單位的薪水，因此他們能夠吃得很豐盛。

飯後，我們這些訪客休息了半小時。接著五位學生前來向我們報告他們的個人背景、對學校的印象，以及未來的展望。這五位學生，三男二女，都是口若懸河的演說者，內容組織良好且非常精練，並侃侃而談。演講的主題是他們在這所學校中學到很多，並且改變了他們的資產階級生活方式，以及對其他人，特別是對無產階級的態度。他們感謝毛主席給了他們自我改造的機會，並成為社會主義革命的健全分子。雖然不確定他們所說的是否為真，但這五位演講者都對不能繼續留在學校表示遺憾，他們必須在一個月內離開學校，重返工作崗位。然而，他們堅信，在經過六個月的學校生活後，他們會以更好的脾氣、更多的耐心，更忠實地為人民服務。

這天的最後，安排了約一小時的餘興節目，包含歌唱、演奏會和農民生活短劇，所有演出內容都是學生們自己的作品，有些學生曾是學校裡的音樂、戲劇、編劇與詩

詞老師。有一首歌寫得很美，他們還照我們的要求，用漂亮的書法字把歌詞寫下來。而後我們互道再見，儘管我想多待一個星期，但我的要求並沒有被准許。

到目前為止，有幾位美國學者接受了「五七」幹校並不只是一種懲罰方式，而是補充下放運動的看法。這也被稱為「革命的學術休假」。[11]

24. 官方的革命宴會

7月14日晚上，我們七、八個住在華僑飯店的人，被邀請參加外交部的晚宴。主人是外交部禮賓司首長，也是前駐波蘭大使。[12] 幾個中國政府高官和著名學者被邀請作陪，包含負責圖書館與博物館的王冶秋、主持中國社會科學院近代史研究所所務的劉大年、中國最著名的女作家謝冰心和她的丈夫吳文藻（著名的社會學學者，也是費孝通的老師）。

宴會是在著名的老餐廳豐澤園舉行的。食物精緻，分量剛好，不會留下太多剩菜。主邀人舉杯敬酒歡迎我們，同時其他參與者敬以汽水或茶。我認為向每個人分別敬酒乾杯的習慣在共產中國依然存在，如同今日的香港與臺灣一般，但主人禮貌地示意說：「大家隨意，不用乾杯。」

11　〔原註〕例如 *China! Inside the People's Republic* (New York: Bantam Books, 1972), p. 100.
12　〔編註〕王國權，曾任中華人民共和國駐波蘭大使，時任中國人民對外友好協會會長。

因此我們的小酒杯不再如往昔般不斷被斟滿。

在桌邊談話時，我詢問坐在我右邊的主人，為何不允許旅行者前往東北？我說我一直很想去東北，部分是因為想看看瀋陽和鞍山的重工業，部分是想拜訪我在黑龍江省佳木斯的親戚。主人說，不讓遊客去東北的原因是蘇聯曾在邊界駐軍百萬，準備侵略中國。「我們不得不採取一些防禦措施來抵禦潛在的侵略。如果一些軍事專家喬裝成遊客旅行去東北，那麼所有的軍事機密都可能會曝光。」

坐在我左邊的是知名的社會學家，同時也是我的燕京大學同學費孝通教授。我問他中國人口問題：「作為一名社會學家，你一定對中國人口的增長率與現在的總數有個專業的估計。」

不等費教授答話，一位年輕學者快速地搶過話頭：「關於中國人口問題，我的觀點是⋯⋯」他就這樣講了幾分鐘，接著話題換到了其他主題。當我有機會再開口時，我很清楚地表示我有另一個關於中國家庭制度的問題要問我的老朋友──中國社會學權威費孝通教授。但同一位年輕學者又再度快速地搶話：「關於中國家庭制度，我的觀點是⋯⋯」他講得又快又大聲。我的前室友周一良教授同情地看了我一眼，而費孝通教授只是回以安靜的微笑。

中國社會科學院近代史研究所劉大年先生以為我還在哈佛大學教書。他問我哈佛大學在現代中國的研究進展。我說我1950年就已離開哈佛去印第安納大學，但我知道哈佛已經出版了幾十本關於近代中國歷史、經濟與政治等

各方面的專著。劉先生打斷了我:「他們的出版品學術價值高嗎?」

我說:「品質不一,但整體來說,每本都有若干學術價值。」

不久,主人舉起酒杯,說:「讓我們為在場所有人的成功與幸福乾杯!」晚餐就這麼正式劃下句點。接著主人起身前往客廳,坐進舒服的扶手椅,餐廳裡的所有人也紛紛跟進。

在客廳時,我與謝冰心和吳文藻坐在一起,他們用餐時坐在另一桌。謝冰心看上去相當老,臉上的皺紋出賣了她的年紀,然而她的丈夫吳文藻看起來卻很年輕。我們緊緊地握著手,我說:「我們已經二十五年沒見過面了,我聽說因為紅衛兵騷擾得很厲害,你們兩位都自殺了。」

七十二歲的謝冰心真心地笑了起來,說:「那麼你現在一定是在和鬼說話!事實上我們都是人,不是鬼。」吳教授聚精會神地聽著,高興得眉開眼笑。談話將結束時,他們請我代為問候人在美國的洪業博士,他是《杜甫:中國最偉大的詩人》(*Tu Fu: China's Greatest Poet*)的作者。

我們原本可以談更久,但我注意到坐在我們對面的劉大年正在打呵欠,並看著他的手錶。我快速地問:「劉先生,請問何時方便我到近代史研究所拜訪您?」

他回答:「鄧教授,真是抱歉,我們研究所正在搬遷,到處都堆滿了書,甚至連張讓您坐的椅子都沒有,因此只能很遺憾地說,此時我們沒辦法接待您。我們後會有

期。」¹³ 說完後他就準備離席,其他人亦然。

我很失望,因為我認為飯後談話可以持續到晚上 10 時,而不只是十分鐘。我不知道是否是因為我指出哈佛大學東亞研究中心由費正清主編出版了許多專著,而傷害到劉先生的感情。我強烈希望能拜訪近代史研究所,說不定我能在那裡碰到老友。不過,既然劉先生已經說了「不行」,且他也離開了,我也沒辦法。

我馬上走去與王冶秋談話,告訴他不久前我很高興地讀到了他的著作《獄中瑣記》,並且詢問是否能有榮幸拜訪北京圖書館。在那裡我只需要瀏覽中國近代史的圖書卡片,而不用到書庫架上尋找。他毫不猶豫地說「好」,我認為這個成功可以某種程度補償我未能拜訪近代史研究所的失敗。

飯店的巴士約晚上 9 時將我們從餐廳送回飯店。

25. 見親戚

當我回到飯店後,四個親戚正在房裡等我,讓我又驚又喜。他們從黑龍江的佳木斯坐了兩天兩夜的火車來找

---

13 〔編註〕據《劉大年年譜》的作者、山東曲阜師範大學歷史文化學院的黃仁國教授,所謂「研究所搬遷」實際上是劉大年的推托之詞。因為在 1966 年文化大革命開始之後,劉大年作為走資派被批判,1969 年至 1971 年在河南省息縣幹校接受勞動改造。1971 年年中應郭沫若之邀,從幹校回到北京,討論《中國史稿》擴大篇幅、繼續寫作問題。1972 年 7 月,經周恩來總理批准,劉大年公開出席參加接待活動。在當時的政治氣氛下,這是政治上獲得解放的表示,但是並未獲得行政管理權力,直到 1975 年才恢復近代史研究所黨總支書記,1979 年被任命為近代史研究所所長、黨委書記職務。因此,當時他並沒有邀請外賓參觀近代史研究所的權力。

我，其中有我的女兒同蘭[14]與她五歲的女兒。同蘭的丈夫彭實是前解放軍成員，現在是佳木斯一間工廠的領班。同蘭的妹妹，1950年或1951年生，在蘇聯與中國邊境的農場工作。同蘭在文革期間被下放到邊境未開發區的農場。她今天帶著她的一雙兒女過來，兩個孩子都聰明可愛，但幾天後女孩的調皮很讓我惱火。

我之前曾請求前往佳木斯看看她們的生活狀況，但因為軍事機密的理由而被拒絕。然而兩天前我曾有榮幸受邀與西北大學（North-western University）的許烺光教授共進早餐，他告訴我早餐後他將前往東北拜訪親戚。他被允許前往，而我卻不行，對此我感到困惑，於是寫信給中國人民對外友好協會會長王國權，抱怨這個差別待遇。因為我和許烺光相識已久，在美國也住得不遠，因此差別待遇非常奇怪，也與友好關係的原則相牴觸。

這封信在早上10時寄出，而在傍晚時，王國權打電話到飯店留言，大意是我前往東北的請求被批准了。但我只能到瀋陽和鞍山，不能到離瀋陽五百英哩遠的佳木斯，也不能到佳木斯附近的哈爾濱。我非常感謝他們的許可，我將能見識重工業的重心之一，並能拜訪我在瀋陽的親戚。我立刻打電報給同蘭約定會面地點，但彭實回電說他們已經在來北京的路上了。

14　〔編註〕原文為「niece」，實為女兒，此處依實際情形改譯。本次見到的四個親戚，包括鄧嗣禹的元配夫人歐陽紅玉、女兒同蘭、同桂，及編譯者彭麗。

我們關於故鄉——湖南常寧黃洞鄉——的談話非常令人沮喪，我所有的近親在解放時或死亡或失蹤，有幾個伯叔與遠房表親在共產黨佔領村子時自殺。擁有幾英畝土地的人被劃分為地主，在財產被沒收後，只能向附近的貧農乞討食物。這些貧農突然間經濟情況變好了，因為他們可以自由地砍伐從前屬於地主的兩種主要木材：竹子和樅樹。我父親幸運地在1948年過世，但我病重的母親必須離開家裡，搬到附近村莊的其他住處。山上已經沒有竹子了，因為所有竹筍都被挖出來吃，道路與橋樑無人修復。我的故鄉被原有的居民放棄，以騰出空間給苗族，因為這裡百年前曾是苗族部落的領域。苗族人在我的故鄉住了幾年，但從不覺得自在，他們也不擅長農事，不善於收集燃料生火煮飯。結果苗族人接連離開，回到他們在山中的故里，將我的故鄉棄之不顧，於是房子在夯土牆滲水後紛紛倒塌了。

26. 北京協和醫院求醫

　　因為佳木斯的冬天很冷，可能會低到零下二十度或三十度，所以我的親戚們都得了關節炎。此外，同蘭還患有慢性神經性頭痛，她想去最好的協和醫院作徹底檢查與治療。

　　雖然她在佳木斯醫學院教授生物科學，但她沒有佳木斯黨部的介紹信，所以被拒絕了。在打電報回家並收到介紹信後，她再度前往醫院，並且接受沒治療的粗略檢查。

官方立場是因為經過全國性的醫療經驗交流後，所有一般疾病與手術都能在地方醫院處理，因此決定她的狀況不需要在協和醫院治療。

此外，我也得知沒有人能在其他城市接受治療，除非他持有適當的旅行證明，以及去特定醫院的官方介紹信。我漸漸瞭解中國為什麼沒有必要設置衛兵來看守犯人，因為逃犯沒有糧票，無法取得食物，也沒有通行證，無法上火車、公車，也不能在旅館住宿。沒有人能繞過這些不可跨越的障礙逃跑。

27. 清華大學

清華大學建立於 1911 年，經費來自美國的庚子賠款退款。一開始清華只是教授英文與基礎科學的預備學校，培養學生赴美留學。數十年後，清華在自然與社會科學方面都是中國最好的大學之一。在解放前，學校只有約五百名學生，但之後隨著許多大樓蓋起，學生數在 1966 年已增加到二萬一千二百名。

7 月 17 日，當我們的巴士抵達清華大學的新大門時，我們受到了校方一如既往的歡迎。領頭的是副校長張維，動力學教授，會說英語、普通話和一些廣東話，由幾位教授與前紅衛兵領袖們從旁協助。在文革期間，清華大學是紅衛兵運動的搖籃。

在接待室裡，一位現為物理學講師的前紅衛兵領袖，向我們簡介清華大學的歷史與現況。他說在 1972 年夏

天，學生數只有五千五百名。大學由革命委員會負責管理，委員會由四名解放軍、五名學生、六名工人和十三名幹部組成。1970 年 8 月，學校恢復正常的學術活動，由大學行政委員會管理，張維任副校長。

當這位前紅衛兵領袖簡報時，張維數次打斷他，有時是糾正小錯誤，有時是補充資訊。副校長明顯比其他委員權力更大，這令我印象深刻。

因為毛主席認為大學四年的教學期太長，我們被告知現在教學期已經縮短到三年，而關於研究所的修業時間則尚未討論。

文革前，清華大學的在學生大部分前往位在國境的農場與工廠工作，少部分人則留在學校當講師。教育指導原則是學習與實踐、理論與應用相結合，並強調實用性和生產力。大學旁邊還有實驗工廠與農場。

文革後的第一年招收學生二千八百名，第二年招收二千七百名。大多數新生都是從工農兵中選拔，沒有入學考試，只要工廠、農場和軍隊領袖的推薦信。清華預計幾年後將容納萬餘名學生。

我們請求提供更多關於學生選拔的詳細資訊。第一步是準學生提出想進某間大學的申請，接著他工作單位的其他成員會評定他是否有資格接受大學教育，以及他的政治立場是否堅定與正確。經過大量討論後，如果這位青年獲得團體的一致支持，他將被推薦進入清華大學。被推薦學生將接受入學委員會的長時間口試，以瞭解他們的社會與

知識背景，以及政治觀點。

在教室裡，討論比聽課更為重要。教授的作用是刺激學生的思考與進一步學習研究的興趣，而不會灌輸學生刻板與無用的資訊。學年間有大小考試，試題會預先發給學生，考試時他們可以查閱書籍或與同學討論，最後在紙上寫下自己的答案。考官看的是學生是否有吸收、分析與創造的能力，成績也是依據這幾個標準評定。

我們被告知師生間的關係非常融洽，學生為革命而學，教師也為革命而教，於是兩者有著共同目標。資深教授們訓練學生分析與解決問題，並增進他們處理實際革命情境的能力。

清華大學的校園非常大，大部分是原來的圓明園，即1860年被英法聯軍燒毀的夏宮。大學圖書館有一百三十萬冊藏書，其中三分之二是中文圖書，其餘則是外文圖書，有超過一千種期刊，專題期刊則收藏在各系圖書館中。我注意到有大量的電學期刊，其中一本是約六個月前在美國出版的，印第安納大學圖書館也有訂閱。

清華大學同時有幾個核子物理學、化學與建築學等的大型實驗室與小工廠，其中的大部分機械與實驗設備都是由師生自己設計製造的，他們頗以這點為傲。他們自豪地遵循毛主席的指示，依靠自己的資源與能力，而不是等待由外國進口設備。

在北京有將近三十所大學與學院，其中清華大學在工程與自然科學方面是最好的。課程安排，新生起初半

年會學習基礎知識,因為他們的科學與教育背景是不平均的。學生的平均年齡是二十歲,每個學生每個月會有二十元人民幣(十美元),其中十二到十五元人民幣會花在食物上,其他錢則會用在買書與其他雜項上,至於學費與宿費是全額免除的。教授每個月會花七點五美元到十美元在食物上,因為他們是「知識工人」(intellectual workers),值得稍好的待遇。教授宿舍的房租是薪水的百分之一至三,不用繳所得稅,他們一個月的薪水是一百到一百七十五美元,以中國標準而言算是高收入。

清華大學分為十一個系,每個系都有各自的革命委員會負責行政事務,由大學革命委員會監督。這十一個系分別是教育系、工程物理系、化學工程系、動力工程系、電子系、電力工程系、水利系、無線電電子系、建築系、機械工程系與工業自動化系。[15]

28. 人民大會堂

人民大會堂位於北京市中心、天安門廣場的西南角,是觀光客「必訪」的地方。人民大會堂是個很吸引人的建築,高大優雅的灰色大理石石柱立在紅色大理石的花型底座上,平坦的屋頂有著金色磁磚的簷口,蓋在如蓮花花瓣形的綠色屋簷上,佔地廣達二十萬五千平方碼,比前朝紫禁城裡的任何宮殿都還要大。

---

15 〔編註〕因文革期間系所更動情況較為複雜,此處採意譯。

作者在人民大會堂前留影（編譯者提供）

　　大會堂裡的禮堂有超過一萬個座位，全國人民代表大會即在此召開。還有個可以容納五千人餐會與一萬人雞尾酒會的宴會廳。1960年我參加第二十五屆國際東方學者會議時，曾到克里姆林宮飲酒用餐，在這方面來說，人民大會堂似乎比克里姆林宮大多了。宴會廳裡有張中間擺著花朵的巨大圓宴會桌，是給貴賓坐的顯眼位置。另外有個給廚師發出訊號的「紅綠燈」，紅燈代表演講仍在進行中，黃燈代表演講似乎將要結束，綠燈則代表每桌要同步上菜了。

　　現代科學可以讓美麗與舒適合為一體。每個聽眾席都配備有耳機，透過耳機進行十二種中國多民族語言的同步翻譯。還有供代表與記者們使用的電子通訊設備，以及為廣播、拍攝影片與電視播送所作的各項安排。這座建築物有空調，地上鋪著厚厚的紅地毯。我看到他們使用吸塵器，這是在其他旅館中少見的現代設備，可惜吸塵器卻造成了部分精美地毯的劣化。

　　最令人驚奇的是這座雄偉、空前複雜的建築物僅用了

十個月建成。在中國共產黨的指揮下，在黨的命令下，約千名來自十六個省的建築師、設計師，以及各種專家參與其中。1958 年 10 月 15 日，建築藍圖通過一百五十名建築師與設計師的檢驗，由六千名技術人員與一萬四千名工人每天施工，他們被組織為總部、分部與工段，減少了管理不善與混亂的情形。每個小隊都推選出負責品質、規劃、統計、材料、工具與安全的主管們。

1958 年 10 月 28 日，二千人開挖地基，接著按照計畫逐漸蓋成了這個大建築物。人民大會堂有著二萬八千七百平方碼鋪設完美的大理石地板，以及雄偉的大理石柱，還有白色大理石的巨大主樓梯。

每個中國省分在大會堂裡都有間小規模的獨立廳，各省代表可以在廳中集會，並在參加大會前先討論問題。因此每個各省都有會議廳與接待室，接待室中裝飾著柚木家具與來自各地的風景畫、工藝品。例如湖南以湘繡聞名，在湖南廳中有一塊巨大的刺繡，其色澤與圖案會隨著不同觀看角度而改變。廣東廳裡則放滿了雕塑、漆畫與鑲嵌家具。簡而言之，各省會議廳與接待室的裝飾，以至整座建築物，都展示了建造時全中國最好的物品與工藝品。對想看到和諧與周全設計的室內設計師與裝潢設計師而言，這是個絕佳參觀地點。我認為人民大會堂是世上最宏偉的建築之一，而光在北京就有其他十數個同樣富麗堂皇的建築，充分證明只要有和平與食物，中國人也可以像任何其他民族般建造偉大的建築物。

大家要知道，這些北京雄偉的建築物與其他大型建物，包括延安、西安、鄭州、長沙的大型飯店，都是興建於 1958 年至 1960 年的大躍進時期。毛澤東成功動員民眾大煉鋼，共同肩負讓中國進步的重責大任。從我的旅行觀察，可以說某些進步確實奠基於那極為關鍵的幾年。至少，我相信大躍進不全都是失敗，或西方常評論的「大躍退」（great leap backward）。

29. 頤和園

頤和園，又稱萬壽宮，位於北京大學和清華大學附近，在 1886 年至 1891 年間為慈禧太后的享受而建。建造經費部分來自用以建立現代海軍的外國借款。因為皇太后對海軍沒有興趣，李鴻章——中國的「俾斯麥」（Bismarck）——先以部分經費購買了一艘輪船，希望能引發太后對外國船隻的興趣。但與他的期望相反，老太后不喜歡聲音嘈雜的輪船，因此李鴻章造了有著兩隻鴨子的石舫作為她的消遣。這個建築至今仍被完好保存，供遊客休憩。

整個園林的設計規模非常宏偉，有著大湖、一座島嶼、十七孔橋、人造山丘以及高山，山上有地道通往山頂，可以同時飽覽湖景與遠方地平線的全景。宮殿兩側各有一座銅亭，附有彩雕樑柱與彩繪長椅的長廊。總之，廣闊的湖泊、乾淨的空氣、安靜的氛圍、種類繁多的灌木與花卉，有著銅獅、神獸與龍型屋頂的建築，加上在四處分散的建築前矗立的香爐，使頤和園成為訪客深呼吸、放鬆

精神，並忘卻俗世煩惱的理想環境。在 1920 至 1930 年代，因為門票價格過高，一般民眾很難進入頤和園，現在入園費則是人人負擔得起的五美分。

7 月 19 日，我帶著親戚們去參觀頤和園，這對他們來說是種難得的享受。出乎意料的是園內非常擁擠，我們很難走在一起。天氣又熱，大家都口乾舌燥，那天想必賣出了上百顆西瓜與上千瓶汽水。不過這是個美好的一天，孩子們坐在地上玩著中國的卡牌遊戲。

工作人員非常有效率地清掃垃圾，保持園區整潔，我看到一車車西瓜果皮與空瓶子被載走。

當肚子餓的時候，我們卻找不到用餐的地方，因為所有餐館都人滿為患。從前要吃條從頤和園湖裡釣的鯉魚所費不貲，現在花費則變得十分合理，因此所有人只要有座位，都能在餐館吃頓飯。

在擁擠的園林掙扎一整天後，我覺得不像三十年前拜訪時那樣享受。這個景色秀麗的園林如果少一點遊客會更舒適，空氣也會更清新。

中國所有的公共場所都很擁擠，某個週日早上，王府井大街擠滿了人，甚至連公車都難以通行。當公車將要往前開的時候，洶湧的人群立即填滿了街心，雖然人行道的寬度超過十英呎，應該足以容納大量的行人，但他們卻像蟻群般湧向街上。

週日在王府井大街的百貨公司購物，比耶誕期間的紐約第五大道更糟。銷售人員根本不足以照應龐大的人群，

想買鞋子的人沒有椅子能坐下來試鞋，只能測量舊鞋的大致尺寸，希望新鞋能夠合腳。

30. 北京圖書館

王國權在外交部晚宴的結尾同意了我拜訪國立北京圖書館[16]的請求，受此鼓舞，我請飯店工作人員再次為我聯繫此事。他說他已經為我聯繫了兩次，也被拒絕了兩次，他不願意再試了。我說王國權已經同意了啊，最後他勉為其難再試一次，幸運地，這次成功了。

圖書館的工作人員殷勤地接待我，準備了兩種茶與兩種冷飲。接著我被告知這間圖書館建於 1931 年，我馬上說我曾在 1930 年代多次使用這間圖書館，禮貌地暗示不需要告知我該館的早期歷史。長話短說，北京圖書館革命委員會副主任劉岐雲告訴我在解放後，館藏數量包含期刊在內是九百萬冊，今日的館藏是從前的六倍之多，建築面積也從九千六百平方碼增加到一萬三千二百平方碼，工作人員超過五百人。

圖書館的新址已經選定，將會蓋起比現在大上三或四倍的新館，但計畫尚未實現，因為 1960 年至 1961 年國家面臨許多困難，其他重大建設比較優先，所以暫時擱置，但因為現有圖書館已經太小，無法滿足逐步增加的閱讀人口，有可能會再度重啟。

16　〔編註〕即今中國國家圖書館古籍館。

圖書館的館藏量是如何由一百餘萬冊增加到九百萬冊──增加了六倍之多？革命委員會行政辦公室主任 Yen Ch'eng 回答說有很多方法，其一是透過購買，其二是要求所有新出版物都必須送存三份到館，其三是收入前資本家與學者被充公的書籍。也有來自市民的自由捐獻，他們知道將珍貴的圖書存放在國家級圖書館中會比較安全。最後，有些書來自與世界上其他一百二十九個國家的國際交換。透過這些辦法，北京圖書館已經累積了三萬三千冊 15 世紀前出版的善本圖書。此外，圖書館還有二百萬冊西方圖書，其中五十萬冊是俄文。

接著他們陪同我參觀書庫、善本室與期刊室，雖然我一再表達這是不必要的。他們同時帶我參觀了幾間閱覽室，其中一間專門陳列馬克思、列寧與毛澤東著作。這間閱覽室裡擠滿了讀者，而其他閱覽室裡還有許多空位，顯示掌握馬克思、列寧與毛澤東思想，是確保晉升或獲准進入中國大學的必需品。

我主要感興趣的是查閱現代中國館藏的書目卡片，我得到了允許，但是旁邊有六個館員照看，盯著我查閱過的卡片。這個程序與莫斯科的列寧圖書館相同，列寧圖書館沒有開架書庫，但我一次會得到一抽屜的卡片，並在提出申請後借閱書籍，在莫斯科同樣會有幾個人盯著我，甚至為我記筆記。在列寧圖書館和北京圖書館，我都感覺我更喜歡有比較多的工作自由，少些館員的關注。我原本希望能在沒有館員的陪伴下，在圖書館閱覽個一週，或至少一

個整天。但在中華人民共和國，外國學者能自由在圖書館與檔案館進行研究的時代尚未到來。儘管如此，我對於能被允許進入圖書館還是充滿感激的，因為其他人都被拒絕了。

我提到北京圖書館與美國圖書館間的出版品交流，劉岐雲對此國際文化禮節表示贊同。但當我想具體討論細節時，他卻說在中央政府下決定前，他不準備討論任何細節。

我詢問北京圖書館是否有出版計畫，圖書館善本部主任丁瑜說知名的宋本《夢溪筆談》將會出版，該書長期以來只有微縮版本。他似乎是位博學的年輕紳士，並認識許多知名的中國目錄學家，像是趙萬里（在我造訪時正好生病）。

31. 木偶戲

7月20日晚上，我有三個活動可以選擇。一個是在西門外工人體育場的中日排球賽，另一個是觀看使用針灸代替麻醉的腦部手術，最後一個則是木偶戲。每個都值得一看，我真希望能分身成三個人！但只有我可以去，我的親戚們因為座位有限而被排除在外。據說在所有中國的大城市裡，凡有公共表演，前排都會有少數幾個座位是保留給外賓與華僑的。經過深思熟慮後，我選擇了木偶戲，因為我在日本停留期間逐漸喜歡上了人形淨琉璃。人形淨琉璃因知名的創始者近松門左衛門（1653-1724）——日本

的莎士比亞（Shakespeare）——而聞名於世。而令我驚豔的是中國的表演非常傑出，甚至比人形淨琉璃更加有趣。

北京木偶戲的舞臺上有設置背景，顯示月亮、白雪、星星、霧氣、雨水、湖景，甚至正在北越擊落一架美軍飛機的高射砲。所有中國的劇場表演都是政治宣傳，自是不言而喻了。

木偶的靈活也令我驚訝，它們有如真人演員一般劃火柴、抽菸、唱歌跳舞與演奏樂器。生動的動作，讓觀眾難以置信臺上的是木偶，而不是只有三英呎高的男孩或女孩。對話有趣，妝容與服裝也都很漂亮。我好奇這會不會讓中國小孩們想問，我們為什麼不能穿這樣五彩繽紛的服裝。

在表演的結尾，布幕拉起，我們見到十二名操偶師，每個人手上都有一尊木偶，他們一一展示自己操弄木偶表現情緒與動作的技藝。這十二位穿著工人裝束的操偶師精通所有技巧——歌唱、演戲，甚至模仿各種動物與鳥類叫聲的口技——逗得觀眾們哈哈大笑。如果能讓外國人也瞭解表演內容，這個偶戲團在國外將會非常受歡迎。

回到飯店已經晚上 11 時，我向電梯操作員表示同情，因為他這麼晚了還在工作。他說他下午 4 時上工，並會在半夜 12 時下班，包含午餐或晚餐時間在內，他一天只工作八小時。他滿臉笑容說：「生活對我們來說不再困難了，公車司機、鐵路工人，還有很多人也都一天工作八小時，一週六天。」

32. 清華大學圖書館

我的主要興趣還是到圖書館與檔案館進行研究，因此我設法得到清華大學圖書館館長史國衡的許可。他曾是社會學教授，也是《昆廠勞工》（*China Enters the Machine Age*, Harvard University Press, 1944）的作者，在解放後繼續待在中國，並擔任院長與其他學術職務。他是位優雅的紳士，並對學術研究者有極大的同情，但是他明顯有困難之處，因為在同意我前往圖書館工作的請求後，他馬上在公車上試著找到我，告訴我最好還是透過黨組織進行正式安排。我照做了，並且順利獲得官方同意。

當我抵達校園時，史教授正在行政大樓門前等我。我立刻走向圖書館，但他堅持我們在行政大樓的接待室稍坐一會兒，他暗示這是個官方程序，如果沒有完成，我查閱圖書卡片的行為可能會被視為是非官方的私人行為（如果不違法的話）。於是在聊了大約十五分鐘後，我再度起身前往圖書館，那裡已經有幾位圖書館代表在等著我們。

正如在北京圖書館般，圖書卡片被放在抽屜裡，由史館長一個接一個遞出，供我查閱。我發現關於現代中國的館藏很少，明顯過去二十年間並未試圖由臺灣或香港購買關於現代中國史的新出版品，更別說歐美的中國出版品了。除了向史館長再三致謝外，我沒有多說什麼，另外我答應寄給他一本我的著作《中國考試制度史》（*A History of the Chinese Examination System*），象徵對他特別照應的感謝。

33. 夜訪北京朋友

　　7月21日傍晚，我拜訪燕京大學同學翁獨健博士。幾天前的晚餐聚會後，我表達想去他家拜訪的強烈意願，因為我與他的妻女都熟識。他說：「沒問題，歡迎你來訪，但最好還是透過你飯店的黨組織進行聯絡。」接著我問飯店革委會的副主任，我可否拜訪朋友，他說：「當然可以，如果你知道他們的確切地址，你可以隨意拜訪朋友。」

　　獲得「開綠燈」後，我打電話到翁獨健的辦公室，並安排在那天傍晚拜訪他家。我坐計程車，晚上7時30分左右抵達時，他們還在吃晚飯。我注意到在四合院中住了兩個或三個家庭。

　　翁獨健住在一間平房中，其中一部分以書櫃隔出客廳與廚房，他的妻子、女兒們與一個孫子坐在椅子上，晚餐放在一張小桌子上，而不是餐桌上。屋頂的電燈發出微弱的光芒。他們必須使用檯燈備課，因為夫妻倆都是學校老師。家中到處都是中國史的書籍，特別是他們研究領域的。還有一些報紙，包括一份《參考消息》。所有跡象都顯示這是間學者住的平房，而同個院落中的其他部分則住著勞工。學者、勞工與農民被鼓勵住在一起，交換經驗，並向彼此學習。

　　進茶聊天約十分鐘後，其他家人們退居內室，留下父親與我促膝談心。

　　我開始問他政治問題（我先前就再三問過是否能跟他討論政治問題）。他說：「你可以隨心所欲提問，就像毛

主席總是鼓勵打開天窗說亮話,在朋友面前盡情說話,而不要在他們背後說三道四。」

不久一位 Lu 先生也前來拜訪,他說他在我 1946 年至 1947 年任教於北京大學期間跟我很熟,但老實說我已經忘記他是誰了。不管如何,我們三人開始關於中國共產黨歷史百無禁忌的談話。我傾向討論 1920 至 1930 年代的特定時間點,而我的朋友則想廣泛而論,避談小細節,他說他自己與大眾對細節都不感興趣。他叫我注意一篇名為〈紀念中國共產黨五十周年(1921-1971)〉的文章、毛澤東的五篇哲學著作、《紅旗》雜誌、《人民日報》,這些都需要非常小心地閱讀,以確保對中國有正確的理解。他也指出毛主席總是以馬克思與列寧為榜樣,因此在任何中共黨史中,毛主席都不應該被描述為超越馬列的天才。Lu 先生在旁也時不時為談話加點小註腳。

大約談了兩小時後,我準備告辭,而 Lu 先生仍然留下。翁獨健與我一同走到屋前,我們互道再見。我走出約五十步後,路燈突然熄滅了,我分不清楚哪裡是人行道,因此走動變得很困難。我的朋友追上來救了我,他護送我到公車站,並送我上車。坐了四站後,抵達我的飯店。我沒有意識到原來這段路是超越步行範圍的距離。

34. 採購書籍

我計劃在 7 月 22 日花上一整天採買書籍。北京最著名的書市琉璃廠還在,但二手書店比之前少了很多。知名

的文具店榮寶齋重新整修後大了不少，除了古典設計的漂亮文具與精印信箋外，還有各種古董與現代字畫。有毛筆、硯臺、印章、印泥、許多古玩。大多數現代字畫，特別是以貓熊為主題的，價格都很合理，但我喜歡的作品售價對於個人來說還是太貴了。我特別喜歡一幅竹畫，有兩隻貓熊正在啃竹葉，我很想買下它掛在我的客廳裡，但畫的尺寸比我想要的還要長了約十五英吋。店經理拒絕裁減畫的上下兩端，因為即使是數英吋也會破壞畫面比例，但他答應我會找個畫家畫一幅同主題的較小幅作品。我很猶豫是否要接受這個提議，因為我很想離開北京去拜訪其他地方。

我走過一家家書店，希望能找到珍本，或者碰到一些老朋友。我待在北京時習慣泡在書店裡，盡情瀏覽各種書籍，店主會提供茶水與香菸，當然是免費的。有時我會遇到一兩個老朋友，並與他們交流蒐羅書籍珍本的知識，然後我們會共飲酸梅湯——這是種酸甜的冷飲，如果在美國上市，可能會挑戰可口可樂的地位。昔日我會在重振精神後繼續瀏覽群書，與店員議價，無須付出學費就能獲得許多關於中國目錄學的知識。

這次逛街沒有任何收穫，令人失望，因為幾乎所有珍本都或捐或賣給了政府圖書館，而我也沒有碰到任何老朋友。大部分展示書籍都是小冊子或通俗現代小說與短文，作者是沒有在文革中被清洗的魯迅或其他左翼作家。

從前這些書店是身著藍長衫的學者與學生們時常出入

的地方，今日藍長衫已經完全消失了，取而代之的是十來位穿著山東綢襯衫的男士，悠閒地四處看看，得意自滿。他們望著我，我的鞋子與褲子與一般中國人不同，我也望著他們，想看看他們之中有沒有我的舊識。過了三十多年，每個人都變了許多，我也認不出其中任何一人，或許是我太笨了。因為時間關係，我沒有試著與他們交談。總之，今天的專門購書日令我失望。

這天傍晚，北大的陳振漢教授打電話給我。我與他們夫妻倆都認識，我們曾差不多同時間待在哈佛，而他也在1947年至1948年間在北大教書。或許因為通話品質不佳，陳教授扯開嗓門大喊，但我除了他和他妻子都很好以外，大部分對話都聽不清楚。如果時間沒這麼緊湊的話，我或許可以拜訪這位著名的中國經濟學教授，將會令人愉悅且獲益良多。

我最尊敬的鄧之誠教授之子鄧珂到我的飯店房間匆匆一訪，告訴我關於他父親的晚年生活，以及兄弟姊妹們的消息。在我的請求下，隔天他帶來了兩本鄧之誠的著作，這些書是到處都買不到的，足以彌補我受挫的購書遺憾。

35. 訪友

我成功拜訪了翁獨健，受此鼓勵，我前往拜會另一位燕京大學前室友，他曾長年在歐洲教授中文。因為他沒有電話，我請飯店幫我叫了計程車，讓我可以在沒有預先聯絡的情況下去他的公寓。鄰居們對窄巷中來了輛計程車有

點驚訝，但也沒有太過在意。我請司機在外面稍等我一下。我們快樂而隨意地交談了一小時，當我暗示要告辭時，我的朋友堅持邀請我到餐館共進午餐，於是我讓計程車離開，而我們繼續談話。

突然間外面下起了傾盆大雨，這在北京與華北一年中的八個月裡很罕見的。由於沒有電話，我們無法叫計程車，於是我朋友的妻子建議在家裡吃，因為不久後她就必須前往距離北京約十三英哩的豐臺做專門工作。我說，比起餐館菜，我更傾向吃家常菜，尤其因為我想知道知識分子們吃些什麼。我們四人，包括他妻子與女兒（北京大學圖書館館員），總共吃了六道菜，其中一道加了皮蛋。最後這道菜是為我而添的，因為他們認為美國買不到皮蛋。

這些餐點作為午餐綽綽有餘，而且並不是為了令我印象深刻而特意準備的，因為正下著雨，沒有人能外出採買。我的朋友有位五十幾歲的女傭，她的月薪是十七點五美元。他的公寓裡有一個又小又舊的電冰箱、一個坐式廁所，客廳裡擺著張舊沙發與幾把椅子，還有間擺了十個書櫃，如迷宮般的大書房。我忘了問有幾間臥室，但我知道月租含水電是五點五美元。這是目前我在中國聽過最高的租金。

我對在新中國雇用女傭感到驚訝，我的前室友解釋說，無一技之長的老婦人需要工作，而他的所有家人們也都另外有全職工作，因此雇用女傭是正當的。

我開玩笑地批評他書架上沒有馬克思、列寧與毛澤東

的著作，中國文學、歷史與傳統思想的佔了大多數。他回嘴說你忘了我的研究專長是文學，邊說著邊移開了一些中文舊書，其後是大量的馬克思與毛澤東著作。

不久他的妻子離家工作，而女傭則去睡午覺。我開始問他政治問題，因為他在 1930 至 1940 年代是有名的公眾事務評論家，我認為他會提出某些深刻見解，但他卻有所保留。我問他對毛澤東的看法。他說：「毛主席是個偉大的人，一個無私的人。為了革命，他的家人全都被殺了。他唯一剩下的兒子（原話如此）毛岸英在韓戰時成了美國人的砲灰，雖然毛澤東非常瞭解現代兵器的危險與傷亡慘重，他仍然命令自己的兒子前往前線作戰。如果他自私，他可以輕易地任命兒子在後方工作，以保住他的性命。」我的前室友說著，帶著感情與欽佩。

當我準備離開時，他送我一本他的詩集，並懇求我帶幾份給三位美國知名學者。這些詩作寫於 1940 年前，並在香港出版。

當我的前室友帶我去見以《古史辨》聞名的顧頡剛教授時，我問他：「為什麼沒有對林彪的批評？」

他說：「你最好等著瞧。」

不久我們就抵達顧教授家，這間房子在 1880 年代曾是內閣大學士李鴻藻的住宅。顧教授才剛從醫院坐車返家，想打盹卻輾轉難眠。他的女兒是所謂的「赤腳醫生」，正在按摩他的頭手，以讓他能放鬆入睡。我不能打擾他非常需要的休息時間，所以我只跟顧夫人交談了幾分

鐘。我得知顧教授正主持點校「二十六史」的編輯委員會，部分現代標點本斷代史已在中華書局出版。顧頡剛據說是一級教授，月薪一百七十五美元。

六、瀋陽與鞍山

　　接下來我離開北京，飛往瀋陽。我的親戚們則在同一天乘坐火車前往黑龍江，他們害怕暈機。我住在瀋陽的遼寧餐廳，建於 1950 年代，這是此行目前為止住過最好的飯店。因為離市中心很遠，所以很安靜，地上鋪滿地毯，建物高大雄偉，房間與走廊都很寬敞。每間客房都配有全新的牙刷、牙膏，以及安全刮鬍刀。飯店大部分房間都是空的，因為這裡只有外國要人、體面的華僑才能入住。

　　至此，我需要向銀行提領現款了。中國銀行派了兩個出納員來我的房間，他們替我填好表格，並為需要麻煩我在領錢前簽名而道歉。他們拿來了五百元人民幣（二百五十美元），這對他們來說是一筆大錢，他們告訴我，一張十元人民幣（五美元）鈔票足以讓一個人過上半個月。

　　飯店服務生問我想付多少餐費。我回答我的預算是一天兩塊五人民幣。他說每人每天的餐費可以由一塊五人民幣到三塊五人民幣，晚餐包含六或七道菜，都精緻而美味。我怕服務生確信我希望付三塊五人民幣的餐費，但我不敢問，免得他們認為一個美國教授付不起一點八美元的

三頓大餐。結果每餐都有多到我吃不完的食物，晚上 10 時還有四分之一個冰鎮西瓜送進我的房間。

隔天晚上 8 時，許多身著毛式中山裝的政府人員前來飯店，參加向葉門共和國總理致敬的晚宴。他們奏樂、演講，打破了莊嚴的沉靜。我原本以為我可能要吃安眠藥才能入睡，但幸運的是所有社交聚會都在 10 時結束。一群政府要人乘坐棕色巴士與汽車離開飯店，這暗示他們可能都是軍人。他們離開時我正在飯店前散步，他們對我微笑，但我沒有試著跟他們交談。我開始思考，我所吃到的豐盛餐點一定是為了外賓而特別準備的精緻佳餚。儘管如此，在客人離開後，餐點依舊美味，我很難控制自己不要吃太多。

瀋陽是 1630 年代滿族王朝的首都，在 20 世紀前半也是奉天省的首府。由於處在日本的勢力範圍內，日本人在這個城市大量投資，同時這裡也是南滿鐵道株式會社總部所在，這是個類似從前東印度公司的商業組織。瀋陽街道很寬闊，建築物很現代，因此被稱為小東京。瀋陽至今仍是中國的重工業中心之一，因此這趟旅程的第一個參觀對象就是重機械工廠。

1. 瀋陽重機械工廠

工廠的革命委員會主任已經收到我的參訪通知，他和幾位同事一起在工廠前等我。他在接待室告訴我這間工廠有一萬一千名勞工，其中一千六百人是女性。我開玩笑說

這是對女性的不平等待遇，他解釋說重機械操作需要很大力氣，所以男性員工會多於女性。

主任接著告訴我工廠的歷史。在1937年，日本人投資生產各式各樣的鐵路設備。工廠曾兩度被毀，日本人在對盟軍投降前夕用飛機炸毀，而國民黨在瀋陽被共產黨攻陷前再次破壞了工廠。在解放後工廠只有二十八名勞工，但逐漸恢復到全面生產。在第一個五年計劃期間，工廠改為生產採礦用的重機械。文化大革命後，生產量大幅增加。1968年9月組成革命委員會，隔年的生產量增加了百分之十一。1971年擴充為兩座工廠，自此產量提升為從前的兩倍。但他們無法提供過去的精確產量數據。

工廠現有三百八十部重機械，其中一百一十一部是由舊有的改造，其他則是依照蘇聯藍圖在中國製造的。我被告知在蘇聯顧問撤回後，中國人做了許多改良，盡可能地以水泥材料取代木製，他們還試了各種方法節省煤炭使用，並以更低的成本生產。我也被告知下腳料與煙囪排放的廢煙已被轉作其他用途，因此每年可以省下一千五百噸的煤炭。工廠生產提供三千噸壓力的鑽孔機，能在厚鋼板上打洞，這種機械共有一百六十五種型號，銷售全國。

薪水分為八個級距，月薪最低的是十六點七五美元，最高的則是五十七美元。勞工與勞眷的醫療是免費的。食物價格每月由五點五美到七點五美元不等。工廠宿舍的月租是一點三五美元。所有勞工都可以享有免費的理髮與電影。

如往常一般，革委會副主任在簡報結束與帶我參觀工廠後，做出了些自我批評。他說工廠的管理效率不佳，並有重組與原料浪費問題。他說組裝產品的效率需要再提升。最後他加上工廠不太乾淨這點，沒有辦法避免塵土和淤泥汙染建築物與地面。

2. 鞍山鋼鐵集團

鞍山是中國最大的鋼鐵中心，大量生產各種中國工業需要的高品質鋼鐵，毛主席非常關注其發展，能拜訪鞍山是我的莫大榮幸，迄今很少人獲准前往。

瀋陽的中國旅行社指派一位年輕優雅的 Liu Shen-han 先生當我的導遊。7 月 25 日，我們乘火車前往鞍山，距離大約是十九英哩。在鞍山有個開著長春汽車的當地導遊帶我參觀這座城市。

鞍山人口將近百萬，附近有超過六十座鐵礦、十五萬名勞工。工業生產與勞動力每年都在增長。

1916 年，日本人開始在鞍山開採鐵礦，同時成立鞍山製鐵所。1945 年，在日本人經營了二十九年之後，採礦業只有一點小進展。因為日本人只注意眼前的利益，而沒有制定大規模生產綜合計畫。因為需要大量投資金錢與設備，他們只開採淺層煤礦，沒有再往下挖。

當蔣介石佔領瀋陽時，鐵礦與工廠被完全毀壞，整個區域長滿了草。1948 年，在鞍山解放後，勞工與群眾竭盡全力日夜生產，到 1952 年時的鋼產量已達到史上最高

紀錄。1953年，第一個五年計劃制定了在此區建設三座大型工廠的目標。大躍進時，鞍山工廠進一步發展。當蘇聯在1960年終止與中國的合約後，挫折隨之而生，部分蘇聯承諾的機械價格暴漲為六倍，中共於是指示勞工們只依靠中國的原料與技能來繼續生產。

1960年3月，毛主席制定了「鞍鋼憲法」，有六項基本原則：
(1) 堅持政治掛帥；
(2) 加強黨的領導；
(3) 大搞群眾運動；
(4) 幹部參加勞動；
(5) 改革不合理的規章制度，工人、幹部和技術人員三結合；
(6) 開展技術革命。[17]

中華人民共和國前主席劉少奇及其追隨者暗中反對鞍鋼憲法，他提倡依賴專家來經營工廠，生產定額優先，並強調利潤和物質獎勵。劉少奇在文化大革命期間被罷黜後，1968年3月22日，鞍山市成立革命委員會，堅決實行鞍鋼憲法。自此，鞍山鋼鐵集團大有進步，月產量從三十萬噸增加到八十萬噸。我希望這個數字是精確的。

在1971年和1972年，生鐵、鋼、鋼胚、軋鋼等生產量穩定增長，同時原料與燃料的消耗量相對於生產量按比例下降。工人們生產大量長而重的無縫鋼管，這是過去被認為辦

---

17 〔原註〕*Peking Review* (April 17, 1970), p. 3.

不到的。無縫鋼管的生產量已由六萬噸躍升為十六萬噸。

工人們士氣高昂，生產量提高了百分之一百二十五至一百三十一。正如毛主席所說：「工業學大慶」，大慶位於黑龍江省，而瀋陽的進步僅次於大慶。

我參觀了開採鐵礦與鑄造鋼軌的過程，鋼軌的長度是一般的兩倍長。我還看到鐵水從大熔爐中如洪流般流出，有個三千噸的巨大錘子用來將鐵打成各種形狀。

在帶我參觀過鋼鐵廠後，副主任做出自我批評：這間工廠仍有兩項缺點，管理效率仍稍微低落及有部分原料被浪費，另外廠中使用的技術仍然不如先進國家。

這種自我評價通常意味著簡報結束了。接著我詢問工人的薪水。答案是月薪由二十美至四十五美元不等，工廠裡有幾位高薪者可以賺到五十二美元，而平均薪水是三十三點五美元。

我也被帶去參觀大孤山鐵礦，革命委員會副主任 Liu Hsiang 先生提供了以下資訊。

大孤山鐵礦於 1916 年開始營運，在日本佔領的「滿洲國」時期，以人力採礦，而非機器。1945 年，日本投降後，國民黨盜賣了工廠的一切，所有礦工都失業了。毛主席則下令恢復礦山生產，鐵礦產量逐漸增大。自從文化大革命以來，工人與群眾加強擴大礦區的推動力，產量比此前提高了差不多百分之十一，鐵礦的品質也有所提升。

鞍山四百五十部用於煉鋼的機器中，四分之三是在解放後由中國製造的。其他四分之一是從俄國運回的，因為

在日本投降後不久，俄國人就運走了東北所有的機械。經過冗長的談判，部分過時的機器終於被運回中國。

工人們為了完成必要的技術改革付出了巨大努力。他們與技師合作，自行設計製造了兩部巨大的、可以挖隧道的挖土機，大大加快鐵礦的開採速度。

廠區內有十一根高聳的煙囪，每兩年就會建一根新的，最新的工廠日產三千噸鋼。儘管如此，當我詢問鞍山鋼鐵的年產量時，副主任不願意告訴我明確的數字。可能是他不滿意總產量，又或者因為是軍事機密。然而不久周恩來就宣布，「中國的鋼鐵總產量在1972年達到二千三百萬噸」。[18]

參觀結束後，工廠總部提供我精緻的餐點，並準備一間有床鋪及浴室的房間，供我小睡一會兒。

3. 鞍山關節炎醫院

兩位導遊隨後帶我去參觀鞍山的溫泉醫院。這是家專門治療關節炎的醫院，有一千三百張病床與同樣多的病人，其中八成是東北的工人，其餘則是政府人員。有二百七十名醫療專家與五百名一般工作人員，包括護士、助理與技師。

我有幸與醫院主任 Chang Yü-tien 博士交談，他約莫五十歲出頭，接受西醫訓練，同時也精通中醫。他告訴我

---

18 〔原註〕*Peking Review* (Jan. 12, 1973), p. 9.

醫院裡極大多數重症病患都恢復了健康。他們使用許多方法治療，包括恆溫七十二度的溫泉浴，有長短波交替與自動電流的電療。西方療法與傳統中醫療法並用，端看何者會對患者見效。他以十多年經驗得出的結論是，大多數關節炎都可以及時治癒，症狀輕微的病患需要三到六個月復原，症狀嚴重的則需要一年或一年半。

這間醫院原本是軍閥張作霖與少數日本工業與外交領袖的別墅，在滿洲國時期則改為傀儡皇帝溥儀的度假地。1949年後，別墅改建為醫院，其他建物也被大幅擴建。

我低聲說：「這些關節炎患者一定都是百萬富翁，否則他們怎麼能一直待在這裡治療最少三個月，久到一年半？」但我被告知大多數患者都是工人，他們享受免費治療，並可免費搭乘鐵路或飛機來這裡。另外患者還繼續領取原本的工資，以養家活口並支付在醫院中的開銷。待痊癒後，他們就會返回原來的工作單位。

我再度詢問醫院如何雇得起這麼多的醫護人員，並容納這麼多病患。Chang醫生答以，大部分資金來自鞍山的地方政府，但醫院也有得到中央政府的補助。

在問答結束後，我委婉地暗示，也許主任希望回去工作了。他同意，但表現得很不情願，以表示最大的禮貌。

我隨後被款待洗溫泉浴，還安排了房間讓我休息一個半小時，因為兩位導遊認為我該休息一下。午餐後，我又被帶回我休息的房間，再享受另一頓精緻佳餚，有雞胸肉、乾香菇、蝦粉竹筍、湯、米飯，最後是全麥麵包捲，

以及甜點。

這一整天下來我都在擔心費用，但當我收到帳單時，全部費用只要六點六二美元。其中三分之一（一點八八美元）是汽車的費用，而兩頓美食只花了一美元。從鞍山回到瀋陽後，我在桌上還發現宵夜——六片西瓜。

4. 瀋陽拖拉機廠

隔天，我決定去參觀拖拉機工廠。兩位革命委員會副主任迎接我，並告訴我該廠有一萬一千名工人，其中三分之一是女性。目前工廠裡有五百部機器，其中一半是該廠工人自製的。

工廠生產的小型拖拉機只有十二馬力，儘管有其侷限，但賣得很好。每輛售價是一千五百美元，並針對任何缺陷在六個月內保修。它們是多用途機器，包括犁地、除草、抽水、運載幾百磅的貨物，以及在公路上行駛，最高時速可達二十英哩。

1964年以前，工廠只有約三百名工人，裝備約四十部機器。之後為了增加與改善生產，面臨的許多困難都被一一克服。工廠選派一批幹部到其他拖拉機廠學習，回來後擔任領導幹部，並與工人、技師合作，經過八次失敗的嘗試後，1965年，問題終於被解決，成功做出了更好的拖拉機。

原本的廠區太小，因此他們決定遷廠，重複利用老舊的鋼鐵與磚塊，建造了自己的新工廠與宿舍，面積廣達

四千七百平方碼。當時中央政府在此計畫中投資了三千五百元。

在文化大革命期間，為了提高生產效率，工廠增加更多設備。例如從前一次只能在鋼板上打一個孔，現在的新機器可以同時打四十三個孔。這家工廠1971年生產了六千一百輛拖拉機，1972年6月，因為工人們努力增產，一個月內就生產了一千零七十輛拖拉機。

副主任最後向我展示了拖拉機的能耐，並嘗試在五分鐘內教會我開拖拉機，但我沒能學會。

7月26日下午，我登上飛機飛往西安。因為強大逆風的關係，飛行約一個小時後，不得不返回瀋陽。接著我乘坐快車前往北京，希望能趕上隔天早上8時40分由北京飛往西安的飛機。如果火車準時抵達的話，我應該有七十分鐘的時間能搭上往西安的飛機。出乎意料之外，由於一場傾盆大雨，通常會準時的火車延誤了一個小時。為了安全起見，火車減速行駛。在中國，安全是第一要務，所以我錯過了飛機。

回想起來，瀋陽的遼寧餐廳幫了我一個大忙。當飯店管理階層收聽廣播，知道飛機被迫返場後，就通知導遊趕回機場。計程車帶我回到飯店時，飯店經理向我收取了少到幾乎沒有的車費，讓我住進同一間房間，準備好乾淨的床單和毛巾。在上火車之前，我又吃了一頓飯。我非常感謝導遊 Liu Shen-han，以及飯店的革委會。

幾個月後，我回到美國，受傳統觀念「報」，或說是互惠

的影響，當瀋陽雜技團到印第安納波利斯（Indianapolis）時，我和我朋友（印第安納布盧明頓的中國餐館經理，他也即將要前往中國）贈送他們價值四十美元的水果，作為表達對瀋陽人極其親切接待的謝意。

錯過了從北京到西安的飛機後，我只能回到華僑飯店，等了數小時，設法得到了一間房。雖然錯過班機不是我的錯，但中國航空並未提供如往常般的殷勤服務，幫助我找飯店，並處理我的額外支出。或許如果遼寧餐廳沒有體貼地為我準備原本的房間，中國航空應該會負起責任。

雖然我因為時間緊迫，沒有在北京看到我希望看到的一切，但我依然對這個古都的進步印象深刻。關於工業方面的進展，我匆匆記下了1972年10月13日《北京週報》中的幾行文字。北京的煤炭總產量據說由1949年至1971年增長了近六倍。該市的大型工廠，包括首都鋼鐵公司、石油化工總廠、生產汽車與重型採礦設備的工廠，數量超過兩百家。生產超過六千多種輕工業產品，同時玉雕、景泰藍、地毯編織與其他傳統工藝品的製造仍在持續。我想要親眼見識手工藝品的品質是否有所提高，但我的時間有限，只好非常不情願地前往其他城市。我希望將來有機會再次訪問北京。

七、從北京到延安

7月28日清晨，燦爛陽光照耀下，我搭飛機前往西安。

在前兩天華北迫切需要的降雨後,空氣涼爽而使人平靜。

從飛機上往下看,我注意到大地是棕色的,綠色的區域點綴其間。我問坐在我右邊的老先生,八個月的乾旱是否造成收成損失。他說:「肯定有損失,但沒有到引起恐慌的程度。如果這八個月乾旱發生在二十年前,將會是一場大饑荒。對人民來說幸運的是,二十多年來對灌溉系統的維護與大型水庫的建造,結果大大彌補了雨水的短缺。但是這麼長一段時間沒有降雨,損失仍是不可避免的。」

小飛機上的空姐一直勤奮工作,供應乘客熱茶或冷飲,並與其中幾位交談,他們明顯是前往甘肅蘭州的解放軍軍官。她全程都沒有坐下,因為所有座位都坐滿了。我稱讚她工作出色,並問她是否累了。她笑著回答:「一點也不累,因為我的責任就是為人民服務。」

當飯店導遊正在為我領取行李時,我注意到貼在西安機場牆上的標語:

「國家的統一,人民的團結,國內各民族的團結──這是我們的事業必定要勝利的基本保證。」──毛澤東

這個充滿信心的標語,事實上指出今日中國的其中一個重大問題:即鎔鑄國家的統一,民族的統一,並壓制多民族與族群的分裂與不團結傾向。中國政府必須非常關注保持統一。我們必須總是仔細觀察這些口號,並瞭解言外之意。

建於 1958 年的西安飯店又大又摩登,飯店的右翼給華僑,左翼供西方人使用。食物一如既往地美味,且價格

合理。羊在中國西北很常見,因此也更常吃到羊肉。

1. 西安雜技表演與其含意

那天晚上,導遊建議我看一場雜技表演,表演很有趣,但與上海、南京與北京的表演大同小異。這種相似性展現了技術在全國各地的混合與傳播,是各種科學與文化的技能與經驗交流的成果。這種廣泛的同質性告訴我們關於民族主義與大眾宣傳的影響,其結果是意識形態、社會政治體系等等的一致性。語言同樣也比以前更加統一,主要是北京腔的「國語」一詞已經很少使用了,取而代之的是普通話,全國大部分人民都能聽懂。

2. 從西安到延安

延安與西安都在陝西省,最理想的情況是從北京飛延安,然後回到西安。但因為沒有直飛延安的航班,所以我到西安待了一晚,隔天(7月29日)早上再登機飛往延安。來回一百五十英哩的費用是二十美元,每段航程一小時又二十分鐘。

忠實正直的延安旅行社導遊 Kao Chang-Ch'ün 先生到機場來接我。經過半個小時的交談後,我確信他出身北方農村,與許多彬彬有禮、和藹可親卻虛偽的城市人不同。

延安古稱膚施,位於陝北的黃土高原,被部分西方學者描述為世上最原始的地方。當看到城市以後,我瞭解到它其實比部分我去過的亞洲城市更為現代。延安現有五萬

人口，曾是中共從 1937 年至 1947 年的「首府」。延安長時間生產煤炭，但現在也生產稻米。有兩間發電廠、一間鋼鐵廠，棉紡織廠和毛紡織廠各一間，也有一間人造纖維廠及氨水廠。重工業與輕工業都蓬勃發展，足以滿足當地需要。

延安附近的延長油田是抗戰時期陝甘寧邊區重要的石油供應地。自解放以來，油田規模逐漸擴大，產量倍增。

文化大革命以來，延安建立了十多家新工廠，生產無線電、化學肥料、鐵、鋼與柴油引擎。毛紡織廠與紙廠已經大大擴展，無線電工廠則引進了電晶體工坊。

地方道路最近鋪上了柏油，人行道的寬度對小城市來說是合理的，但上面因為長期乾旱而灰塵瀰漫。有公車、電影院、廣播電臺、電視臺與百貨公司。

3. 延安博物館與中國共產黨史

延安有個小而重要的博物館，展示毛主席的革命活動史。這個中國革命的聖地如同穆斯林世界的麥加一樣重要，來自世界各地的遊客源源不絕。作為歷史研究者，我自然對展示品最感興趣。我拜訪博物館兩次，花費許多時間，並仔細記錄下能幫助瞭解 1935 年至 1949 年中國革命史的資料。

陳列的圖片與歷史文物帶領參觀者回顧共產革命，雖然關於 1921 年至 1934 年間中共早期歷史的細節少於韶山博物館（這點我會在別處討論）。以下簡要說明博物館中

展示的革命歷史。

有張地圖展示了紅軍 1934 年 10 月至 1935 年 10 月的長征，行程共三百七十天，經過十一個省，距離大約二萬五千華里，即六千英哩。

1935 年 1 月，中共中央在貴州召開有重大歷史意義的遵義會議，結束了「左傾冒險主義者」王明——他是二十八名自蘇聯返回的留學生之一——對黨中央委員會的掌控，並建立毛澤東在中國共產黨內的領導地位，雖然他的權威偶爾仍會受到挑戰。

6 月，紅一方面軍與紅四方面軍在四川懋功會合，毛主席在此決定繼續向華北進軍對抗日本，但率領部分紅軍的張國燾試圖脫離主力部隊。在毛主席領導下，中共召開了兩次會議，阻止張國燾另立中央委員會，並脫離紅軍。最終毛主席的路線被遵從，從而完成長征。

長征後，1935 年 10 月，毛主席在陝北的吳起鎮建立了革命基地。在延安西方的直羅鎮大戰後，中央紅軍與西北紅軍會合，粉碎了蔣介石在陝西的追擊部隊。這場勝利使毛澤東能在西北成立全國革命大本營，並修正陝甘區王明錯誤的左傾路線。

接著毛主席與中央委員在 1935 年 12 月從吳旗鎮來到瓦窯堡，這兩個地方都在陝北（有張地圖展示這條路線）。瓦窯堡會議在 1935 年 12 月 25 日決定，黨的任務就是把紅軍的活動和全國的工人、農民、學生、小資產階級、民族資產階級的一切活動匯合起來，成為一個統一的

民族革命戰線。[19] 政治局也在瓦窰堡召開會議,批評王明的左傾路線和關門主義。

1936年6月1日,政治局宣布抗日布告二十條如下:
(1) 工農商學兵聯合起來,打倒日本帝國主義。
(2) 停止一切內戰,紅軍、白軍聯合起來,一致對日。
(3) 不分派別,不分出身,共同進行民族革命之偉大事業。
(18) 保護工農利益。
(19) 保護工商業。
(20) 蒙回及其他弱小民族特別是回族獨立解放,建立回民的自治政府。[20]

同時毛主席指揮紅軍在華北抗日,有幅畫展示紅軍騎兵即將渡過黃河。

蔣介石的軍隊阻止了紅軍有效抗日,而中共為了保持抗日力量的忠誠,即須採取行動。5月,紅軍為了避免與國民黨軍隊發生軍事衝突而移往黃河西邊,毛主席接著發電報要求國民黨停戰,以聯合抗日力量。然而蔣介石集結中央軍的十個師和閻錫山的晉軍,阻擋紅軍向同蒲鐵路前進。白軍與紅軍展開小規模戰鬥,兩支國民黨的先遣隊被紅軍繳械。1936年9月,中央紅軍與東北軍騎兵簽署了停戰協議。接著1936年12月,西安事變爆發,蔣介石被

---

19 〔原註〕見〈目前形勢和黨的任務〉,《毛澤東選集》(北京,1967),第一卷,頁277。〔編註〕內容實際出自〈論反對日本帝國主義的侵略〉。
20 〔編註〕〈中國人民紅軍抗日先鋒軍布告〉(1936年3月1日)、〈蘇維埃中央政府對回族人民的宣言〉(1936年5月25日)。

軟禁。周恩來飛到西安以實現和平解決,使蔣介石平安返回南京。毛澤東歡迎周恩來回到延安,並認為在西安的調解是他第一次外交上的成功(有張毛澤東與周恩來在延安機場拍攝的照片)。

1937 年初,毛主席從瓦窯堡遷到延安,自此延安成為中國工農紅軍的首府,直到 1949 年遷到北京。

中共黨中央在 1937 年與 1938 年兩度批判張國燾,並最終開除他的中共黨籍。1938 年,張國燾離開延安加入國民黨,後來他流亡香港多年。

4. 第二次國共合作(1937–1945)

1937 年 7 月,中國正式對日宣戰,[21] 蔣介石決定抗日,一如 1936 年 12 月對中共的承諾。也因為蔣介石兌現承諾,中國紅軍被重編與重新部署,並召開一場大型會議計劃對日本的反擊。

1938 年 10 月至 11 月,毛主席在延安召開擴大的六屆六中全會。在會議報告的結論,他提出中共在國內鬥爭的政策問題,並駁斥王明的「冒險主義」路線。會議決議黨將進行「獨立自主的游擊戰爭」,即中共不會依附國民黨抗日。

接著,從 1938 年至 1943 年,國民黨軍隊封鎖了陝甘寧邊區,國共之間也發生了許多衝突。從 1938 年 12 月至

---

21 〔編註〕七七事變之後,國民政府並未對日宣戰,直至太平洋戰爭爆發,1941 年 12 月 9 日才宣戰。

1940年10月,共軍與國民黨軍、偽軍及日本侵略軍總共發生了三百七十二次的衝突。1941年1月發生了嚴重的「皖南事變」,新四軍被國民黨軍繳械。

1942年,毛澤東說:「中國的革命實質上是農民革命,現在的抗日,實質上是農民的抗日……農民的力量,是中國革命的主要力量。」[22] 在所有解放區,他強制實行減稅與沒收大地主土地的政策,同時盡可能地改善農民的生活條件。

5. 南泥灣精神

博物館裡有一張展示1941年至1942年敵後抗日根據地的地圖。因面臨嚴重的物資短缺,毛主席要求生產糧食、棉布與其他日用品。他命令八路軍第三五九旅的政委與軍事指揮官前往距延安約二十八英哩的南泥灣,有一支多達一萬二千人的加強旅,在這個荒蕪的地方結合軍事任務與生產工作。

南泥灣是個不適合居住的峽谷,也難以種植任何糧食作物。第三五九旅在沒有食物吃,沒有房子住,甚至沒有足夠工具的情況下抵達,面臨難以克服的艱苦,吃藥草,挖洞穴住,從敵區偷材料,設法生活與工作。經過軍隊逐步開墾,挖梯田,搬運表土,建灌溉系統,種植樹木,施肥。漸漸地,農作物如在長江三角洲一般茂盛生長。從

---

22 〔原註〕參見《毛澤東選集》(上海,1964),頁957。

1940 年冬天至 1943 年，第三五九旅開墾了一萬六千英畝的荒地，收穫四百萬磅糧食，還在陝甘寧邊區建立了一間煉油廠。隨後這股活力被稱為「南泥灣精神」或「延安精神」，他們克服萬難，以自力更生征服了貧瘠地區。[23]

1942 年，毛澤東針對王明與其他不久前從莫斯科回到延安，不遵守毛澤東路線的人，發動整風運動。毛澤東反對他們的外國形式主義與教條主義。在此期間，毛澤東曾寫了許多文章。在《毛澤東選集》的一百五十八篇文章中，有九十二篇是在延安寫的。他的講詞「辯證法唯物論」是 1937 年在抗大的演講，這間學校培育了約一萬名學員。

從 1938 年 11 月至 1947 年 3 月，延安有十多所大專院校，包括馬列學院、陝北公學、中央黨校、民族學院、魯迅藝術學院、醫科大學，以及中國抗日軍事政治大學（後來簡稱抗大）、行政學院、自然科學院與女子大學。[24]

現場展示 1937 年 9 月至 1945 年 10 月抗日戰爭的共產黨官方數據：

陣亡日軍	520,463 名
受傷偽軍	490,130 名
日軍俘虜	6,213 名
偽軍俘虜	512,933 名
投降日軍	746 名
投降偽軍	183,632 名
合計	1,714,117 名

23　〔原註〕見 "The Spirit of Yenan," *Peking Review* (Oct. 27, 1972), pp. 10-13.
24　〔原註〕關於女子大學更好的記述，見 Edgar Snow, *The Battle for Asia* (New York, 1942), pp. 274-278.

博物館張貼的統計數據已經根據中共官方資料核對準確，但並沒有共軍死傷的圖表。不言而喻，這些數據都只是估計值。

6. 征服中國（1945-1949）

日本投降後，蔣介石鄙視給養、裝備不足的共產黨人，並相信可以在短時間內消滅他們。毛澤東謹慎地迎接挑戰，並接連取得勝利。

遼瀋會戰自1948年9月12日開始，至11月2日結束。徐蚌會戰由1948年11月打至1949年1月，中共取得勝利。重要城市天津與北平，先後在1948年12月與1949年1月被佔領。共產黨的統計數據展示，1946年7月至1950年6月，解放軍造成國民黨軍八百零七萬一千三百五十人傷亡，然而同樣沒有提及己方損失。

製作精美的圖表指出了雙方的兵力對比：

	1946年7月	1948年2月
解放軍	1,200,000人	2,491,000人
國民黨軍	4,300,000人	3,650,000人

我發現這些由延安博物館的照片、地圖、圖表與數據中精選出的資訊，對於從中共角度概述這段時期的革命進程，是很有價值的。如果拿來跟臺灣的國民黨史料數據相比較，一定會很有趣。兩者無疑一定落差很大──但都是進一步研究與討論的有利材料。

接著我拜訪延安的楊家嶺，這裡有段時間曾是中共中央駐地，毛澤東也曾住在這裡。毛澤東住的窰洞正面是一

堵石牆，門上有著月型拱，大窗戶的木窗框上貼著薄麻紙。室內有桌椅各一，一個菸灰缸，還有一盞煤油燈，毛澤東就在這裡讀書寫作。家具很簡單———個洗臉盆，一個冬天保暖用的炭爐，還有一張非常大的床，約七平方英尺大，供毛澤東與妻子江青使用。窰洞的天花板是像隧道般的圓形，並漆成白色，地板則是夯土。這處小住所乾燥、整齊清潔，因為與外界隔絕，感覺相當舒適。

1945 年 4 月 23 日至 6 月 11 日，重要的中共第七次全國代表大會在楊家嶺召開。出席的有正式代表五百四十四名與候補代表二百零八名，他們代表全國總共一百二十一萬黨員。毛澤東作了很長的政治報告，分析中國的國內外形勢。報告結束後，批准了以下目標：放手發動群眾，打敗日本侵略者，並修改黨章。修改後的黨章確定黨應以馬克思主義與毛澤東思想作為一切工作的指針。

朱德在這次大會作了八路軍戰況的報告，周恩來則報告政治與行政事務。6 月 11 日，毛主席以「愚公移山」為題致結束詞，愚公移山似乎是不可能的事，但愚公說他到死前會一直挖土移山，他的兒子、孫子與其他親戚也會一直持續做下去，直到山被完全清除，於是屋主可以享受門前的美景。這個傳說的啟示是革命任務巨大，而敵人強大，但如果中共黨員效法愚公移山，最終將擊敗強大的敵人，使革命得到完全的勝利。

我這次還參觀了 1942 年 5 月召開的全國文藝工作者座談會地點，總共有超過八十人與會。座談會召開了三次

會議,第一次會議在5月2日,毛澤東提出藝術家的立場、態度、對象、工作、學習等五個討論問題,親自帶領這五個問題的討論。第二次會議在5月8日舉行,毛主席手拿鉛筆,再次與所有人討論他的想法,大家有許多評論與批評。在討論後,有許多關於農村生活的戲劇表演,其中表演得最好的會得到雞蛋作為獎品。這段插曲是作為有創意的作家們直接認識農業工作的激勵,為他們展現生動的畫面,而不只是憑空想像。

5月23日的第三次會議,毛主席宣布無產階級文藝必須為工農兵服務,文藝理論必須基於無產階級的實際工作。在這次宣告之後,所有與會者前往工廠與農場工作。不久之後,根據毛澤東的指導方針創作出兩部著名的戲劇《白毛女》與《東方紅》。此時,關於解放軍的作品也開始出現。

接著我被帶去看延園,也稱棗園,因為過去遍植棗樹。毛澤東曾住過這裡的兩房窰洞,裡面有簡單的家具。導遊說毛澤東常在晚上10時到早上6時之間讀書與寫作,他的小女兒被訓練得很好,即使她還不太會說話,也被教導叫每位訪客「叔叔」。在此毛澤東繼續發動整風運動,針對張國燾、王明與其他不遵循他路線的人。

1945年8月與蔣介石和平談判失敗之後,毛澤東回到延安,內戰持續。之後他由延園遷到王家坪。在王家坪,我看到了毛澤東的故居,又是一個有椅子、桌子、煤油燈與一張大床的窰洞。

傳說，曾有一架國民黨飛機投彈在窰洞口。毛澤東的衛隊長王震[25]請他搬到別的地方，毛澤東拒絕，說：「炸彈的廢鐵可以作幾把好菜刀，我們可以用它們殺敵。」稍後周恩來到窰洞力勸毛澤東搬家，最後他同意了。

7. 生產英雄楊步浩

我注意到著名的農民英雄楊步浩住在這一帶，並很高興能會見這位六十七歲的工人。楊步浩很開心見到我，告訴我他曾經很窮，從八歲起就做長工，地主長年命他打掃家裡的廁所。1938年，他的父親與姊姊死於饑荒，他乞求能有一小塊地埋葬他們，地主為此向他收了一點二擔米（一擔等於五十公斤）作為墓地費。之後因為他是個勤奮的農民，而引起毛主席的注意，毛主席經常去拜訪他，並和他一起工作。

但楊步浩反對：「毛主席，既然你有這麼多事要做，你肯定沒有必要做體力活。」他驕傲地繼續說：「我動員所有農民達到每年生產定額，也排除萬難地成功了。當時有些土地缺乏生產力，而其他土地則只用來種鴉片。」楊步浩說他與他的同事改良貧瘠的土地，並以莊稼取代鴉片田。此後鴉片煙就在這個區域銷聲匿跡。

這時我打斷了楊步浩的故事，向旁邊兩三個男孩搭話：「你會抽大煙嗎？」（意思是你們抽鴉片嗎？）男孩

25　〔編註〕王震當時並非衛隊長。

們聽不懂我在說什麼，即使我伸長拇指和小指，深沉有力地吸氣，來回擺弄了吸鴉片的架勢三、四次。

楊步浩笑著說：「三十年前男孩們可以立刻理解這個手勢，今天的年輕人已經不可能知道了，這些男孩們既沒見過，也沒聽過鴉片。」

他繼續說：「毛主席把延安農民放在心中，非常關心我們的生活條件，不時來家裡與我們談話，問我們有沒有東西吃，有沒有衣服穿。解放前，我們非常努力地同我們的階級敵人——地主鬥爭。」然後他做了一個手臂迅速劃過喉嚨的手勢，代表許多地主被殺了。

他堅決而嚴肅地說：「解放後，全國農民的地位與福利都有很大的改善。」

因為興奮地說故事，楊步浩顯得有些累了。有個婦女插嘴告訴我毛主席曾兩次邀請楊步浩到北京，誠摯有禮地招待他，就像他們是老朋友或近親一樣。毛主席一再感謝楊步浩在延安時每年為達到生產定額所做的努力，使所有士兵與政府人員不必再擔心糧食供應問題。

楊步浩小憩片刻後插話說，在毛澤東的宅第裡，他吃了一頓大餐，包括九個饅頭與大量的肉。吃過飯後，他們坐在客廳裡，毛主席給他水果吃。「我拿起一個大梨，馬上咬了一口。」毛主席說削了皮比較好。楊步浩反對：「這是對水果的浪費，從前我們沒有機會看到香蕉、蘋果或梨子！」

毛主席則說：「現在我們有很多水果了。」

楊步浩向我展示了三張他和毛澤東的合照，他無疑以此為傲。我為楊步浩與他的三張照片拍了照，接著導遊為我和楊步浩合影。當我要離開時，楊步浩激動地說：「我們農民永遠忠於毛主席。」

我花了一天半就看完了延安最值得參觀的地方。當我要求去看抗大時，導遊說，它早就被國民黨的飛機摧毀了，當時延安大部分的房子都被夷為平地。

在我看到的所有展覽裡，中心的英雄人物都是毛主席，其他領導人都未提及或出現，除了周恩來、朱德（只有一次）、康生（兩次，從康生在展覽中的筆跡看來，他寫了一手好字）。張國燾與王明則僅在譴責中被提及，因為他們反抗毛主席。

臨走前，我仔細看了看販賣當地土產的飯店禮品銷售處。店裡的商品包括紙張、毛毯、手錶（但是西安製造的）、收音機、地毯、花生罐頭、童軍刀、照片與繪畫。我買了一本筆記本與一罐花生罐頭，罐頭的調味棒極了，非常適合出現在雞尾酒會上！

八、西安

西安，陝西省省會，在解放後有了非凡的重生。從西元前3世紀到西元10世紀，西安曾是十一個朝代的首都，古城中的古蹟與遺址每年吸引了無數遊客。在7世紀與8世紀時這裡稱為長安（永久和平），是韓國與日本建造都

城的典範，如同華盛頓特區以巴黎為模範一樣。

　　西安現在是個有許多工廠的城市，有上千名來自中國各地的勞工。還有兩所知名的教育機構：西北大學與西安交通大學，後者是由上海遷來的，原稱上海交通大學。西安交通大學佔地二百二十二點三英畝，有四間實習工廠與一整排宿舍。從1956年至今已有六千九百名畢業生，數量比起在上海的五十三年還增加了三成七。西北工業大學也是一所優秀的科技培育機構。

　　在解放前，西安是個飽受戰火蹂躪的城市，四處都是國民黨建造的堡壘與戰壕。沒有自來水與汙水處理系統，街道又窄又髒，城市道路崎嶇、燈光黯淡，且電話線路不良。

　　解放後，在第一個五年計劃（1953-1957）期間，西安被選定為大規模建設的都市之一。因為西安位於產棉區，1953年建起一群現代棉紡織廠，很快就有了五萬枚紡錘與一千架自動織布機。棉紡織廠利用從鄰近火力發電廠來的廢蒸汽，以調節廠中的溫度與濕度。與其他數間紡織廠、印染廠，共同使西安成為主要的紡織品中心。

　　隨著時間流逝，電力工程設備產業在西安的郊區發展起來。這裡製造全套輸配電設備，運銷全國。同時還有生產鍋爐、氮肥、塑膠與機床的工廠。

　　1972年西安的人口已增至一百五十萬人，因而產生住房問題。為了應付工業與教育業的快速增長，政府投資建設工人與學校教師的住宅區，新建築的基地總面積約有

二平方英哩。

房子建在工廠附近，使每個人能就近去工作。住宅區與工廠區都種植成列的樹木，以減少噪音和灰塵。

然而作為歷史研究者，我的興趣主要在老城區。面積廣達一點二平方英哩的唐朝宮殿已經被劃設為考古挖掘特區，出土超過八萬件珍貴文物。

1. 新石器時代遺址半坡村

1953 年，西安發現存在於六千年前的半坡村。為了保護文物，一個現代博物館於 1957 年至 1958 年被建在遺址上。我在 7 月 31 日下午前往參觀這個在西安東郊的博物館。

半坡遺址可追溯至西元前 4 世紀，是個相當完整的新石器時代定居地。發現後沒多久，中國科學院考古研究所就派出專家到現場詳細研究。

從 1954 年秋天至 1957 年夏天，考古研究所進行了五次大規模挖掘工作，挖掘面積約一萬二千平方碼，出土了大量的物品，包括四十五棟保存完好的房屋、兩個豬圈、超過兩百個窖穴、六座陶窯、一百七十四座成人墓、七十六座兒童墓，其中七十三座是甕棺葬。還發現了超過一萬件工具，以及獸骨、果核與腐爛的穀物。

博物館有五個展覽室，內容會需要很多篇幅描述。無需多說，考古學家可能會在此花很多時間進行有益的研究。不幸的是，這些展品比不上中國境內與境外的其他新

石器時代發現。

2. 西安事變舊址

我的下一站是華清池的九龍池，此地出現在杜甫的詩中，已經名聞遐邇千年之久。華清池位在西安東方十五點五英哩，曾有許多名人到訪，這裡曾是禁區，但現在所有的工農兵都可以在這個神聖的地方玩個盡興。

1936年12月12日，西安事變在華清池發生。事件背景是：1931年9月18日，日軍佔領瀋陽後，毛澤東主張抗日，他的理念得到了人民的支持。另一方面，蔣介石在抗日前想先鎮壓共產黨。蔣介石的政策沒有得到張學良與前陝西省主席楊虎城的支持。張學良是軍閥張作霖（東北王，曾統率北京政府）的兒子。東北軍在日軍佔領瀋陽時撤退至平津地區，之後更遠遷至陝西，因此他們痛恨日本人，強烈要求蔣介石抗日，而不是進行內戰。張學良與楊虎城請蔣介石考慮東北軍的心情，但卻被忽視，蔣介石前往西安安撫士兵，並作延安剿共的軍事準備。

蔣介石住在華清池的五間廳，也是事發位置所在。叛軍包圍了五間廳並開火（牆上仍有未修復的彈孔）。蔣介石披著睡衣跳窗逃跑，甚至來不及裝上假牙。他翻過屋後的圍牆，摔斷了幾根肋骨，接著他跑了約百英呎上山，躲在一個只能塞入下半身的淺山洞中。早上約8時，他被士兵們抓獲。我想像在12月的氣溫下，當時蔣介石一定快凍死了（這裡建了一個叫捉蔣亭的涼亭）。

張學良與楊虎城向全國宣布蔣介石被捕，許多人建議殺了蔣介石，因為他反對抗日。隨後張學良與楊虎城向中共領導人徵求意見，毛澤東親自召開並主席會議，決議如果蔣介石承諾抗日，他會是一個有影響力的領導人。毛澤東派周恩來到西安會見蔣介石。蔣介石接受對抗日本的條件後，西安事件和平解決。

但是蔣介石飛抵洛陽後就違背了他的諾言，並事實上否認曾承諾抗日。儘管如此，西安事變是抗日力量的重大勝利，而毛澤東的決定使他聲望大增。

共產黨導遊並未提及任何關於史達林或共產國際，或是他們下令釋放蔣介石的內容。

參觀完這個史蹟後，黨組織同意我享受溫泉浴。水溫正好，之後導遊建議我在小房間裡睡個午覺。美麗的楊貴妃喜歡這裡的溫泉，我不知道她的魂魄是否仍在特別為她設計的水池中享樂？

3. 陝西歷史博物館

所有的考古與歷史研究者都值得一遊陝西。為了滿足學者們的需求，博物館牆上用漂亮的書法字寫著詳盡的歷史演變。不消說，當然是馬克思主義的觀點。我們被告知奴隸社會盛行於西元前約11世紀至前475年的古代中國，奴隸的勞動，以及奴隸與奴隸主之間階級鬥爭的結果，推動著歷史進程。

戰國時期（前403-前221）奴隸社會被封建社會取

代,此時天下大亂,封建領主間長期交戰,許多人被擊敗,領土被沒收。正如毛主席指出,只有自耕農和手工業主是創造財富和文化的基本社會階級。零星的戰爭持續了將近三個世紀後,封建領主自己擊敗了自己,而他們的領土最終被秦始皇(前246-前207)征服並統一。

博物館裡的幾件展品特別值得關注,有個修復的漢朝(前206-220)煤礦坑、鼓風爐與齒輪,或圓或方,展示了漢朝的技術水準。還有磨米、麥的石磨,研究地震的地動儀、陪葬品、各種製作精巧的油燈。此外還展出張騫由西域帶回中國的葡萄、苜蓿與胡桃的樣本。

唐朝(618-906)長安城的發展以一張略圖展示,總共有一百零八個坊,其中的「通濟坊」還維持著原始形制,其他部分則在其後幾個世紀中一再改變。

8月1日下午,我參觀了著名的碑林,內有千百方巨大的碑石,高約六或七英呎,寬三英呎,厚約八英吋。刊刻於開成年間(836-840)的十三經被稱為開成石經,這無疑是唐代完成的一項艱鉅任務。

這裡還有刻著顏真卿、柳公權與僧人懷素精美手跡的石碑。顏真卿與柳公權的書法數世紀以來都是學生臨摹學習的範本,而懷素則擅長草書。這三種書法都是我小時候每日臨寫的,而這是我第一次有機會見到原本的碑刻,若時間允許,我真想在此多待幾天,沉迷於欣賞這些精美作品。當碑林的主管謙恭地詢問我有無任何批評指教,我提議出版收錄這些碑石拓片的特刊,以宣揚傳統中國文化。

另一個漂亮的景點是大雁塔，由玄奘法師建於652年，他翻譯了佛經，並將佛經庋藏塔中。大雁塔與周邊的房舍曾被國民黨用作軍營，塔內的樓梯毀壞，建築物破敗不堪。西安人民政府重新整修佛塔並重建樓梯，因此我得以登上塔頂。在此導遊為我指出李白與杜甫題詩的地方，以及稍晚白居易與李商隱哀嘆大唐社會政治腐敗的地方。許多知名的藝術家與作家在此停留並逝去，他們的墳墓就在大雁塔附近。美麗的環境為見多識廣的旅客提供理解唐朝歷史的機會。

4. 西安八路軍辦事處

我下一個參觀的景點是西安八路軍辦事處，這裡指揮對抗國民黨的騷擾長達九年的時間（1937 - 1946）。即使守衛 Liu Yuan-sheng 對我非常有禮，但他毫無疑問地是個嚴肅的中共黨員，我可不敢跟他開玩笑。他的嚴肅態度是因為他回想起的悲傷過去所致。

根據他的說法，毛澤東在瓦窯堡會議決定與國民黨聯合抗日是一個有遠見的政策，受到廣大中國人民的熱烈支持。西安事變時，國民黨分裂成兩派。親日派以何應欽與汪精衛為首，傾向捨棄蔣介石並集中轟炸西安，另一派以宋子文、孔祥熙與宋美齡為首，則用盡一切手段想保住蔣介石的性命。

當蔣介石承諾與共產黨聯合抗日，使西安事變得到和平解決時，也同意在七賢莊設立聯絡處，這是個半正式、

半機密的機構。在1937年的七七事變後，蔣介石真的對日本作戰，並展開抗日運動。正式宣告國共合作，組成統一戰線，而紅軍則被改組為八路軍。9月，西安八路軍辦事處成立，並被授以三項任務：

(1) 宣傳抗日民族統一戰線。
(2) 採購八路軍的戰爭物資
(3) 招收、輸送海內外中國人，經由西安前往延安。

但國民黨繼續其反共政策。在西安的五十萬人口中有五千多名特工，他們喬裝成各行各業的人以監視中共的活動，並留意辦事處的所有訪客。

某次一名特工假扮成人力車伕，他拉著一輛全新的人力車，停在八路軍辦事處正門附近。他拒載一般乘客，假稱只載高官，因為他們給的小費比較多。經過幾天的觀察後，他的把戲被拆穿。某天一位自命不凡的高官堅持坐他的人力車，他沒有藉口拒絕，只好讓官員坐到人力車上。拉著人力車走了幾個街區後，這個人力車伕氣喘吁吁，沒辦法再往前走。於是他的偽裝暴露了。

Liu Yuan-sheng 說：「這只是其中一種把戲。」

毛澤東命令中共努力反抗這種警戒監視。直到1946年9月為止，辦事處都仍在西安，由經驗豐富的中共黨員主管。辦事處有個用以會見進步青年的大接待室，並決定他們能否去延安。西安到延安距離八百華里（約二百五十英哩），旅途漫長而危險，因為國民黨會試圖在途中攔截。

有時國民黨高官也會到接待室，與偶爾自延安來此的

毛澤東，或與辦事處主管林伯渠、董必武討論聯絡事宜。還有間周恩來長期居住的小房間，另一間則是葉劍英的。另外還有個入口蓋在客廳地毯下的地下室，有個秘密電臺藏身其中。地下室潮濕而燈光昏暗，通風不良，儘管困難重重，還是有兩三名同志輪流在此收發電報。

國民黨命令西安市民不要賣食品與商品給共產黨。連井水都帶有苦味，因為國民黨暗中將穢物與有毒物質投入井內，使井水幾乎不能飲用。Liu 同志說：「但是現在供水量很大，井水喝起來很甜。」

毛澤東命令中共要自力更生，並反擊國民黨的騷擾。所有中共人員都必須在建築物周邊的空地協助種植蔬菜與食物，也必須自己養雞、豬以取得蛋白質。

辦事處有一棟附屬建物，提供來自全世界的愛國青年居住。據說室內沒有家具，這些新成員只有鋪在地上的乾草可睡，也沒什麼食物能吃。進入延安的等待期通常需要數週或數月。我本想參觀附屬建物，但這位態度嚴肅的守衛以不值一看為由拒絕了我。我還問：「林彪將軍有在這裡待過吧？」答案是：「沒有。」儘管我相信林彪確實在這裡待過，但我不能與他爭辯。無論如何，現在不是我能向任何人詢問關於林彪問題的時候。[26]

---

26 〔編註〕1968 年至 1971 年間，鄧嗣禹正在蒐集、研究林彪的各類資料，寫作「林彪傳」。因此，他對於林彪的活動有深入的瞭解，也希望有人能與他交流這方面的訊息。遺憾的是，由於 1971 年的「九一三事件」，林彪從中國的政治舞臺上消失，最終由鄧嗣禹撰寫的英文版「林彪傳」未能出版，中國人對於談論林彪的事都非常忌諱。這部未出版的「林彪傳」共有

5. 西安史蹟

鐘樓與鼓樓是西安的兩個地標，1384 年建造，1739 年整修，作為計時器使用，過去晨鐘暮鼓會在早晚響起，表示一天的開始與結束。

國共戰爭期間，國民黨駐軍在鐘樓與鼓樓造成許多破壞。解放後的 1953 年至 1954 年期間，這兩棟建築才恢復原貌。

我登上了鐘樓，這裡有一百零八英呎高，面積約一千六百四十平方碼，由磚塊與木頭築成，技藝高超的木匠讓所有接合點緊密永久地結合在一起，而無須一根鐵釘。鐘樓與鼓樓現在有新漆橫樑、木雕門窗、鍍金屋頂，矗立在市中心寬闊大道的東段，它們古老的輝煌襯托著都市新舊城區的圓滿融合。

西安現在佔地六平方英哩，但在唐朝時，長安城牆的長度估計超過二十一英哩。長安城作為唐首都的人口超過一百萬，1972 年的西安人口則是城內一百三十五萬人，包括郊區人口在內是二百四十五萬人。

6. 西北大學

接著安排我前往參觀這所 1937 年建立的著名大學，西北大學當時由來自國立北平大學、國立北平師範大學與國立北洋工學院的流亡學生與學者組成。

一百七十九頁，保存在美國賓州大學東亞圖書館，副本由編譯者收藏。

接待我的教授們包括歷史系主任郭繩武、行政工作委員會主任王鐵民、考古學教授劉士莪，以及兩位年輕的講師。我得知從前這所大學的學生多半來自資產階級家庭，現在則絕大多數是無產階級者。

西北大學不分學院，而是分為九個系，包括中國文學、歷史、物理、地理、生物、礦物、工程和化學。

解放後，西北大學有超過三千四百名學生，但文革後學生人數比從前少了。校舍從前只佔地二萬四千平方碼，現在則擴增到六倍。圖書館藏書從前有四萬冊，現在則是七萬冊。從前實驗儀器不到一千部，現在則有一千五百部。教授由二百名增加到一千二百名，包括五百餘名講師。

我被告知當劉少奇掌權時，大學行政機構被資產階級學者控制。自文革以來，經過許多批判、鬥爭與改革，結果是革命委員會接管了學校。在劉少奇時，以成績主導教學過程，理論與實踐分離，教授不參加體力勞動。現在學生素質是則由德、智、體三個標準來評斷。

王鐵民說：「我們不再關注書呆子了。」

1972年5月，西北大學首度透過以下程序招收了七百名學生：

(1) 準學生提出申請進入某間大學。
(2) 群眾推薦準學生進入大學。
(3) 工作單位證明準學生有資格進入大學。
(4) 大學審查並決定結果。

大學依據毛主席對五七幹校的指示，選擇工農兵入校

就讀。現在有五間工廠與幾個種植稻米、小麥、玉米、蔬菜與水果的農場。在會議桌上，他們準備了一些來自農場的美味桃子與蘋果給我。

我指出當我還是學生時，我會很想摘這些成熟的桃子，而我的所有同學都會這麼做。他們為何還有這麼多水果能摘？答案非常奇特。

「法律上沒有禁止採水果，但沒有學生會偷摘。如果他偷摘了，就是違反他的德行，而他將會受到同校同學與革委會的批評。」

王鐵民告訴我，學生的素質參差不齊。這時歷史系主任郭繩武教授帶點氣憤地插話，說有的學生只是高中生水準，他們不夠格被稱為大學生。

一位年輕的講師迅速接話，並為學生們辯護：「所有學生都一心向學。」

他解釋說，教育背景較差的學生會被分成小班，如果十個或二十個學生數學基礎較差，他們會被編進該科目的補修班。有許多小班，也有許多講師、教授與同學會幫忙。「他們非常用功，幾乎沒辦法阻止他們學習。」教學方法基於刺激與啟發，而不是機械式的講課與記筆記。1972年5月復課後，課堂中引入了更多的問答式教學法。

根據一位教授的說法，文化大革命確實對學生的學術準備工作有一些不良影響，但他堅持文化大革命大幅幫助青年發展身體健康，也磨練他們的分析能力。

郭繩武說：「我們不禁止學生閱讀反革命書籍，我們

會幫助學生分析、解惑。」

教授們在學生需要的時候隨時提供指導,他們前往學生宿舍幫助學生補足他們的不足處,沒有一個學生會被拋下。學生們也盡量彼此幫助,在面臨自己無法解答的難題時,甚至會在晚上拜訪教授。我問:「這樣教授與學生不是讓彼此都忙得不可開交嗎?」

教授們幾乎異口同聲說:「鄧教授,我們很高興這麼做,我們並不累。」勤奮的學生與盡職的老師彼此啟發,彼此鼓勵。

7. 西安市政府的官方簡報

前一天晚上,我曾表示希望與西安市政府革命委員會委員會面,我的導遊說這很難安排,因為所有革委會委員在收穫期間都非常忙碌,特別是在長時間的乾旱以後,而且革委會主任已經去農場兩週了。

接著出乎意料之外,導遊通知我已經幸運地獲得四位革委會委員的同意,他們會在晚上7時半到飯店與我見面。

當我被帶進飯店會議室時,這四位政府官員已經在等我了。首先我表達對他們來訪的深切感謝。其次,在沒有良好城市旅行指南的情況下,我希望能有一些關於城市發展的可靠官方數據。我說,當秦朝首都在西安附近時,始皇帝曾頒布:「若欲有學法令,以吏為師」,以獲得法律的正統版本和官方解釋。這也是我試圖從他們手上獲得官方數據的理由,希望這不會惹惱他們。

其中一位革委會委員從口袋中掏出幾張紙,並高興地說:「鄧教授,我正好要提供你一點關於西安經濟發展的資訊。」

8. 經濟與都市計畫

他說從前西安是重要的反共集團總部,這個城市是落後的,經濟蕭條,人口數是三十九萬人。

過去只有一間發電所,且沒有供水系統,電燈不亮,電話不通,街道不平。從抗戰到 1949 年 5 月的解放期間,西安附近的農民被迫種植鴉片。第一個五年計劃的目標是使西安恢復到之前的和平狀態,並進一步發展。經過精心策劃的重建,鋪平並拉直街道,城內外種滿成千上百棵樹木,開設一千四百間工廠。1958 年,街道經過改建與拓寬,現在路寬一百英呎,但在目前計畫中將拓寬到一百六十英呎。第一個五年計劃後,工業產值增長了四成五。

現在西安擁有輕、重工業,包括最近開設的洗衣粉廠和清潔劑廠。工業的發展非常迅速,不僅能夠滿足當地需求,還可以有剩餘運銷國內,將利潤再投資於工業發展。

在醫學與公共衛生方面,解放前的西安只有一千餘名醫務人員,但現在有一萬一千三百名醫生和醫技人員。1949 年,市立醫院有七百張病床,到 1972 年則擴增為超過一萬張。此外還有五百多個醫療機構或藥局,比之前增加了十五倍。工廠工人享有免費醫療,眷屬則只支付一半醫療費用,另一半由國家補貼。

在高等教育方面,這個區域以前只有兩所大學,文化大革命後增加到十一所。目前西安市內有一百八十所中學,二萬五千名學生。小學有一千六百所,招收四十八萬名學生。小學與中學在陝西普及,學齡兒童中沒有文盲。至於四十歲以上的文盲,他們會被敦促參加補校或函授課程。

電影院有三十七家,是解放前的五倍,它們全天候播映,供工人與農民在傍晚享受閒暇。還有行動電影院與巡迴劇團在工廠與農場中表演,總共有一百四十二個小隊專門為勞動群眾提供娛樂。另外有四十二間配備書籍、報紙與電視的文化中心、三間博物館、一間電影製片廠服務大眾。彩色電視正在研發中。在此我可以補充,1972 年 12 月 6 日,《基督科學箴言報》(Christian Science Monitor)說北京政府派遣一個技術研究代表團前往歐洲,採購最實用的彩色電視廣播放送設備,並可能會引進西德 PAL 系統。[27]

一臺黑白電視機的售價約是三百元人民幣(一百五十美元),每個政府與軍隊部門都有一兩臺電視機。

幾個體育館,讓人們能夠游泳、打籃球、打排球,其中部分體育館可以容納五百人。自 1972 年以來,有個更大的體育館正在建設中。

以前西安只有兩個小公園,現在有五個,全是在 1958 年大躍進期間的三個月內計劃與建造完畢。群眾被動員起

---

27 〔編註〕即 Phase Alternating Line 彩色電視格式。

來幫助政府建造公園，這些公園現在佔地約一百三十三英畝，新近種植許多提供遮蔭的樹木。

至於住房，以前有四百七十一萬二千二百四十平方碼供人民居住，現在新增了超過二千三百九十二萬平方碼，並有另外五千八百萬平方碼的新村正在建設中。我個人對這些統計數字的準確度有些懷疑，因為很難精確測量不同房屋與村莊的大小。然而我不能質疑政府人員報告的準確度，以免他不再告訴我其他事情。所以我讓他繼續說下去。

所有房屋都配有自來水，甚至城市附近的農場也有。二百八十英哩的道路已經修建完成，全部鋪上柏油。就長度而言，鋪好的路是以前的五倍。城市中修築了下水道以排放汙水，並有引入淨水的水管。現在下大雨時，街道不再被水淹沒。獨立的汙水管道也將水肥直接帶到城外的農場。

大眾運輸有超過五十五英哩的公車路線，從前只有六或七輛公車運行，現在則有二百三十輛。此時我打斷他：「所有公車都是上海或青島製造的嗎？」

回答是，大部分的舊公車都是從中國其他地方運來的，但現在西安可以自己生產公車、汽車與拖拉機。在文化大革命期間，這裡的汽車產量並不多，現在正在穩定增加中。

公車與無軌電車在街頭頻繁地循環運行，每個政府單位都有專用的小車。他高興地說，現在街道寬闊，交通便利，發展很快。他們無意使西安發展成大都市。政府的計

畫是讓舊房逐漸傾頹，慢慢建造新屋，並逐步發展輕重工業。商業四散各處，以便更快更好地發展。

市政府正在研究汙染問題，盡全力利用煙囪排出的廢煙，希望最後能使煙霧消失。所有零碎物品都會被科學地利用，以減少城市中的汙染。談話將結束時，這位官員說：「我們正為黨和人民努力地工作。」

9. 工業

另一位革委員委員接著讀起他的西安工業筆記。在解放前，西安是個只消費不生產的城市，仰賴從其他地區或國家運來的商品。到1972年時，所有農具、機床、發電機、馬達、拖拉機、鋼鐵與化學製品都是當地製造的，並以在地資源大量生產玻璃、手錶、棉布與皮革製品。西安的棉織業已經追上其他城市，現在每年生產超過一萬錠的棉纖維與三百餘萬碼的棉織品。在距城市六十一英哩處也建立了一座新的棉紡中心。

電子儀器的研究與建造已經很久了。有一座與蘇聯顧問共同建造的聯合工廠，當1960年俄羅斯人突然離開中國時，中國人必須自己繼續工作。於是建立了一個工廠，生產高品質且價格合理的電池（在我停留期間，我買了四顆中國製造的小電池，用了超過一年）。

都市的行政機構與經濟重建計畫在過去被帝國主義者批評為效率極低。現在中國境內已經沒有帝國主義者，而革委會委員自豪地說：「我們做得很好。我們生

產兩百多種蒸氣管、大大小小的機器,全部都是由中國工人自行製造的。」

10. 農業

接著報告有關土改的歷史,包含減租與減稅,沒收地主土地並分配給佃農,互助隊,農業集體化,最後是1958年的人民公社。過去貧富之間對比懸殊,現在幾乎已經沒有區別。農業是中國的首要事項,工業居次。

這個地區1970年的農業生產量是1949年定額的三倍多。黃河以南的土地畝產七百七十或八百八十磅,黃河以北的土地畝產四百四十磅,而西安郊區畝產在九百九十到一千一百磅之間。由於糧食產量增加,農民的生活水準普遍獲得改善。

農業逐步機械化,僅在此區就有二十四口完全機械化的井與十八部強力的抽水馬達。解放初期,西安附近有個人口三百人的村莊,只有三個用於灌溉的人力水車,現在情況已大為改善。

西安市政府人員說:「灌溉吸引了我們的主要注意,我們已經挖了二萬二千口井,每口井都有幫浦抽水,可以灌溉五英畝的土地。有一百八十個蓄水池,可以灌溉數千畝土地。其結果是稻米在前所未有的地方生長。此區大約三成五土地以機械耕種,六成五的生產隊使用電力。人民公社與生產隊共同加強生產,使生活水準大幅提高。」

1971年每人每年最低生活費只要六十一美元,住宿

則是免費。四成八的市民已經建了自己的房子，材料來自自購（部分由公社補貼），勞務則由鄰居幫忙。有相當多關於灌溉的建設，小村莊也是如此。許多村莊為了改善灌溉系統而互相合作，大大促進了農業發展。平均畝產量由1962年的三百九十六磅增加到1970年的九百零八磅，此外人均糧食產量1962年是四百一十八磅，1970年則是六百六十八磅。人均所得從1966年的一百八十三元，爬升到1970年的四百九十二元。此區超過五成四的市民在銀行有存款。

此時西安市革委會委員Wang先生接話，他說西安革命委員會成立於1968年，有七十三名委員，其中軍隊代表二十名、幹部十九名、人民群眾三十四名。委員會由老中青混合組成，五十五歲以上十三人，三十五至五十五歲二十九人，三十五歲以下三十一人。老人與青年可以彼此學習，相互幫助，並與人民群眾保持聯繫。他們的職責是按照毛主席的指示，繼續階級鬥爭與革命。

1971年5月26日，在毛主席的指示下，西安重組了共產黨委員會（中共西安市委），由四十三名委員與十八名候補委員組成，其中有四名老年人、四十九名中年人與八名青年。

中共西安市委與西安革命委員會的區別在於共產黨是立法機構，而革命委員會是落實黨政策的執行機構。因此革委會隸屬於黨委，黨委委員可以同時兼任革委委員。

革命委員會分為辦事、政工、生產、政法，四個組，

下設六個分支機構，三個管理市內事務，三個管理城外事務。在這六個分支中有三十個專門部門，如教育、工業、環境衛生與公共衛生。

此時天色已晚，中共政府人員漸露疲態，這很自然，他們應該已經工作一整天了。我也無法再記筆記，因為我寫完了筆記本的最後一頁。於是我再三感謝他們，然後話別。

九、鄭州

8月2日，我離開西安，前往黃河南岸的河南省省會鄭州。鄭州是中國兩大鐵路京漢鐵路和隴海鐵路的交會處，是華北平原的政治、經濟與文化中心。1928年我曾拜訪過鄭州，記得風很大，塵土多，很荒涼。當時我與朋友在餐廳用餐，我徹底被豫菜征服，結果我們錯過了火車，必須再等二十四小時才有下一班。我們四處走來走去殺時間，發現這個城市很無聊。

這次我在機場與中國旅行社的接待人員會合。我發現鄭州綠意盎然，有許多新建築與林蔭大道，城市面貌煥然一新。我住在中州賓館，這是間巨大而令人印象深刻的豪華大房，由當地工人設計與建造。在飯店正中央的是接待夾層，無論是前往客房、餐廳、郵局與理髮廳，都必須通過這個夾層上下──是個我覺得很不方便的配置。

由於極度疲憊，我先睡了一段時間。下午4時，一個

男孩與一個女孩敲響我的門,說他們要進來「搞衛生」(這是種新的中文表達方式)。每間旅館在下午3、4時都會有帶著口罩的男孩、女孩們進房,打掃廁所與浴缸、鋪好床鋪,並清空垃圾桶。

1. 紅衛兵無所悔

我藉此機會與男孩交談,問他是否曾是個紅衛兵。他說是。

我問:「你打了你的老師和前資本家嗎?」他說:「毛主席教我們要用文鬥,不用武鬥。」

我問他是否後悔。他說他沒有做錯事,沒什麼好後悔的。

我問:「你的求學過程是否被紅衛兵運動打斷?」

他說:「不多,因為在文化大革命期間,許多大字報是由年輕的學生編寫的,那是我們練習書法與作文的好機會。正如您所知,我們可以透過實際工作,分析與解決難題,以獲得更多知識。我們不再試著記住書本上的公式、規則、論文與詩句。這種過時的學習方法只會把人變成一無是處的書呆子。」

男孩的一番率直言論使我有些尷尬,因為我幼時就是如此學習的。我好奇:「你怎會知道這種事?」

他回答說,他向老師與長輩們學來的,他們總是批評舊教育。

晚餐的食物很美味,河南的豫菜一直名聞遐邇。我與

服務我用餐的女孩交談,她說她是新手,才剛來這裡工作幾週。我猜她十八歲,她糾正我說是十九歲。她月薪十五美元,其中四點五美元購買食物,衣服與住宿都是免費的。她家是四口之家,她是最小的孩子,其他人都在工作。我問她哥哥是否結婚了。

她說:「還沒,因為他只有二十三歲。毛主席教導我們二十五歲以下的男孩與女孩不要想著結婚。毛主席鼓勵晚婚,我們全心全意服從他的指示。」

我問她是否喜歡她的工作。

她回答:「毛主席說『我們應該為人民服務』。無論何時何地,只要需要我服務,我都很樂意盡我所能去做。」

2. 黃河被馴服了嗎?

鄭州是調查黃河治理的好地方。1938年,蔣介石為了阻止日軍進軍,破壞距鄭州十二英哩外的黃河大堤,但卻徒勞無功。他沒能造成日軍大量傷亡,取而代之的是八十九萬中國人死亡。解放後不久,大堤被修復,黃河水透過運河與湖泊改道回鄭州。但是黃河的根本問題尚未完全解決,即如何減少急流,並防止河水挾帶這麼多黃土與淤泥,讓河床每年不斷抬升。政府仍在研究這些問題,並試著種植許多樹木,這樣當狂風暴雨時,黃土與沙粒就不會輕易被沖入河水當中。

大躍進期間,毛主席號召人民植樹綠化全國,這使鄭州人民動力大增。政府人員、工廠工人、學生和家庭主

婦都積極響應，他們種了近三百萬棵樹，佔地約六平方英哩。

解放前鄭州的面積只有約五十八平方英哩，但現在佔地二百三十平方英哩，並成為工業中心。有六家棉紡廠（河南盛產棉花），也有紡織廠、染廠、汽車與拖拉機廠。河南出產大量煤礦，使民眾不需擔心燃料問題。以前河南種植小麥，但現在由於灌溉系統的改善，也種植許多稻米。

因為所有年輕人都接受九年或十年的義務教育，四十歲以下沒有文盲。四十歲以上的人則必須進入學校學習閱讀。

一位餐廳服務生告訴我，他父親現在能讀報與寫信了。這位服務生在餐廳工作了十年，月薪二十美元。他每天平均工作八小時，如果客人多，他的工時就長一點，如果客人少，就短一點。

他說：「我們從來不會對每分每秒斤斤計較，我們是在為人民服務，並努力使人民快樂。晚到的客人就算9時、10時才來吃晚餐，我們也會讓他們慢慢吃，不會趕他們離開8時就該關門的餐廳。」

我再次問他是否快樂。他說他很快樂，因為他收入不錯，且父親、妻子與孩子都有工作，總收入讓全家過著舒適的生活。

3. 從鄭州到武漢

8月3日，我離開鄭州前往武漢，飯店接待人員基於安全理由，堅持要我搭火車，但我不採納他的建議，決定搭飛機來節省時間。他不太高興，藉口有急事，找了另一個人到機場為我送行。

飛機上有個同行者來自甘肅蘭州，是位退伍軍人，在蘭州一家化學工廠工作。他告訴我蘭州從前是中國內陸的低度開發城市，但現在也有生產拖拉機、汽車、煉油設備與其他商品的工廠。

在他工作的化學工廠裡，有回民也有漢人，他們處得很好。「我們政府特別關注少數民族，給予他們特權，並尊重他們的宗教風俗與習慣，讓他們滿意。結果很令人高興。」

十、武漢

當地導遊在機場接我，馬上領我到一輛等候的汽車前。我們從機場出發，開了很久，途中經過武漢長江大橋，這是座在蘇聯技師協助下建成的大橋。我被安排入住漢口的勝利飯店，我要求給我一間沒有臭蟲與蚊子的房間。

飯店經理聽到我說「臭蟲」時很生氣，他問：「你在哪裡看到臭蟲了？」

我說：「當我還是個需要從湖南經武漢前往北平的學生時，我曾多次停留在漢口。有天早上飯店服務生驚訝地

發現我睡在三張椅子上，因為床上的臭蟲太多了。就算我在床上灑了 DDT，也沒辦法趕走牠們。」

聽完我對三十年前情況的抱怨後，飯店革命委員會副主任命令服務生徹底清潔房間。我的房間朝南，安靜且涼爽，沒有臭蟲、蟑螂與螞蟻這類從前在所難免的旅伴。

1. 武昌農民運動講習所

兩位飯店裡的導遊與我討論出一個符合我財力與時間的行程。我想去漢陽鐵廠與一間我老友工作的「五七」幹校，但因為距離太遠，我無法負擔計程車費。計程車費是在中國獨自旅行的主要支出之一。作為替代，我們同意在 8 月 4 日前往參觀毛澤東的舊宅。

毛澤東故居位於武昌都府堤四十一號，有塊寫著「毛主席舊居」的金字門匾。毛澤東從 1926 年 8 月到 1927 年 7 月底，在此住了近一年，並主持 1927 年 3 月建立的農民運動講習所。講習所的學生大多來自農村地區，他們接受政治與軍事訓練，為了發動對資本家與地主階級的武裝暴動，並重新分配土地。學生在這裡如同住在軍營般，掛在牆上的步槍、擁擠的雙層床，以及接受政治訓練的教室與禮堂。毛澤東在此發表了〈湖南農民運動考察報告〉，也在此參加 1927 年 4 月的中共第五次全國代表大會，以及 8 月的緊急會議。八七會議的參與者僅二十多人，陳獨秀的錯誤政策在會議中被修正，而特派毛澤東返回湖南領導兩湖秋收暴動。八七會議是在漢口舉行，而非如某些學

者認為的在九江舉行（同時展示了一張召開漢口會議的建築物照片）。

農民運動講習所是農民革命的中心。毛澤東指導來自湖南、湖北與江西等十五省的八百名學生。授課始於1927年3月7日，學習時間為六個月。學生畢業後被分派到各地領導農民革命運動。

學生在此不僅接受軍事訓練，也在兩湖邊境附近參加了對抗麻城地主與紅槍會的實戰。農民運動講習所是由江西、湖南和湖北省聯合成立的（展櫃中有一份毛澤東未發表的文章，題為「中國佃農生活舉例」）。

1927年7月15日，汪精衛下令逮捕武漢國民政府內的中共黨員，標誌了第一次國共合作的終止。據說這次失敗是由於陳獨秀的機會主義、蔣介石與汪精衛的共謀，以及許克祥在長沙的馬日事變。1927年5月21日，長沙駐軍指揮官許克祥下令軍隊攻擊中共組織。國民黨授意發動的類似反共行動也在別處發生。

1927年8月1日南昌暴動失敗後，毛澤東9月8日[28]在湖南發動秋收暴動。經過七天的戰鬥，他們沒能攻佔省會長沙。9月29日，他們被從長沙郊區驅趕到文家市。在難堪與挫折的敗戰後，毛澤東在三灣改編餘部。毛澤東對追隨者演講，他說革命熱忱已經破碎的人，可以拿著旅費回家去，而有勇氣繼續革命的人應該追隨他，並重組

28　〔編註〕確切的日期應該是1927年9月9日，相差一天。

成一支強大的革命縱隊。這次重組鼓舞了革命殘存者的士氣。

從三灣出發,毛澤東與追隨者行軍到被稱為井岡山的山寨。選擇井岡山的原因是個謎,但此地距毛澤東的出生地不遠。現在有條由韶山經三灣到井岡山的公路,全長約八十英哩。

武漢長江大橋大幅地促進武昌與漢口間的交通。我記得很清楚,在橋建好前我是乘船渡河的,航程約需三十分鐘到兩個小時,視天氣與風向條件而定。某個夏天下午,我渡河後汗如雨下,汗水甚至順著我的領帶尖端滴下,因為天氣非常炎熱潮濕,而坐在小船裡有如坐在烤箱中。現在有了這座橋,火車、公車甚至行人都能輕易渡河了。

2. 棉染廠

當天下午我被帶到武漢印染廠參觀,這裡並非棉紡廠,而是專精於印染棉布與製造合成纖維。武漢早在1890年代著名的湖廣總督張之洞將公署設在武昌時,就在棉織品生產上佔據重要地位,聲望持續至今。

這家工廠生產鮮豔的漂白與染色布。未經處理的棉織品粗糙且呈棕色,必須經過許多處理,如以瓦斯燒掉多餘的線頭,在鍋爐中洗滌,最後漂洗到雪白,並以機器熨燙。接著經初檢與複檢,確保棉織品潔白無瑕。此後織品被染成藍色、黑色、棕色或紅色的單色。工廠保證織品無論洗了多少次,都永不褪色。

這裡生產超過七十種彩色織品。最冗長耗時的工作是製作彩色印花布，圖案必須預先製作，色彩必須柔和與協調。我被告知製作這類型的彩色印花需要技巧與經驗。我看到大約三十名設計師正在製作圖案與調色，有些花樣十分漂亮。

這家工廠雇用一千七百名工人，其中三分之二是男性，三分之一是女性，顯示這裡還沒有完全達到性別平等，否則工廠裡應該有更多女性。工廠建於 1957 年，並從上海獲得機械設備與技工。既然湖北是棉花生產中心之一，在此建立棉紡廠與印染廠以減少運輸費用是更經濟的。

我被告知在文化大革命之前，工廠織品的日生產量大約是二萬三千碼，現在則是三十六萬碼。

幹部與工人們正在盡己所能改善政治態度與生產力，不僅透過理論研究，且基於人民的需求實際改進。

工廠工人與消費者聯繫，以瞭解他們的真實需求。「根據消費者調查，我們做出改進以符合他們的需求。不論人民想要我們做什麼，我們就修改設計以滿足他們。」

工廠常派設計師與工人去詢問大眾。商人們常受邀與工廠管理部門開座談會，釐清哪些圖案是最受歡迎的。工廠還會派技師到農村，觀察農民偏愛哪些顏色與圖案的織品。每年舉行兩次由領導幹部、商人代表與消費者代表共同參與的大型會議，討論工廠的運作，並挑選即將生產的圖案與顏色。

從前，這間工廠的中國工人試圖模仿歐洲和美國的圖

案。現在我被告知，工廠工人們自己做設計，改善設備，並致力於以更低的成本生產更耐用的布料。

我問：「你們是否計劃出口中國棉織品？若是如此，你們必須生產與日本織品相當的產品，才能在國外市場競爭。」

工廠革委會副主任說：「目前工廠的目標是生產足夠供應國內市場的織品，特別是工人與農民。只有少量的中國織品與布料被運往香港，供應住在香港的中國人。」

3. 工廠工人的生活

工廠出資興辦公共托兒所、幼稚園、小學、中學與高中。還有衛生所，三十四名醫生與護士負責照顧工人，施行簡單的手術，重症病患則由武漢區的其他三間醫院治療。此外幾位赤腳醫生會急救，或給予頭痛與輕症的藥物。

工廠設有餐廳、公共澡堂、禮堂，以及可以打羽毛球、乒乓球與籃球等的活動中心。有十三棟四或五層樓的宿舍與八間平房院落，總共可以容納八成的工人，且月租只需要幾美元。

工廠平均月薪三十一美元，最高六十美元，最低十九美元。見習生第一年的工資是九美元，第二年則是十一美元。工人病假時不扣薪，也不用支付醫療費。超過七成的夫妻在同一間工廠工作，他們的孩子成年後也同樣可以在此工作，於是每個家庭在銀行都有了存款。

工廠代表指出了幾個缺點：
(1) 儘管成立超過九十個研究小組，工人對馬克思、毛澤東思想的理解仍不夠深入。
(2) 雖然已經很注意，但生產品質仍不一致。
(3) 管理階層對工人生活的關心仍嫌不足。

這間工廠的革命委員會成員分工合作。有人計劃增產，有人負責思想教育與藝文消遣，有人負責勞工福利，還有一個小組委員會負責民兵組織與軍事訓練。此外工廠正計劃基於合作原則，供應較低價的布料與食米給工人。

在返程路上，約莫 5 時過後，我看到許多公車。我問導遊是否知道武漢有多少公車，他說解放前全市只有十輛公車，乘客可能要等兩個小時才會有下一班車，車上又經常人滿為患，上不了車。現在全市則有六百輛公車。

4. 武漢大學

武漢大學是長江上、中游地區最好的大學之一。在珞珈山的廣大校園裡，可以飽覽長江與武漢三鎮（武昌、漢口與漢陽）的壯闊景致。

我在 8 月 5 日參觀這所大學，當時大部分教授與學生們正在放暑假。迎接我的是革命委員會教育副主任與三位歷史系教授，其中包括資深的彭雨新教授，他是不久前過世的李劍農教授助理。我曾將李劍農教授的著作《中國近百年政治史》翻譯為英文，英譯本書名為 *The Political*

History of China, 1840-1928。[29] 同時迎接我的還有其他兩位年輕的歷史學教授與一位行政工作委員會的幹部。他們友善地歡迎我，因為我曾翻譯李劍農教授的重要著作。

彭教授概述武漢大學的歷史。建於1913年，1958年發生巨變，學校大部分教授與學生被劃歸「資產階級」。當時由於劉少奇在教育上佔主要影響，大學的工廠被取消，送學生去農村工作的慣例也被停止，於是學生只能將時間花在教室與圖書館。一般的模式是「大一保留農民出身，大二模仿外國風格，大三鄙視農民出身」。

文化大革命期間，教育體系被嚴厲批評，因此現在工人參與大學的行政機構。自然科學研究必須與生產勞動相結合，而對社會科學的學生來說，全社會都是他們的實驗室，他們經常與無產階級接觸，進行社會調查。

學生必須有正確的政治思想，對學習馬克思、列寧、毛澤東著作有濃厚的興趣，並願意為工農兵服務。據信與貧農和工人共同工作，會使一個人變得謙卑、靈活、健康與體貼。人民為自己做了一切，歷史的創造者是人民，而不是英雄。

5. 教師問題

武漢大學現在有超過八百名教職員。除了老年人與病人，每個人都會參與部分體力勞動。超過八成的教員是最

---

[29] 〔原註〕精裝本由 Van Nostrand 出版社於1956年出版，平裝本由史丹佛大學出版社於1967年出版。

近從工農兵階級中雇用的，有著豐富的實務經驗。這些員工是兼任講師，授課與指導其他教授和學生。例如中文系有個業餘愛好是創意寫作的農民，因此他除了本業的農務外，還擔任業餘講師。

從前武漢大學有約五千名學生。自學校在 1970 年重新開放以來，共招收了三個年級、二千一百五十九名學生，其中男性一千四百九十六人，佔六成九，女性六百六十三人，佔三成一。目前學校有六個系，農學、歷史、哲學、經濟學、圖書館學與自然科學（其中包括化學與物理），還有兩個推廣中心與幾個工廠和農場。

發展式教學，或稱啟發式教學，鼓勵培養學生的分析與推理能力。我被告知儘管不是很多學生具備書本知識，但他們都有豐富的實務經驗。

中國幾乎每位教授都在編寫教科書，逐章油印並發給學生。學生被期待在課前事先預習。課堂上教授並不讀講義，而是讓學生提問、進行討論，並深入探究。

武漢大學不收取學費、膳宿費，或書籍費。有五年以上工作經驗的學生會從原本的工作單位領取月薪，沒有五年工作經驗的學生則可以向大學領取九點二五美元，其中六點五美元是食物費，二點五美元是其他費用。

武漢大學圖書館有一百萬冊藏書，每年有五千元用以採購書籍與管理。我檢視圖書館的近代中國史書籍，並告訴館員館藏量太少了。他很不高興，叨念著圖書館已經買了很多臺灣國民黨黨史會編輯的中國史書籍，但沒有編入

給學生用的圖書目錄，以免產生異議。

大體上，我認為西方科學期刊的館藏量多過當代政治學與歷史學期刊。這種特別強調科學的不均衡館藏採購策略，也在約翰・圖佐・威爾遜（J. Tuzo Wilson）的遊記中得到證實。[30]

我詢問主人對1967年7月20日武漢事件的看法，當時兩位北京政府的代表被狠狠毆打，導致出動陸海空軍以鎮壓叛亂分子的命令。我認為他們會告訴我一些內幕消息，以下是他們經深思熟慮後的說明。

根據主人所述，當時有兩個紅衛兵派別，每個派別裡都有壞分子。武漢軍區司令陳再道確實犯了一些錯誤，他不能充分理解毛主席動員群眾參與文化大革命的政策。一些心懷不軌的成員，亦即黑手，在幕後操縱兩個派別的行動。

他們說「黑手」包括前地主、反革命分子與前國民黨員，其中許多人原本是劉少奇路線的追隨者。我覺得他們有些保留，沒有告訴我全部細節。我試著深入調查這個複雜事件，但徒勞無功，並導致會議室的氣氛緊張。

接著我改問比較輕鬆的主題──學生的社交與性生活。我請求與男女學生們交談，他們很快從圖書館叫來了三、四名學生。但學生們並未直接回答我的問題，反而每個人都發表了一場演說，主題似乎是他們很努力才能上大

---

30 〔原註〕John Tuzo Wilson, *One Chinese Moon* (New York, 1959), pp. 142, 207.

學。其中一位說他是整個地區中唯一有幸進入這所大學的學生,他總是與男女同學們一起工作與討論,但很少想到性別差異,因為他們穿著同樣的制服,在同樣的餐廳吃飯,並從事相同的勞動。所有人都非常忙碌,他們沒有時間去認真思考社交與性生活。

一位年輕的女講師解釋,許多來上大學的學生都是被同村人帶著鑼鼓隊送出村的——暗示能上大學是種特權。學生們因此背負著沉重的責任,下定決心成為好學生,並在受三年的大學教育後返回原工作單位,擔任政治或知識領袖。這位年輕的講師事實上與學生們同住宿舍。學生與講師共同生活、工作、學習、遊玩,以徹底瞭解對方,並自然地發展師生友誼,這在中國是種普遍趨勢。這位講師向我保證,目前她在宿舍裡除了友好情誼以外,很少觀察到學生有私人關係。此外許多經驗豐富的工人學生都已經結婚了,夫妻倆其中一人來上大學,他們自然不該想到婚外情。最後其他教授說:「鄧博士,現在大部分中國人都是目標明確的,他們想要先達成目標,忽略其他較不重要的事情。」

武漢大學請我吃午餐,有二十四位教授、學生與工人參加,分坐三張方桌。吃的是糙米,但我喜歡,因為它含有維生素 B。餐點很充足,其中有幾道熱菜是特別為我準備的。我了解到大學裡供應的餐點雖然營養豐富,但卻不像現代飯店那樣講究。

在感謝主人招待前,我問了文化大革命的好處。他們

告訴我文化大革命增強了人民的階級鬥爭意識，激發他們的世界革命精神，同時阻止修正主義思想。

6. 河南樣板戲

傍晚，我被帶到露天劇院觀賞名為《杜鵑山》的豫劇。這部劇的故事是在1927年計劃在湖南、河南和湖北同時發動秋收暴動時，河南黨支部書記是個猶豫不決的資產階級，無法與執行毛澤東任務的黨代表合作。黨支部書記最後與國民黨結盟，他的行動被黨代表預先發現，於是被黨代表所殺。黨代表接著下令其他軍人擊敗敵人，並在秋收暴動中取得勝利。黨代表由一位女性扮演，這在我看來是中國女性地位的提高。

這齣戲的主題是黨指揮槍，而成員的服從促進和諧與力量。英雄是當時被稱為委員的毛澤東。

這齣戲表演傑出，分為八場。雖然是露天劇場，但有出色的場景，然而更換布景的速度不如北京。對話與歌曲大部分保留了河南當地特色，整體技藝密切遵循毛澤東的妻子江青提倡的樣板戲形式。

7. 武漢的社經狀況

在西安時，我曾問過省革命委員會與中共省委員會間的關係。當我在8月6日來到武漢時，我再次問了相同的問題，看看西安的權力結構是否是全國獨有。

正如西安一般，武漢的革命委員會是執行機構，而於

1971年至1972年重組的中共武漢市委員會決定革命委員會的政策。兩個組織組成聯合領導集團。黨組織佔據領導地位，而部分權力下放各小組委員會，如工業、農業、文化與教育、醫療與公衛。

目前武漢的商業與工業狀況可用以下數字總結，人口二百七十萬人，工廠勞工五十萬名。解放前的武漢是個消費城市，沒有生產機械與工廠，只有修理店。自從解放以來，武漢已成為工業中心，擁有超過二千家大小工廠。鋼鐵是此區的主要產物之一，重型機械在此製造，並運往全國。還有六間棉紡廠，雇用約九千名工人。

在商業方面，武漢市每個行政區都有一間大型百貨公司，大部分銷售本地產品以供應人們需要。在不依賴外部供應的情況下，也有能力滿足當地需求。

武漢市都會區有十五間大型醫院、二十間大學、二百一十四間中學，還有八百四十四間小學，有七十四萬五千小學生。中學教育已經成為義務教育，現在高中教育也成為普遍的要求。

就我的觀察，武漢人民的普遍生活條件明顯較解放前改善很多。但我仍看到很多人睡在竹椅上，並擠在西曬如蒸籠般的小店中，可以想像，距離商店安裝空調還要好一段時間！

當越過由武昌到漢口的鐵路橋渡河時，我更能理解毛澤東的詩句「龜蛇鎖大江」（意即龜山與蛇山鎖住長

江）。[31] 這句詩是隱喻漢陽側的龜山與武昌側的蛇山，一直很難被翻譯者理解或表達。龜山與蛇山隔著長江正面相對，在詩人毛澤東的想像中就如同鎖住大江般。現在他詩意的想像，藉著建設由漢陽側龜山到武昌側蛇山的鐵路橋而成真了。

我看見一個年輕人左臂上配著寫著「孝」字的黑臂章，表示他的父親或母親最近去世了。比起穿著白色孝服好幾個月，用這種方式表達個人情感較好。這是種傳統中國社會風俗有所改變的觀察。

稱呼自己的妻子為「愛人」是種全新的社會風俗。例如我的導遊 Wang 先生告訴我他月薪三十多美元，他的愛人則每月賺二十五美元。

我說：「我想見見 Wang 愛人，與她談談新中國的女性地位。」

我的導遊說：「你不能叫她『Wang 愛人』，只有丈夫可以稱呼他的妻子為愛人，並不加姓氏，其他人不能用這個詞。作為替代，你可以使用報紙上用的舊稱呼『夫人』。目前還沒有適合的方式來稱呼無產者的妻子，除了直接叫她的全名，像熟識的同志稱呼彼此那樣。」

天知道「愛人」這個詞將來會不會成為慣用說法。

---

31 〔編註〕出自毛澤東於 1927 年春創作的詞《菩薩蠻・黃鶴樓》：「茫茫九派流中國，沉沉一線穿南北，煙雨莽蒼蒼，龜蛇鎖大江。黃鶴知何去？剩有遊人處。把酒酹滔滔，心潮逐浪高。」上闋主要寫景，描寫毛澤東登上黃鶴樓的所見。

十一、長沙與韶山

　　武漢到長沙距離二百英哩，坐飛機約需一個小時。湖南省人口約三千八百萬人，省會長沙約七十二萬五千人。

　　長沙的主要作物是稻米。解放前的每畝土地產量是三百三十磅，解放後每畝出產四百四十磅。農業合作化運動時期每畝產量提高到五百五十磅。人民公社開始時，每畝產量由 1958 年的六百六十磅爬升到 1965 年的七百三十磅，1968 年是八百八十磅，1971 年達到大約一千一百磅。產量大增的原因包括以電動幫浦灌溉、選種栽植，並使用更多化肥與有機肥。湖南八成的土地現在可以每年兩穫。

　　我在長沙想住一流飯店，但遇到了一點麻煩。因為我是華僑而非外賓，導遊不讓我這麼做。經過一番爭論後，我贏了，並搬到了一流飯店。但第一晚我住到了間爛房間，我整晚都被蚊子折磨，非常不舒服。我還發現浴缸流出的水帶著鏽色（顯然很久沒用了）。幸運的是，我隔天早上前往毛主席的出生地，當我回來時，已經被換到了比較好的房間。

1. 做共產黨不容易

　　為了運送參觀毛主席出生地的大量遊客，最近由長沙到韶山修建了一條雙線鐵路。火車很乾淨，鐵路兩側景致迷人。原野覆蓋著蔥翠的水稻與蔬菜，四處間或點綴著

屋瓦的村莊，地平線上是鬱鬱蔥蔥、終年常綠的山丘。鐵路所行經的大部分地區在湘潭，這是湖南的富庶地區。

我總是喜歡與火車上的工作人員交談。一位約莫二十五、六歲的女士已經工作了五年，她的月薪超過二十美元。我問她是否覺得薪水夠用，她說已經比夠用還多。我再問她是否有任何怨言或志向。

她回答：「我最大的願望是想成為共產黨員。」

我問：「妳是什麼類別？與中共有關嗎？」

她說：「我目前只是共青團的團員，但我渴望成為黨員，這兩者是很不一樣的。」說完她嘆了口氣。片刻後她再次笑著說：「我正盡我所能地努力工作，保持車廂的乾淨整潔，這樣或許哪天我會被推薦成為共產黨員。」

我問：「如果沒獲得推薦，你會感到失望嗎？」

「決無此事。畢竟我們是在為人民服務。此外我們現在有退休金，男性六十歲、女性五十五歲退休，退休後能領取原薪水的七成。」

我說：「好極了，我可沒有你那麼好運。」

在火車上時我與導遊談話，試著多瞭解我故鄉湖南的工業與社會狀況。我前一天已經請導遊邀請一些政府官員同行，又或者如果政府官員都如同導遊所說的在忙於收穫，就請導遊準備一些資料以便在火車上長談。於是導遊口袋裡帶著幾頁筆記來了。

他說湖南的工業基礎曾經非常薄弱。長沙曾只有一間工人超過一百人的工廠，現在工廠已經擴大與改建，

雇用超過二千名工人。自 1950 年以來，水力發電增加了二百二十四倍，工廠的數量從七間增加到超過六百間。長沙現在生產機械、電動工具、實驗器材與瓷器。湖南省內生產一定數量的鋼鐵，但產量不高。從前湖南似乎沒什麼煤礦，現在有許多煤礦被發現並開採。1971 年湖南的煤炭能自給自足，到 1972 年還能銷往其他省。湖南也能製造汽車與公車，但數量還不多。

我們邊說邊抵達了毛主席的出生地，屋前排著長長的人龍等著進門。這棟大建築物有兩個屋頂，一邊是茅草，一邊是瓦片。瓦房屬於毛家，茅草頂的部分則是鄰居的，不開放參觀。

2. 毛澤東的出身是無產階級或富有家庭？

我讀過的大部分書籍都描寫毛澤東的出身是無產階級，但在看了這棟房子之後，我很難相信一個無產階級家庭能有十四間房。

踏入屋內先是祠堂，然而神龕中沒有牌位。接著是另一間廳，然後是廚房，有三口灶用以準備家畜飼料。有大餐廳與廚房，還有個專門用來燒水煮茶的地方。廚房旁是毛澤東父母的臥房，牆上掛著他們的像。接著是毛澤東的臥室，更遠處是農具房。碓屋旁是穀倉、牛欄，與通風用的天井。柴屋隔壁是毛澤東小弟毛澤覃的臥房。剩下的房間還有豬圈，穿過走廊則是毛澤東弟弟毛澤民的房間，加起來總共十四間。房間結構緊密而便利，通風良好，光線

充足。儘管牆壁是泥磚砌成，地板是夯土，所有房間都很乾淨。每間房事實上都比現代美國的房間還大。房子的結構緊密與便利值得當代建築師注意。

我相信在中國，沒有一個無產階級家庭能擁有這麼大而複雜的房子。我的許多熟人僅有兩三間房的屋子和幾畝土地，就被劃為地主。因此，作為一個對歷史與當地狀況略知一二的湖南人，我不會說毛澤東出身無產階級家庭，而是出身富裕家庭。

房子旁邊有塊田，標示牌寫著毛主席小時候在此勞動。

離毛澤東故居幾個街區外有間展示照片與文件的博物館。毫無疑問，韶山是學習毛澤東與共產黨早期歷史的好地方。

毛澤東生於 1893 年 12 月 26 日。在這裡渡過童年到 1910 年，此後他只回過出生地四次。1920 年冬天，在家過春節。1925 年 2 月至 8 月，在家鄉從事農民運動。1927 年 1 月 6 日至 9 日，短暫回家調查農民情況。此後直到三十二年後的 1959 年，才又回到韶山，6 月 25 日至 27 日在家住了兩個晚上。他當然受到村民的熱烈歡迎，很高興看到自己的老家還保存得很好，說自己又成了一個孩子，因為童年生活在腦海裡鮮活地浮現了。

因為資訊豐富，我去了兩次毛澤東同志舊居陳列館。

3. 毛家一門烈士

毛澤東將所有的家庭成員都訓練為革命分子，除他以

外的所有人都成了革命烈士。首先是毛澤民，他的畫像掛在展廳裡，他是毛澤東的大弟，1922年加入共產黨，1943年四十七歲時在新疆被處決。毛澤民早年在江西安源煤礦煽動工人罷工，並寫了篇安源合作社的報告。1925年他前往上海，擔任中共中央出版發行部經理。

1931年，毛澤民是在江西瑞金的中共中央銀行行長。他參加長征，在抵達陝西後，被任命為中共中央經濟部部長。1938年，毛澤民作為八路軍駐新疆辦事處負責人之一被派往新疆，這個單位的職責是促進所有武裝力量與人民的抗日統一戰線。出乎意料之外，新疆省政府主席盛世才與蔣介石有聯絡，他逮捕了所有中共幹部，刑求他們、處決他們。於是毛澤民的革命任務劃下句點。

牆上的另一幅畫是毛澤東的小弟毛澤覃。他出生於1905年，1923年在哥哥的勸說下加入了共產黨。1935年三十歲時在瑞金被敵所殺。

毛澤覃是長沙湖南自修大學的學生，這間學校是1922年由他哥哥成立的。隔年他被派往湖南常寧水口山推動鉛礦工人運動，數年間一直出入此地。1929年遵從毛澤東的命令，建立江西銅鼓的革命基地。紅軍長征後，毛澤覃留在江西中央革命根據地，對國民黨軍展開遊擊戰。他躲在瑞金附近的一間紙廠中，但很快被人發現、通報、逮捕、處決。

毛澤東的第一任妻子楊開慧（1901-1930）[32]在長沙被處決，時年二十九歲。1923年她陪伴毛澤東到上海，在夜校教工人讀書。1925年2月，這對夫婦回到了家鄉韶山，楊開慧又繼續在夜校教農民讀書。1927年秋收暴動失敗後，她繼續在長沙從事地下工作，後來被發現、逮捕，接著被行刑隊槍決。

　　毛主席的堂妹毛澤建生於1905年，1923年加入共產黨，1929年在湖南衡山犧牲，時年二十四歲。毛澤建是衡陽湖南第三女子師範學校的學生。差不多時間我就讀湖南第三甲種工業學校，兩校距離約一英哩遠。毛澤建還擔任中共地方支部的書記。1926年至1927年，她被派往推動衡陽與衡山間的農民運動，兩地相距約五十英哩。她組織黨小組與農民協會，指揮得宜，被評為模範農民協會。

　　毛岸英是毛澤東的長子，1922年出生，1943年成為共產黨員。他畢業於俄羅斯的大學，回到延安後，毛澤東送他到農村工作，向貧農學習。1950年，他到北京附近一間機械廠工作，再次向工人學習。博物館裡有張畫展示他當時住在一棟破爛的房子裡。韓戰爆發時，毛澤東送他去前線作戰，二十八歲在戰場陣亡。

　　毛楚雄是毛主席的姪子與毛澤覃的兒子，1927出生，1945年加入共產黨，十九歲在陝南被國民黨軍所殺。毛澤東的弟弟、兒子、堂妹、姪子，都為革命獻犧牲。

32　〔編註〕應為第二任妻子。

4. 青年毛澤東

雖然毛澤東出身富裕，但他家像其他人一樣，面臨清末庚子賠款與苛捐雜稅而日漸惡化的社會經濟狀況。1910年4月，長沙發生搶米風潮，湖南巡撫衙門被焚毀。當時湖南有首很有意思的順口溜，簡要地描繪了農民的生活：

農民頭上三把刀，債多租重利息高，
農民面前三條路，逃荒討米坐監牢。

據說這段順口溜對毛澤東影響很深。毛澤東的書房位於房子二樓的南側，他曾經用過的書桌與椅子都標示得很清楚。據說他非常用功，常點著桐油燈看書看到很晚。他喜歡讀《盛世危言》，這是他向表哥借的書，《新民叢報》也是。展間中還展示了他兒時漂亮的毛筆字。

毛澤東也喜歡讀像《水滸傳》、《西遊記》（英國漢學家 Arthur Waley 將書名譯為 *Monkey*）與《三國演義》的小說，其中《三國演義》對他影響最深，後來他在游擊戰中就採用了《三國演義》裡的一些戰術。

1910年秋天，毛澤東離開家鄉韶山，考入湖南湘鄉的高等小學堂。1911年他從軍半年，不知道為什麼，陳列館裡沒有提到這一段經歷。

毛澤東1911年春天前往長沙，考入湖南省立第一中學，他在那裡待了半年，被認為是一位勤奮與獨立的思想家。接著離開學校自學半年，在湖南省立圖書館求知若渴

地閱讀，浸淫於嚴復的西方政治、哲學與經濟譯作。這個圖書館稍後毀於抗戰烽火中。

5. 在湖南省立第一師範求學

從 1913 年至 1918 年，毛澤東在湖南第一師範學校求學，這間學校相當於專科學校。這是他思想形成的時期，值得特別注意。

首先，進入這間學校非常困難，因為入校學生免學費與食宿費，所以競爭非常激烈，約是二百取一，必須完全瞭解中國文學與歷史才有機會通過考試。

作為一名學生，毛澤東很用功，他喜歡文學、歷史與哲學，但他不喜歡數學、音樂與美術。他常讀著名的古典詩〈離騷〉，這或許是他擅長作古典詩的部分背景養成。有張毛澤東與湖南第一師範同學的合影，部分師生不久後便成為著名的革命者。

毛澤東是一位細心而挑剔的讀者，總是手握筆桿，隨時添加批註。在《倫理學原理》（*The Principles of Ethics*）中，就大概寫了一萬字。他不喜歡作者關於社會改革的看法，認為一定會出現社會革命。

在大量的筆記中，毛澤東強調從書本中獲得的理論知識是呆板的，實用知識必須在自然與社會中求取。要瞭解養蠶業，就必須去照顧蠶，要推動工人、農民與學生運動，就必須到工廠、農場與學校去瞭解狀況與問題所在。

展示櫃中放了其他毛澤東喜愛的書籍，包括司馬遷的

《史記》、司馬光的《資治通鑑》、韓愈的文章、王船山著作全集，以及顧祖禹的《讀史方輿紀要》。

毛澤東的第一篇文章是 1917 年的〈體育之研究〉，使用筆名「二十八畫生」發表，代表他真名的筆畫數。這篇文章以文言文寫成，闡述體育在強健身心的必要與重要性。

在這一時期，毛澤東曾寫信給朋友：「西方思想亦未必盡是，幾多之部分，亦應與東方思想同時改造也。」[33] 顯示他早年對一切盲目照抄西方感到懷疑。

導遊在長沙陪我參觀了湖南省立第一師範學校。學校建於 1912 年，1938 年焚毀，1969 年以原本的建築形式重建。在毛澤東的教室座位與宿舍床位上都有指示牌。據說毛澤東在牆上留下了兩行字：

口袋空空，
思慮重重。[34]

參觀這間學校使我對少年毛澤東有更多的瞭解。他喜歡在校園中用井水沖冷水澡，他先用毛巾搓身體，然後從井裡打出一桶水當頭沖下，最後再搓身體。每洗一次澡要三十分鐘，但每天都洗。在暴雨時，他洗「雨浴」，夏天洗陽光浴，在山頂露營時洗「風浴」。他習慣洗冷水澡，

33　〔編註〕〈致黎錦熙信〉（1917 年 8 月 23 日）。
34　〔編註〕此處查無原文，故採意譯。

冬天經常在湘江游泳。他在1917年的日記中寫著與天奮鬥，其樂無窮！與地奮鬥，其樂無窮！與人奮鬥，其樂無窮！

1917年毛澤東發起一場社會活動，步行約二百英哩，途經五個區域，調查人民的社經狀況。他與旅伴在途中靠的是學校老師與農民提供免費的食宿。他從這次簡陋的社會調查中學到了很多，意識到農民、工人與沒有錢上高中或大學的青年將是革命的主力。陳列館裡有一張地圖展示他走過的路線。

與此同時，毛澤東開始發展他的組織能力。喜歡和朋友們在嶽麓山上的愛晚亭討論時事。在橘子洲上寫一首美麗的詞〈沁園春・長沙〉，不久在1925年發表。他組織七、八十個朋友成立新民學會，不少中共領袖源自於此。

1917年11月，毛澤東成立工人夜校，並親自教授學生歷史。他提倡使用結合文言與白話的通俗語言。

1918年6月，二十四歲的毛澤東從第一師範學校畢業。展覽中有他的畢業班照片。9月，他為了幫助朋友去法國勤工儉學，第一次長途旅行到北京。然而他本人拒絕出國，覺得自己對中國的瞭解還不夠，認為在中國可以更好地研究中國問題。

毛澤東在北京生活艱苦，但很快就在北大圖書館找到助理員的工作，圖書館主任是李大釗。不久之後他又遇到了陳獨秀。陳獨秀與李大釗是中共的共同創始人。此時毛澤東編輯《平民通訊》以揭露湖南省省長張敬堯的罪惡，

這是他的另一膽大之舉。

6. 五四運動促進毛澤東的政治活動

1919年4月,毛澤東回家照顧生病的母親,幾星期後,母親去世。他在長沙時,五四運動爆發,促使他進一步投入政治組織。6月,他成立湖南學生聯合會,並在7月開始編輯《湘江評論》。在展出的其中一篇文章中,毛澤東問:

> 世界什麼問題最大?吃飯問題最大。什麼力量最強?民眾聯合的力量最強。什麼不要怕?天不要怕,鬼不要怕,死人不要怕,官僚不要怕,軍閥不要怕,資本家不要怕。

毛澤東於1919年12月發動學生總罷課,驅逐湖南省省長。他再度前往上海與北京,在這兩個許多湖南要人居住的大都會組織驅張運動。他靠幫人洗衣為生,並常與陳獨秀長談。陳獨秀強烈影響了毛澤東轉向共產主義。

1920年8月,毛澤東又回到長沙,很快組織了俄羅斯研究會以探討蘇聯革命經驗。9月,他在長沙成立了文化書社,並在平江、瀏陽等城市設立分社以散布共產文學。冬天,他在長沙成立了少年中國學會的分會。該學會於1919年中在北京,由曾琦與李大釗成立。

1921年元旦,毛澤東在文化書社召集新民學會的成

員開會，他在此攻擊資產階級改良主義、無政府主義與修正主義，並號召徹底與暴力的共產主義革命。不久後他就在湖南建立了共產主義小組。

1921年7月，毛澤東前往上海參加中共第一次全國代表大會，他在會中反對部分代表的關門政策。展間展出了一張法租界的會址建築照片。

參加完中共第一次全國代表大會後，毛澤東回到長沙，在母校教中文維持生計。他成立中共湖南支部，擔任書記，會址位於長沙的清水塘，已經被我列在預定旅遊行程中。

毛澤東從1921年秋天到1923年4月，在清水塘住了約一年半。他為期刊寫文章，時常出入工人家裡，與安源煤礦、粵漢鐵路、水口山的工人們為友。他開辦夜校，作為鼓動工人罷工的前線。

7. 自修大學與毛澤東的先進理念

為了培養革命青年，毛澤東創立了自修大學，校址設在船山學社舊址。因為王夫之是有名的反清學者，這個舊址也掩飾了中共的活動。

毛澤東的先進理念顯現在入學須知中：

自修大學的目的在改造中國社會。
本大學為破除文弱之習慣，圖腦力與體力之平均發展，並求知識與勞力兩階級之接近，應注意勞動。

學生不但修學，還要有向上的意思，養成健全的人格。[35]

這些規定是革命性的。當時的學生不從事任何體力勞動，但毛澤東堅持這麼做。我推測學生們應該是在校園裡種植蔬菜與花卉。

從 1921 年秋天開始，毛澤東在自修大學裡住了約三個月，這裡也是湖南學生聯合會的總部。他策動學生、工人與農民的政治活動，導致在長沙的湖南省省長下令逮捕他，但並未被執行。

1923 年 6 月，毛澤東前往廣州參加中共第三次全國代表大會，討論國共合作問題，這是他大力支持的政策。在這次會議中，他首次當選為中共中央執行委員，並被任命為中央組織部部長。

作為部長，毛澤東盡職在上海待了幾個月，才回到長沙。他為自修大學出版的月刊《新時代》寫的發刊詞，簡述了他的革命計畫：

> 將來國家如何改造，政治如何澄清，帝國主義如何打倒，武人政治如何推翻，教育制度如何改革，文學藝術及其他學問如何革命，如何建設等等問題，本刊必有一種根本的研究和具體的主張貢獻出來。

35　〔原註〕全稿在清水塘展示，日期標註 1922 年。

此外他強調理念與行動的緊密結合。無怪乎在 1923 年 11 月，湖南省省長下令查封自修大學，但它隨即以湘江學校重生。

1924 年 1 月，毛澤東前往廣州參加中國國民黨第一次全國代表大會，當選為候補中央執行委員。他在國民黨上海執行部承擔重要職務，冬天因病又回到湖南。

國民黨允許中共黨員及蘇聯顧問加入，就像為衰老的大器官進行輸血。由於長期鼓動的工人運動與反帝國主義宣傳，1925 年 5 月 30 日，五卅運動在上海發生。上海英租界警察向遊行示威的學生與工人開火，造成死傷。這個事件激起中國各地廣泛的暴動與罷工。

毛澤東在韶山組織了雪恥會，反對五卅運動中遭受的恥辱。他和妻子楊開慧在韶山與農民在一起，要求降低米價，要求地主改善農民待遇，部分成功。

然而毛澤東不得不離開湖南前往廣州，在國民黨農民部工作。他編輯《政治周報》，同時擔任農民運動講習所所長，申明為革命而訓練學員。

1926 年，毛澤東寫了〈中國社會各階級的分析〉，他那時是中共中央農民運動委員會書記。北伐期間他前往湖南，在各地成立農民協會，但農民協會成員殘殺地主與沒收財產的暴行，令中共中央不滿。

總書記陳獨秀禁止毛澤東的〈湖南農民運動考察報告〉

後半部在《嚮導》週報發表。[36] 在毛澤東看來，他預見中國農民革命將如旋風般掀起，無論多大的力量都無法鎮壓。1927 年 5 月，毛澤東當選為全國農民協會總幹事。在歡迎太平洋勞工聯盟代表的演講詞中，他宣告：「中國革命是世界革命的一部分。」

此時國民黨決定結束國共合作，在上海、湖南、武漢各地清黨，許多中共成員被國民黨殺害。在韶山的陳列館中有首詩引起我的注意，是中共湖南省委[37] 夏明翰被處決前的絕命詩：

砍頭不要緊，只要主義真。
殺了夏明翰，還有後來人。

1927 年 8 月 1 日的南昌暴動標記著紅軍的濫觴，這是一次計劃不周與估算錯誤的冒險，許多後來知名的中共領袖都參與其中。毛澤東並未參與實際的軍事行動，而是參加 8 月 7 日在漢口舉行的中央緊急會議。會中，會議成員批評陳獨秀的投降主義，並剝奪陳獨秀的中共中央總書記職位。他們決定發動一系列秋收暴動，而毛澤東被指派進行湖南暴動。

9 月 20 日，毛澤東以一支從安源煤礦與湘鄂贛邊境

---

36 〔原註〕前半部發表於《嚮導》週報，第 191 期（1927 年 3 月 12 日），頁 2061-2066。

37 〔編註〕應為湖北省委。

招募的雜牌軍發動湖南秋收暴動，這支缺乏訓練與紀律的部隊沒能攻下長沙。戰敗的亂軍9月間逃到江西的三灣，毛澤東在此做了幾個事後證明影響深遠的重要決定：

(1) 他重組革命力量，發放旅費解散心懷不滿與灰心喪志的士兵。

(2) 他將黨小組與政委系統導入紅軍的每個階層，灌輸並迫使士兵服從黨。「黨指揮槍，而決不容許槍指揮黨」萌芽於此。

(3) 為了鼓勵平民的支持與合作，他向士兵提出三大紀律六項注意。[38]

(4) 他將軍隊駐紮在鄉村根據地，等待時機奪取大城市。

從三灣出發，毛澤東帶領部隊前往江西接近湖南邊境的井岡山，1927年10月7日抵達目的地。湖南與江西的軍隊多次試圖驅除紅軍，但都失敗了。這幾場勝利確保了井岡山根據地，星星之火由此開始燎原。

毛澤東非常高興能在井岡山口的黃洋界取得勝利，於是他寫了首詞。這首詞寫作時間眾說紛紜，有秋天、6月與8月。陳列館主任指著展示文件下方的「1928年8月23日」，這個確切的日期想必不是隨意寫出的，若可靠的話，就能消除爭議。

因為過去曾有士兵被軍官虐待，軍官侵吞士兵的給

---

38 〔原註〕三大紀律是：一、行動聽指揮；二、不拿工人農民一點東西；三、打土豪要歸公。六項注意包括「說話和氣」、「買賣公平」、「損壞東西要賠」。參考《毛澤東選集》，第四卷，頁156。

養,或因輕罪處決士兵的情形,毛澤東在紅軍中引入民主程序,組織士兵委員會,由軍官、士兵,甚至伙夫組成,所有成員擁有平等投票權與平等任職資格。士兵委員會保障士兵權益,可以透過政委抗議任何不合理待遇,還能審計軍中伙食與其他用品的支出。簡而言之,陳列館裡張貼的規定可以被解釋為控制軍官與士兵關係的法規。

1929年8月,紅軍在江西瑞金建立中共首都,並設立中央軍事政治學校。[39] 紅軍以游擊戰擊退了蔣介石的四次圍剿,但在第五次圍剿戰敗,被迫於1934年10月進行長征。此後的革命史在延安博物館裡有更好的說明。

8. 從韶山到長沙

我在毛澤東出生地的陳列館學到了很多。如同導遊在前一天的8月7日說,到訪這裡的都是毛澤東的客人。所言似乎屬實。因為旅館給了我一間有私人浴室(還附有坐式馬桶)的乾淨房間,只收了我一晚一美元的住宿費,還有一點二五美元的三頓大餐!

當火車抵達長沙時,一位年輕女子堅持幫我把笨重的公事包由火車提到車站的接待室。我注意到她往返於火車間,於是冒昧地問:「妳在這裡是做什麼的?」

她指著自己的臂章——「列車長」。我告訴她,在西方,列車長會穿制服,帽子與袖子裝飾精美,看起來有點

---

39 〔編註〕應為1931年11月。

像將軍,且總是由男性擔任,也絕不會幫我提公事包。她笑了,但沒有發表意見。

「你在火車上工作多久了?」

「十二年。」

她看起來很年輕,並很快地告訴我,她二十八歲,已婚,有兩個分別是四歲與一歲的孩子。這是共產中國的習慣,不用等我提問,每個人都會立刻告訴我他們的年紀,以及他們的私生活。

我問:「你有兩個這麼小的小孩,怎麼還能到火車上工作?」

她告訴我,年紀大的孩子上幼稚園,小的去公共托兒所。

她確實與西方的列車長不同。她將我的公事包放在接待室,然後親切地說:「祝你旅途愉快。」

9. 與瞿同祖會面

瞿同祖來長沙的飯店拜訪我,他是《中國法律與中國社會》、《清代地方政府》的作者,也是我的老朋友。他曾多年在美國哥倫比亞大學與哈佛大學從事研究,並在加拿大英屬哥倫比亞大學教中華法系。1965 年他回到中國,感覺病得很重,長沙飯店的服務生接送他往返飯店與湖南醫院接受治療好幾個星期,他在這裡兩間最好的飯店之一住了幾個月,累積了高額的住宿費與醫藥費帳單。當他康復後,飯店經理向他收取了一半的費用,但湖南省政

府很快就免除他的欠款。此後他被分配做一些歷史研究工作，可以在他的兩房公寓裡，也可以在辦公室裡工作。他已經重新適應中國的生活，除了氣候，他說：「還是有點煩人」。

瞿教授與我在飯店房間談了幾個小時，東西古今無所不論，好像我們是在美國或世上任何地方一樣。我們大部分的談話都集中在最近中國考古學的驚人發現上。

10. 兩千年前的遺體彷彿新近去世般

這座二千一百年前的墳墓在湖南長沙近郊的馬王堆出土。女性遺體約五十歲，包覆在約二十層絲衣中，非常完整地保存下來，沒有一絲腐化的跡象。

湖南醫學院的醫生發現她皮下的疏鬆結締組織仍然柔軟，肌肉纖維清晰可見，股動脈的色澤與剛去世的人一樣。她的雙眼閉上，嘴部微張，皮膚呈深褐色。當遺體被注入防腐劑時曾經一度腫脹，稍後則逐漸消退。湖南醫院的醫生以繃帶重新包覆遺體，只有頭部與腳部仍然可見。能在二千一百年間保存如此完好，真是個奇蹟！

根據中國與日本學者的研究，這個墳墓屬於漢朝（前206 - 220）地方諸侯的夫人，部分陪葬品上刻有「軑侯家」與「軑侯家丞」字樣。西元前193年軑侯被封在長沙，豐富的陪葬品顯示這具遺體可能是初代軑侯夫人。陪葬品包括樂器與食物，有如建造了一座微型地下宮殿，並為她永恆的享受提供充分的必需品。

這具遺體的完美保存狀態，大部分是因為棺槨的細心打造，共有三槨三棺保護。遺體放在最裡層的內棺，被緊緊包覆並浸泡在防腐劑中。棺材放置在一個約六十英呎深的垂直土坑中。墓室四周被一層重約五噸的木炭圍繞，木炭頂端被四英呎厚的樹枝與白膏泥密封，使遺體與陪葬品都保存良好，不受空氣的腐爛作用侵蝕。

這個新發現的價值不只在遺體，還有工藝品。墓室的四面牆與外棺、中棺蓋都被塗上色彩豔麗的漆（圖案包括浮雲紋、龍紋與獸紋），內棺的棺壁與棺蓋則被貼上金、黑與其他顏色羽毛的菱紋絲綢包覆。有一件T型的帛畫披在內棺上，畫滿天上、人間與地下的場景。有些場景來自傳說，例如后羿射日與嫦娥奔月。大量的陪葬品，有絲織品、餐具、漆器、竹器、陶器與食物遺留，穀物與水果諸如桃子、楊梅等在出土時仍是可辨認的，但色澤逐漸變黑。還找到了三種樂器，有一具木瑟（發現時裝在錦袋中，大約四十六英吋長，兩端塗上黑漆，柱、四個枘與二十五條弦保存良好）與二十二管竽，都狀況良好。

這項驚人的發現能夠實現，是因為中國人民對文化民族遺產意識的覺醒，文化遺產屬於全體人民，絕不能被私人侵佔。

除了上述瞿同祖很熟悉的話題以外，我們聊天的內容太過分散，所以很難概述。但他聲稱從政府到人民，所有中國人都對中國自身的能力與資源充滿自信。

瞿同祖說：「中國什麼都不怕，雖然謹小慎微，但中

國人已經發展了世界觀,他們正在為世界人民服務,他們不會忘乎所以,也不會自私自利。」

他認為許多西方人認為中國人對外界一無所知的假設並不正確,「中國公務員對外國有充分的理解,他們閱讀摘要世界新聞、發行量超過五百萬份的《參考消息》,以及其他限制流通的科學與軍事情報。」

瞿同祖的感想是,最近一些西方關於中國的出版物過於簡化和膚淺。我說,可能是因為許多懶惰的學生不喜歡閱讀滿是事實的書籍,於是任何詳細與深入分析中國的書籍都會被評為對一般讀者太過「專門」。暢銷書與學術著作似乎總是搭不在一起。

十二、廣州

8月10日下午,我飛往廣州,並入住我剛到中國時的同一間飯店。

廣州的五個區與市郊的兩個縣面積一千六百平方英哩,共有三百萬人口。[40] 廣州是華南地區的工業總樞紐,生產汽車、船舶、化學品與電子設備。河流已經疏濬,深水碼頭竣工,能同時容納幾艘萬噸級貨輪。

8月11日,一輛中型巴士搭載約二十多名旅客,與來自北京的導遊,迎接甫抵達的中國旅行團,前往參觀紀念

---

40 〔原註〕*China Reconstructs* (November, 1972), p. 11.

1927年12月廣州暴動的起義烈士陵園。

園內有一座中蘇人民血誼亭，因為有一些蘇聯人也在暴動中被殺，還有另一座中朝人民血誼亭，超過一百名朝鮮人參與暴動喪生。陵園雄偉莊嚴又寬闊，有個能讓人划船的大湖。

我們的下一站是中央農民運動講習所。從歷史上來說，農民運動講習所可以分為兩個時期，前期是1924年6月至1926年2月，彭湃擔任主任，訓練四百五十名畢業生。後期則是1926年5月至11月，毛澤東擔任第六屆的主任，有三百二十七名學生。在毛澤東主事時，農民運動講習所才移到現址。

在此學習的課程主題是農民問題，但同時也有軍事訓練。1926年3月，毛澤東發表〈中國社會各階級的分析〉。北伐之後，廣州的農民運動講習所關閉，但在漢口重啟。當地導遊是個年輕女孩，口若懸河地敘述講習所的歷史，但她並沒有告訴我們彭湃的貢獻。

1. 大瀝人民公社

大瀝人民公社離廣州六英哩，革命委員會Lin主任是個年約三十五歲的農夫，他告訴我們公社包含一萬五千九百個家庭，超過六萬三千人，分成十九個大隊與二百三十七個生產隊，可用土地總計五萬九千畝（約合一萬英畝），每人平均土地少於一畝（或六分之一英畝）。主要產物是稻米，1971年產量超過五萬二千噸，其他產

物包括四萬八千四百磅蔬果與魚類、六萬二千頭豬,與三萬隻雞鴨鵝。

有生產修理農機與製造電線的小機械廠、爆竹工廠與水泥廠,還有石灰窯、化肥廠與碾米廠。

在 1958 年人民公社成立後不久,動員了超過五千人修築蓄水池、灌溉渠道與水壩,以減少旱澇的災害,並使用了大量不同規格的幫浦來調節水量。

現在選種仔細地像在「選老婆」般,稻桿較短,生長期也短,使稻穗能在颱風季前就成熟。

土壤改良在審慎的分析下進行,在黏土地中摻入沙子,在沙地中則摻入黏土,使土壤更適於種植作物,並以恰當的比例施用化肥與有機肥。

適當地控制灌溉水量,在稻子生長時給予更多水,並在成熟可收穫時排出。

結果每畝的稻米產量由解放前的四百四十磅,到農業合作化運動時期的六百六十磅(1957 年前),1959 年的八百八十磅,以至 1971 年的一千四百五十三磅。過去人們缺衣少食,現在人人每年都有六百六十磅米,每戶收入超過二百五十元。許多人都蓋了自己的房子,公社裡共有九千三百多輛腳踏車與千餘艘船。大家衣食無虞,沒有乞丐。

社會福利受到高度重視。有中醫與西醫醫院供病患選擇,許多赤腳醫生與人們一起工作,為受傷或生病的人施予急救。每人每年只要繳一美元醫療保險費。人們知道基

於健康理由,應分開使用毛巾、遠離感冒患者、戴口罩、接種疫苗與其他預防針。

教育也同樣受到應有的注意。公社有七千八百名小學生、二千多名中學生與九百名高中生,總計一萬零七百餘名學生。

所有學齡兒童都必須接受五年的小學、二年的中學與二年的高中教育,少數學生會被送進大學。常有的娛樂活動則免費對公社所有成員開放。

Lin主任說:「整體而言農民們的生活比以前更好了,因此他們很感謝黨的領導。」「但是,我們仍有缺點:(1)公社的機械不足,只有三輛公車與不到十輛的拖拉機,大部分農務還是仰賴人力。(2) 以生產量而非需求計算報酬,按照『各盡所能,按勞分配』原則,換句話說,工作越多的人有更多的收入。年終時,公社成員會收到以工分(勞動報酬的單位)計算的數額,而工分則以工作量、工作種類與勞動品質計算。如果成員生病或殘疾,他的配給量將會維持一樣,但所分配到的現金就會變少。」

Lin主任認為各公社之間的技術經驗與訓練交流非常有幫助。

我想知道更多關於公社的組織與支給方式,而Lin主任詳加說明:「人民公社有三個組織層次:大隊、小隊與生產隊,公社管理大隊,大隊管理小隊,但由生產隊決定自己的生產定額。年終時會計算總產量,扣除資本成本與繳納給國家的稅收(生產毛額的百分之七點五)後,剩餘

的依據成員的工分分配。勤奮的成員會分到較多的紅利，懶惰的則得到較少。」

所有家庭都有銀行存款，每五百美元的月息是六十五美分。無論對人或家戶都不徵收所得稅。

生產隊累積的資金用來購買農業機械，還有支應文化事務、教育、救助生病、退休與傷殘成員的社會福利。

大瀝人民公社由革命委員會管理，三十二名委員中有農民、幹部與民兵（沒有解放軍）。委員會下轄十個部門，包括行政、農業、商業、工業、文化、教育與公共衛生。委員們的月薪從二十美元到八十五美元不等。

在公社的碾米廠，我看到大量一百磅袋裝的精米，袋上有拉丁字母標籤，是出口用的。同時中國向加拿大與其他國家進口小麥。有人告訴我進口小麥是用來支援「第三世界」與革命的國家，但我不知道這是否屬實。

公社有第四個五年計劃，目標在 1974 年達成每畝生產一千四百八十五磅穀物，增加十輛拖拉機，飼養七萬五千頭豬，並興建一座大型食品加工廠，可能是為香港市場而建的大型冷藏倉儲。

公社裡也有醫生訓練計畫，雖然有六名中醫、十一名受過西方訓練的醫生，還有幾名精通東西療法的醫生，但是醫生的數目對六萬三千人來說還是不夠。從 1940 年代開始訓練，經驗有道的醫生，必須由政府指派，但他們的人數遠不足以滿足這個廣大國家的需要，因此採用快速訓練的方法。醫院選擇年輕的大學畢業生，甚至高中畢業生

作為實習生,他們觀察並聽取資深醫生診斷疾病與施行手術的解釋。幾年後,實習生就可以在導師的監督下診斷小病與施行小手術,最後資深醫生委員會可以授予實習生證書,確定他有獨立治療病人的能力。

2. 半導體廠

這家工廠1969年春天建於廣州,製造電子器具、電晶體、矽半導體、晶體矽、電子計算機與控制面板,都是有利於國防的產品。因為順德與南海地區產出石英與焦炭等部分主要材料,於是在此設立專門工廠。工廠平均每天生產三斤單晶矽,據說由蘇聯大量採購。

在國外建造這樣的工廠需要好幾百萬元,但在中國,因為使用毛主席自力更生原則下自產的原料與器械,花費要少得多。由上海與其他地區來的工人歷經重重困難,甚至冒著生命危險使用有毒物質,最終大功告成。

1972年夏天,這間工廠雇用九十八名工人,其中三十五名是女性。工人的平均年齡是二十九歲,都很年輕,以活潑與積極的精神學習、試驗並改進他們的工作。許多複雜的機器據說是由工人們自己製造的(在中國聘請外國專家的薪水可是「天價」)。這些本土專家的月薪是十七點五美元到五十點五美元,平均收入是三十九美元(理論上每年調薪一次)。現在中國的薪資分級表共有八級:三十五元人民幣、四十一元人民幣、四十六元人民幣、五十六元人民幣、六十九元人民幣、七十二元人民

幣、九十六元人民幣、一百零一元人民幣。調薪是基於勞工代表委員會與群眾決定的品級，他們根據成員的能力、技巧、智力，以及成員對集體生產的態度做評鑑。

這裡如同鞍山一樣，我被告知精密儀器是由女性操作的，因為她們比男性更負責可靠。當政府指派工作時，也適當考慮女性的生理需求，給予她們五十六天有薪產假。在產假結束後，如果她們希望的話，可以繼續回到工作崗位，她們的寶寶則會由公共托兒所照顧。

政府鼓勵刺繡、玉雕、牙雕、石雕，與木雕、瓷器、螺鈿漆器等中國傳統手工藝與輕工業，也大有進展。老師傅願意教，年輕學徒願意學，雙方都由公家獲得豐厚的薪水，不必害怕競爭或被取代。

儘管如此，中國故意放棄了數百萬美元的年收入，拒絕向東南亞的華人區出口禮俗用品，包括紙錢、紙衣、線香、鞭炮等，這些用品會在初一十五或祭祀祖先時焚燒。即使這門生意多年來利潤可觀，但中華人民共和國禁止這些「封建、不良與迷信」商品的製造與出口。

我會得知這些資訊，歸功於一位正在中國旅行的印尼華僑，他正打算在雅加達開設一間生產禮俗用品的工廠，以供應海外華僑的需求。

3. 佛山的陶瓷廠

佛山位於珠江三角洲，距廣州約十三英哩遠，是工商業中心，也曾是中國四大名鎮之一，因此我選在 8 月 14 日

前往拜訪。

此地的陶瓷製造業已有七百多年的歷史，在國共內戰時期產業陷入衰退，但1952年約一百名工匠重建了瓷窯。1958年大躍進時，陶瓷製造有了長足進展，民俗主題、走獸、禽鳥、風景與花卉都被畫上裝飾盤與大花瓶。1968年一種新的美麗三彩瓷問世。我們看到許多漂亮的瓷器，一位來自美國的旅伴買了一件，我也想買一件，但是它太大了，上不了飛機。

陶瓷設計者時常請教工農兵，詢問他們的喜好，並製造符合他們品味與需求的產品。

許多仿唐三彩的陪葬陶馬、人俑與真貨幾乎一致，外行人根本分不出來，仿宋瓷則不太令人滿意。許多帶有貓熊圖案的菸灰缸是為取悅美國人而製造的，每個售價只要幾美分，在中國人眼中看起來很粗俗，但很快就被一群紀念品收藏者買走了。

古老而美麗的祖廟是我在廣州的最後一個景點。祖廟建於1080年，規模在明清時期逐漸擴大。這間廟宇雖然有巨大的雕像，但奉祀的不是佛教與道教，而是水神北帝。據說3月3日是北帝誕，祂會在當天巡行。這裡一定遭受過無數次洪水與颱風，柱礎與雕像都由堅硬的石頭製成，以抵抗濕氣。建築群裡有一個大戲臺、兩座有雕像與精美對聯的宮殿，中外遊客絡繹不絕，單日遊客數最高曾達四千人次。文化大革命期間，祖廟因紅衛兵的破壞而關閉兩年，過去兩年間花費數十萬美元修復，現在已經重新

對遊客開放，然而任何人都不能焚香與燒紙錢（杭州西湖的靈隱寺與其他廟宇也採取同樣的政策）。

有一位華僑指出，文化大革命顯然終究沒有拋棄舊傳統，不然為什麼政府必須修復這座古廟，還聘僱二十名看門人當導遊？

一位中英文流利的導遊解釋祖廟是國家文化資產，應該要好好維護，提供遊客一個休閒放鬆的地方。

另一位遊客爭論：「你為什麼要帶我們這些華僑來看這個給外國人看的展示景點（"showcase"）？」

導遊啜了口茶，在說話前停頓了一下：「許多外國人，如費正清夫婦，都要求參觀這座典型的古典中國建築，它描繪民間信仰，是自1840年代以來西方人就習慣拜訪的知名佛山地區的一部分。祖廟對遊客來說是中國文化的特點，其他古建築如美麗的六榕寺花塔（6世紀）與中國最古老的清真寺懷聖寺（7世紀）也都被完好地保存。」

這位愛挑剔的遊客在離開寺廟前都感激地笑著。

4. 漫遊廣州

我保留了最後一天（8月15日）漫遊廣州。作為歷史研究者，我覺得廣州很迷人。從9世紀許多外國人被殺的黃巢之亂，到鴉片戰爭、太平天國之亂、孫中山失敗的乙未廣州起義（1895）、黃花崗七十二烈士（1911年3月29日）、黃埔軍校、廣州暴動（1927年12月），這座城

市曾是許多戲劇性事件的舞臺。

在美國時,我常常因為聽不懂許多餐廳經理與侍者所說的廣東話而感到難過,因為語言的隔閡,我常被當作次等華僑對待。更令人沮喪的是我無法在香港問路,因為大部分人都用廣東話回我,或者在我對他們說英語時搖搖頭。

現在廣州盛行普通話,讓我感覺很舒服,雖然所有人都會先對我說廣東話,但會為了我馬上改說普通話。

廣州雖然是最早與西方通商的港口,有重工業與造船業,但城市卻樸實無華。沒有摩天大樓,沒有五彩繽紛的建築,沒有非凡的寬街,沒有奇裝異服,很少霓虹燈廣告,大部分建築物都是水泥灰,街道與屋子在夜裡只有昏暗的燈光,幾乎不存在夜生活,人們也遵循早睡早起的座右銘。走在街上隨時都很安全,沒有被搶的危險。

雖然大部分人衣著相當破舊,但都友善有禮。我漫步在向晚的街道,偷看商店與房子裡的人們在做些什麼。我發現沒有人在賭博(與許多香港館子的場面不同),這對廣東人來說是場生活習慣的大革命,因為廣東人很愛賭博。

當人們看到我站在門口,他們會起身來問:「你需要幫忙嗎?」

我老實地說:「我是個華僑,想看看你們晚上在做些什麼。」

「請進,來喝杯茶,我們只是在睡前乘涼而已。」

廣州仍然有黃包車,作為公車與計程車的輔助。黃包車的價格由政府制定。我搭乘黃包車由飯店前往郵局總

局,當我抵達目的地時,車伕給我一張收據,他自己留下一聯,並把第三聯送交政府。

我後悔沒去中山大學探望我從前的教授容庚。學校當時正在放暑假,且路途太遙遠了。

在我離開前夕,我與一位朋友站在中國出口商品陳列館前的珠江邊,我們望著平靜的河面,上頭點綴著幾隻緩緩移動的小船。突然一個年輕的男孩用廣東話跟我們討十美元,我的朋友聽不懂廣東話,男孩接著用英語低聲說他需要十美元才能前往香港。我們拒絕後,他改口討五美元。我們不理他,他很快就走掉了。

我告訴飯店導遊這件事,他說在解放前,中國出口商品陳列館所在地曾經惡名昭彰,充斥妓院、流氓藏身處、賭場與鴉片煙館。解放後,這個貧民窟成了一片斷垣殘壁,直到1950年代末才蓋起了幾棟巨大建築。這個男孩或許習慣接近參加交易會的大商人,獲取逃往香港的旅費。

大部分想偷渡的都是在香港有親友的廣東人,他們認為香港是個容易找工作、生活舒適的天堂。一些熟悉海岸地形的地下仲介可以幫助他們以實惠的價格穿越駐軍區。當偷渡客抵達香港邊界,他們的親戚已經被通知手捧大把現金前來會合。偷渡客在香港居住一段時間後,因為找不到工作或上學的機會,於是再度返回廣東,然而他們回鄉時並沒有引起像偷渡時同樣的注意。這是我在香港,從我一位廣東人教授朋友的朋友處得知的。

5. 廣州與夏威夷的海關檢查

8月16日,我離開廣州前往香港。火車在上午8時15分從廣州站開出,下午1時5分抵達(中國時間比香港慢一小時)。[41]

邊界檢查仔細、有禮。一位穿著制服的女士看了我的護照後,請我打開手提箱,輕柔但徹底地檢查,而不弄亂。她問我是否已經沖洗我的彩色底片,我說柯達彩色底片無法在上海或北京沖洗,她沒有再多說什麼。她也問我的錢是否有收條,我說有,在我出示所有文件後,她也不再堅持,笑著祝我一路平安。

比較這裡與夏威夷的海關檢查,在夏威夷,包括我在內的許多人都受到粗魯對待。我建議夏威夷的海關官員應該要仿效共產中國海關官員的效率與禮節。

---

41 〔編註〕當時香港實施夏令時間。

第二章　第二次中國考察（1978）

一、上海

　　我第二次拜訪中華人民共和國是在 1978 年 10 月，這次訪問的目的簡單地說，是為了比較研究。這次我並未途經香港，而是在東京停留五天蒐集研究資料後，由東京直飛上海。

　　我的第一印象是中日兩國生活費的懸殊對比。在給華僑住的國際飯店中，有著大雙人床與摩登家具的房間，要價十四元人民幣[1]一晚，理髮包含刮鬍子與洗髮則是人民幣七角。在日本的價格應該至少要十倍以上。中國餐廳的餐點在味道與分量上也比較好。在上海待的那幾天，飯店帳單裡沒有服務費，飯店服務生服務絕佳，禮貌又友好，令我賓至如歸，但他拒絕收取任何小費。上海民眾的率直與誠實仍與 1972 年時一樣。我搭乘的計程車、三輪車與

---

[1]　〔原註〕1978 年 10 月的匯率大約是一美元兌一點七元人民幣。

黃包車司機都會給我收據，且絕不多收一分錢。所有來回相同地點的車資大致一樣，顯示司機誠實地根據每公里標準費率計算費用。

在上海時，我去拜訪了幾個老朋友，例如知名學者、上海圖書館館長顧廷龍。上海圖書館約有六百萬冊藏書，是中國第二大的圖書館。再如復旦大學歷史系教授、中國歷史地理的活字典譚其驤，他可以細數許多中國城市歷朝歷代的演變。中國旅行社在幾天內就安排我拜訪飯店對街的上海圖書館，我希望當我回到上海後，能天天去圖書館工作。顧廷龍很高興見到我，我們自 1948 年以來就沒碰過面了。然而他不願意讓我前往閱覽室與書庫，因為那裡燈光昏暗，且採閉架式管理。但他答應我如果我提出需求清單，他會在我從北京返回後取出所有我想看的書籍與文章。

飯店接著叫車送我前去拜訪譚其驤，他住在龍華醫院，這是間中醫醫院。譚其驤中風了，在西醫醫院治療數週後被打發走，因為醫生除了建議患者回家療養外，已經無計可施。據說中醫對中風病人的復健護理優於西醫，譚其驤就在這間醫院療養超過八個月。譚其驤見到我又驚又喜，問我是否有透過中國旅行社聯繫。在我向他保證我有透過官方程序聯繫，才被允許來這裡見他，而不是去復旦大學後，我們開始聊他的身體問題。他沒辦法舉起左手，右腿也幾乎無法行動。我問他為何單人病房中會有四張床。他說在中國，病患通常會有兩三位陪病家屬來緩解他

們的擔憂，家屬尤其能比忙碌的護士更好好照顧病人。聊了一會兒後，譚其驤希望能坐上椅子與我繼續交談，他的女兒為他套上襪子與褲子，扣好襯衫鈕釦，扶著他下床。我說：「你真幸運，美國的女兒可並不會常去醫院探望父親。」他說他的兒子（被從新疆叫回上海）與女兒輪流，日以繼夜照顧他，每週換一次班。他的女兒已經結婚了，並得照顧自己家中的兩個小孩。兒子顧了一週後覺得很無聊，覺得必須在單調的生活中去看電影休息一下。在另一次拜訪中，我見到了譚其驤兩個從嘉興來的姪子，他的兒子則在睡覺。我們聊了很久，談了許多關於我們從前的教授與同學們的軼事，他們之中大部分已經失聯或去世，或太老了而無法見面。

除了與朋友們聊聊，包括一位出生在我出生地旁市場的農業專家以外，我跑了很多趟警察局。不是因為掉了東西（偷竊仍然很少見），也不是因為違反警方規定，而是因為我必須一再確認行程，就算中共駐華盛頓聯絡處已經批准了也一樣。在我 1972 年的第一次旅程中，公安處外事局就曾嚇過我。雖然這次我沒有那麼害怕，但每天致電總得到「還沒好」的答覆，還是令人焦躁不安的。

我還去了很多次民航局，以再確認我 10 月 31 日由上海飛東京的航班預訂。儘管美國旅行社為我訂好了機票，可是還必須得到民航局的「批准」，檢查我的機票與護照。為免遺失，我一開始沒有帶著機票與護照，所以不得不再跑一趟。在我自己去了幾次，以及中國旅行社代替我

去了幾次後,結論是我得跑一趟北京確認。幸運的是,一位北京的高官最後為我的預訂簽名背書。

二、北京

我從上海搭軟臥前往北京,與另一位來自西雅圖的華僑共用一間。火車很乾淨,車行平穩。食物準備充分,價格與普通餐廳一樣合理。火車的硬臥部分是滿座,臥鋪已經比先前的經濟車廂好多了。這列客車只中停數站,在發車時由擴音喇叭不懈地讀出所有停靠站,並在十九個小時後準時抵達目的地。

北京是我的第二故鄉,有許多我特別想拜訪的老友。我一開始透過中國旅行社聯繫,但因為他們現在服務太多旅客,導致程序十分緩慢。於是我學會使用有八十九頁的北京分類電話簿,電話簿以工作單位與街道(許多家庭會共用一支電話)排序。我透過飯店的電話接線生打電話給我在大學與政府工作的朋友,接線生確實為人民服務,很快就找到我的朋友們。接著我會照朋友指示搭公車,或者他們會來飯店拜訪我。

用這個方式,我拜訪了許多知名學者,如老一輩中最富盛名的女作家謝冰心,她動人的聲音咬字清楚,吐字清晰,充滿溫暖的友誼。謝冰心的丈夫吳文藻是中國社會學的權威,他最知名的學生費孝通和他一同在社會學與人類學的籃球場上擔任先發與替補球員,長達近半世紀之久。

在其他拜訪的學者中，有元代史專家翁獨健、美國與中國史的資深教授齊思和、圖書館學家陳鴻舜，以及梁啟超的女兒梁思莊，她是北京大學圖書館館員。我在北大圖書館工作了一下午，並找到了一本善本。

在北大圖書館，我意外遇到了朱士嘉，他畢生獻身於中國方志學研究。在北京我見到了致力於紅樓夢研究的吳世昌、清史專家王鐘翰、在西方也大名鼎鼎的瞿同祖。還有回族史家白壽彝，他住在陳垣教授的故居，今日他的名望與影響力堪比陳垣。以及兩位太平天國研究權威謝興堯與羅爾剛（謝興堯仍很健康，羅爾剛已年過八十，身體不太好）。族繁不及備載。

最後，也同樣重要，不應省略的是顧頡剛。我曾在 1931 年至 1933 年間在他家上了兩年課，對我而言是位難以忘懷的老師。[2] 他是今日中國薪水最高、待遇最好的教授。吳世昌陪我到顧頡剛家拜訪，他家在新建物的一樓，有三、四間寬敞的房間容納他的兩名研究助理與一名文書，他們工作、居住都在這裡。我們發現顧頡剛不在家，這對吳世昌來說毫不意外，顧頡剛去了醫院，有間病房永遠為他保留著。於是我們前往醫院探望，顧頡剛緊握住我的手好幾分鐘，並激動地說：「我正在根據新的歷史方法與觀

2　〔編註〕鄧嗣禹在燕京大學求學期間，與洪業、顧頡剛、鄧之誠等導師都有著非常密切的交往。僅在 1928 年至 1932 年期間，在《顧頡剛日記》中，記述鄧嗣禹到顧家拜訪就有二十多次。其中，有兩次提到鄧嗣禹選修了他的課。尤其是在 1932 年 9 月 8 日的日記中，特別提到鄧嗣禹是九位選課者之一。

點修訂之前的著作,我還可以再工作個幾年直到超過九十歲,到時候我或許就會停止寫作了。」當他興高采烈地說著時,他的妻子溫柔地輕拍他的肩數次。我以為這是她感情的表現,但她最後說:「請當心你的高血壓,你的長篇大論可能會讓你發燒。」顧頡剛則憤憤不平地說:「我沒有言論自由嗎?」我們致歉並向他道別,他堅持送我們到病房門口。

在北京圖書館裡,我在善本室工作兩天,發現了幾部善本,並免費取得數十頁影印資料,對此我將回報圖書館以書籍或捐款。圖書館的服務絕佳,但閱覽室只有三支排成三角形的長螢光燈管,對我來說光線不太夠,且當外面有陽光時就會關燈。另外就是很難找到吃午餐的地方,我請求在圖書館餐廳用餐,正如我 1930 年代與譚其驤、王庸、趙萬里等人常做的那樣。我獲知趙萬里病重,已經多年沒有進辦公室了。確實圖書館整體正在走下坡,且空間太小,容納不下九百萬餘冊藏書。北京圖書館有幾個分館,其中一個位於前國子監。在西門郊外有間更大的新館正在建設當中,預計 1981 年落成。目前並非所有在目錄中的書籍都在架上,而部分在架上的書籍則沒有書目卡片。儘管據說在文化大革命後,工作人員數量翻倍為大約七百人,但顯然沒有定期盤點,不少髒汙或破損的舊卡片都需要更換。專業館員進行的另一項重大任務是決定卡片應照筆畫數或拼音系統排序。總而言之,這麼重要的北京圖書館,可能需要十年的時間才能合乎科學地整理完畢,

以便讀者可以有效利用。

三、天津

我從北京順道前往天津拜訪南開大學副校長鄭天挺，他是明代史研究的權威，也是《明末農民起義史料》（1954年在北京出版）的作者。他沒有收到我告知希望能在那天拜訪他的信，但當我從火車站打電話給他時，他大喊：「歡迎、歡迎！」而他是說真的。當計程車抵達大學門口時，鄭天挺邊拍著手邊搶上前來開車門，當我要付車資時，我發現他已經塞錢給司機了。我們坐大學的汽車到他鋪滿漂亮天津地毯的住所。當他得知我只預計拜訪三個小時，當天就要返回北京時，他立刻要兒子到餐廳與我們一起用餐，點了十道的天津的代表菜色。

席間，我問了鄭天挺許多學術問題，所有問題都像電視採訪一樣得到精準的回覆。接著他問我美國的新史學史，我同樣精簡答覆他，說一個注重模式與預測的社會學家，與一個力求全面資料與深入研究的歷史學家，兩者很難達成一致意見。他請我提供幾本著名的中國史英文著作，用以編輯一部中國通史，我毫不猶豫地答應了。我獲悉許多大學裡的學者也正在努力編輯大部頭的中國通史。

鄭教授希望我與李世瑜會面，他是中國秘密宗教研究的著名作者，他的私人收藏中有大量關於民間信仰與大眾文學的寶卷。不幸的是這三個小時的停留沒有時間讓我去

拜訪他，或邀請他來赴宴。

在我離開時，鄭天挺為我買了從天津回北京的火車票。我以為我訂購了來回票，但中國鐵路與航空公司只販售單程票。因為鄭家父子倆堅持為我送行，所以我們繼續談話。我突然想問鄭教授幾歲了，他看起來快七十歲了，剪短的白髮讓他看起來既年輕又健康。他回答：「我正好八十歲。」稍後顧廷龍告訴我，鄭天挺與顧頡剛在北大差不多同屆。父子倆告訴我天津的房屋低矮，是因為兩年前唐山大地震的破壞，還沒重建回原本的宏偉。他又補充說，成千上萬條生命消逝，但唐山煤礦的地下礦工毫髮無傷。

火車的發車鈴響了，我們緊緊地握手道別，並互相揮手，直到看不見為止。鄭天挺與我 1947 年至 1948 年間在北大是同事，他是胡適校長的秘書長，我則是中國近代史教授。自那之後我們再也沒有通信過，但他對我的友好卻是如此非比尋常。

四、經蘇州回上海

回到北京後，我的感冒變嚴重，飯店醫生為我治療兩天後仍沒什麼效果，我擔心我可能得了肺炎。於是我必須更改我搭乘火車，經故鄉湖南前往桂林、廣西各大風景區，並由桂林飛回上海的原計畫。我不可能在北京購買火車票和機票，然後在桂林等候補位，因為我 10 月 31 日必須離開上海。如果我不幸沒訂到機票，我會有簽證到期的

麻煩。於是我改變計畫，安排在蘇州停留個幾天，與南明史史料的重要權威謝國楨見面，享受美景與美食。不幸的是我沒找到謝國楨在蘇州的住處。因為連續大雨、強風與低溫來襲，我沒看到什麼美景。我也沒吃到什麼美食，因為廚師太忙了，沒辦法像過去一樣準備精緻佳餚。

來到上海，我很高興得知上海圖書館有成堆的書放在為外賓準備的特別房間中等我翻閱。隔天顧廷龍親自送來約百頁我想要看的影印資料，並邀我共進晚餐。由上海與北京取得的這些資料使我這趟考察之旅心滿意足，因為這是其他地方找不到的材料。晚餐後，我們請飯店叫車前往龍華醫院，與譚其驤道別。

儘管上海這座國際都市的市中心沒什麼改變，只是繼承了從前外國租界留下的耐用建築物，但隔天我去看了郊區的新建築與工廠，卻令人印象非常深刻。北京市外也一直在增加新的建築物，計劃重新安置住在市內老舊房屋的居民，而那些無法修繕或改建的老房子將會被夷平，以騰出建造高樓廣街的空間。至於這個龐大計畫何時完成、如何完成，尚未訂出時間表與詳細計畫，讓我們拭目以待。

10 月 31 日，我從上海起飛，途經東京與洛杉磯，在一天內就抵達布盧明頓。

五、兩次重訪中國的比較

這個簡要紀錄的結論，比較我 1972 年與 1978 年的兩

次旅行。我發現中國社會的最佳特色明顯被保留下來，例如孝道與家庭關係，相對於祖國外已經工業化與商業化的華人社區，在中國國內能更好地觀察到。而且據我所知，這裡沒有乞丐，沒有妓女，沒有酗酒者，沒有鴉片或毒品成癮者，也沒有搶匪會在上海與北京騷擾夜間行人。上海與北京街頭沒幾間加油站，因為街上的汽車數量不多。此外沒有夜生活，沒有酒吧，沒有舞廳與賭場，但劇院總是人滿為患，一票難求。在1972年時，飯店會為外國旅客預定劇院的前排座位，在中場休息時還會免費送上一杯柳橙汁與香菸，表示殷勤待客。這種差別待遇引起本地人的反對。1978年的遊客數量太多，已經沒有慷慨提供劇院娛樂的待遇了，只能以不折不扣的商業模式購票。想看芭蕾表演的人必須提前購票，而表演結束後，沒有車子能帶他回飯店。因此大部分一般旅客在晚上沒有地方去，只能早睡早起。

為了保持街道乾淨，政府付出了巨大努力。灑水車每天在街道與人行道灑很多次水，並雇用許多清潔工來回不停地掃街。每個人負責一塊約一百英呎的小區域，用手撿拾廢紙甚至落葉。然而不管在飛機上、火車上或飯店餐廳，到處都有蒼蠅，但服務人員已不再像1972年一樣拼命想趕走牠們。街上沒有狗大便，但這是個愛狗人與愛乾淨的人可能意見相左的議題。

1978年有醫生與護士在北京飯店內的診所為華僑免費看病，並只收取一點微薄的藥費。這在1972年時是沒

有的。

在1978年的拜訪中,我注意到上海有些壞習慣非常明顯。許多成年人與青少年是重度吸菸者,在餐廳或餐館,當滿嘴食物時,他們甚至會在咀嚼前先深吸一口菸。即使對我這個老菸槍來說,也很難理解。中國的香菸並不便宜,一包大約四十美分到七十美分,而光是買菸很容易就會花上十五元人民幣,幾乎是低收入工人月薪的一半。我看到兩三個工廠工人在餐館用餐,他們點了一加侖啤酒與八道或十道菜,而其他顧客則只點了一杯啤酒配餐。這種新趨勢在1972年時並不如此明顯,可能表示經濟的發展,或是普遍的挫折感。因為工資很低,儲蓄銀行的存款利息也很低,因此他們說,當工人有機會吃大餐時(每月一兩次),他們會花掉所有賺來的錢,自我滿足與享受一下。

我注意到1978年的一個很大進步是在晚宴上、公園裡、博物館裡,更別說是私人空間裡,有談話與批評的自由。對四人幫(江青、張春橋、姚文元、王洪文)有強烈的仇恨,是常見的批評對象。另外強烈的恨意也指向文化大革命時的紅衛兵,當時許多知識分子經歷磨難,殘留的恐懼仍在,彷彿歷史可能重演。

這種自由似乎對不同地區地委的政策制定,以及商品定價產生影響。地委比較不像從前那樣害怕北京當局。1972年,全國的消費性商品售價都是一樣的(就我去過的地方而言)。而1978年,理髮在上海要七十美分,而

在北京則要一點五元人民幣。華僑飯店與國際飯店的菜單價格相當不同，雖然這兩間同樣給華僑住的飯店間只相距約二百步。

每當閒聊變得不愉快時，我與我的同伴會改談學術問題，或者交換笑話。在這兩次訪問中，我發現中國人從未失去幽默感，他們與上一代人同樣坦率與誠實。有句諺語說，中國人化成灰都是中國人。

大部分我接觸的知識分子在現今最高領導階層下似乎很滿意，領導指的依次是華國峰、葉劍英、鄧小平和李先念。知識分子渴望「四個現代化」的推進與成功，他們認為這是中國未來邁向幸福的唯一途徑。少了大規模的工業化與農業機械化，在食衣住方面就難以滿足龐大的人口。目前中國到處都是人，從前由一名教授居住的一間房子，在文化大革命後需與幾個各行各業的家庭共同使用。以住處來說，工人與農民整體上比起教授並沒有過得比較好，反而可能更糟。低薪（我在很多次打聽中得知最低的月薪是三十元人民幣，1972 年如此，到 1978 年還是一樣）造就懶散與敷衍行事，於是上海製造的六缸引擎轎車比凱迪拉克還要貴。而在上海，一雙短襪也比美國類似的商品售價要高。我問一間大眾百貨公司的部門主管：「怎麼這麼貴？」他回答：「生產成本太高了。」即使勞力成本是難以置信的低廉。這對我來說真是道謎題。從西方觀點來看，所有飯店、工廠與政府部門都人力過剩、報酬過低。此外缺乏自動化與機械設備（使用算盤而非計算器，掃

帚而非吸塵器），對生產效率與工作品質都有顯著影響。

有回我與幾位中國社會學家會面，我提案所有低於一百元人民幣的月薪都應該要增加為雙倍或三倍。過著斯巴達式的儉樸生活，為了一點報酬而努力工作，只能是短暫的，無法持久。人類的野心是無止境的（唯心論），提高生活水準的慾望則滿足唯物論，兩者間應該彼此妥協，採取中庸之道來鼓勵增產，唯物論與唯心論就像陰陽般相輔相成，有時又互相對立。

費孝通馬上打斷我：「那錢從哪裡來？」中國沒有所得稅，但人民卻享有幾乎免費的醫療照護與住院治療，由國家支付費用（我相信這是真的，因為譚其驤在龍華醫院住了快九個月，除了餐費以外什麼也沒付）。解決當前困難的唯一方法是四個現代化，其成功將提高中國在世界高度工業化國家中的地位。

接著我爽快地說：「我將在 1985 年再訪中國，到時候讓我們為偉大的成功乾杯！」

最後，我應該指出，在 1972 年我拜訪了十四個城市、許多人民公社與現代工廠。某種程度上我受到司馬遷的啟發，他閱讀刻石，詢問耆老當地歷史，而以從容不迫的步調進行。作為一個勤奮的研究者，我閱讀博物館裡的文字，調查史蹟，記下所有具有學術價值的資料，希望它們能用作了解共產中國歷史的輔助參考。在 1978 年，我在一個月內只走過幾個城市，用觀察者與印象派手法寫作。以資訊的廣度而言，我的第一趟旅程更值得注意。

編譯者補述 參加林則徐誕辰二百周年紀念活動─第三次回國紀實（1985）

　　林則徐是偉大的民族英雄，他的名字在中國家喻戶曉。他領導的「虎門銷煙」揭開了中國近代史反帝國主義中光輝的一頁，他抵制列強侵略，捍衛國家主權，維護民族尊嚴，被稱為近代中國「開眼看世界的第一人」。每年的6月3日是林則徐「虎門銷煙」紀念日，6月26日則是世界禁毒日。林則徐之所以在中國近代史上佔據重要的一席之地，並得到許多國外學者的讚譽和研究，其主持的虎門銷煙無疑是主要的原因。

　　大陸方面，以全國政協的名義，開展紀念林則徐的活動，第一次是在1985年，林則徐誕辰二百周年，邀請五位海外歷史學家參加；第二次是在2005年，林則徐誕辰二百二十周年。無論是紀念活動的規模與範圍，還是其影響力，第一次活動都要遠遠大於第二次，邀請美國、加拿大、澳大利亞有代表性的研究學者參加紀念活動，表明林則徐在全世界範圍內的影響力。

　　1985年8月30日，在《人民日報》第四版，曾以〈全

國政協宴請林則徐後裔及外籍華人史學家〉為題,有簡短的專題報導。時任中共中央政治局委員、書記處書記習仲勳主持會議,全國政協副主席劉瀾濤致祝酒辭。被邀請的海外歷史學家,包括鄧嗣禹、唐德剛、陳志讓、王賡武等五人。但是,他們在鴉片戰爭與林則徐研究方面都有哪些貢獻,參加紀念活動期間有哪些內幕與花絮,從鄧嗣禹的兩封書信中,可以反映出鮮為人知的內幕故事。

作為以博士論文研究鴉片戰爭的美籍華人歷史學家,當時鄧嗣禹是主要受邀學者。這一段經歷,由於晚年身體健康的原因,他對此並未發表文章,但仍意義重大。為彌補這一缺憾,現將他寫給家人的兩封書信(1985年9月10日、11月2日)公布。信中真實地反映了鄧嗣禹回國參加紀念活動的原由、內幕,以及幕後的花絮。

第一封信寫於北京西苑飯店,時間為1985年9月10日,鄧嗣禹即將返回美國的前一天。

同蘭及家人共覽:

從前政府只請楊振寧等科學家回國講學、參觀,此次全國政協會破天荒請幾位史學家,回國參加紀念林則徐二百周年誕生。我為研究鴉片戰爭的專家之一,故被中國大使館打電話邀請,實是意想不到的事情。八月廿八日抵京,即參加各種紀念會,以後要我們去廈門、福州、泉州等處參觀林則徐的誕生地、墓地等等。

返京後二日,拜訪幾位老朋友,明日即需返美。近一

月來,腰酸背痛,行走需人扶持,人情是故鄉好,他們對我特別照顧,請來限期十日,不便超過。十餘年來感便閉之苦,非坐至抽水馬桶上半小時,無結果。凡無此種設備之處,皆不能去。汝舟、習應、喬升來電報,邀請回黃洞,無法以應。寄來剩下的錢,及照片一張,最近攝於友人家中。祝你們大小努力健進。

嗣禹　1985　九月十日

鄧嗣禹的第一封家書
（編譯者提供）

當時,因為接到全國政協的邀請比較倉促,鄧嗣禹並沒有時間提前告訴國內的親屬。但是,透過參加這次活動,他感慨良多,深感中國大陸在中共領導下,由改革開放初期重視海外華裔科學家,到至今開始重視人文學者和

歷史學家。於是，他便寫信將心得告知女兒鄧同蘭及家人。或許由於時間較緊，他僅介紹了此次參加活動的大概情況，並未能述及內幕細節。

第二信寫於 1985 年 11 月 2 日，這是鄧嗣禹返回美國之後，靜下心來，仔細介紹此次參加活動的內幕、細節，以及活動之間的花絮。

同蘭：

謝謝你花了很多功夫，規規矩矩地給寫的一封長信。恭喜你加薪，盼望你加級，以便日後稱鄧同蘭教授。但還要有一部著作，發表一兩篇論文，才有希望。

八月上旬，忽然接到中國大使館電話，要我去北京參加林則徐誕辰二百周年紀念大會。當時我差不多不相信我的耳朵，是聽清楚了，還是聽錯了，只答應考慮一下。對方在電話中說，還請了郭斌佳，他是研究鴉片戰爭的。我才知道，我的博士論文是有關「張喜與南京條約研究」，所以才被請。郭先生在醫院開刀不能去，所以大使館後來來函，更寫得清楚，非要我去。

郭斌佳在哈佛大學的博士論文為"A Critical Study of the First Anglo-Chinese War, with Documents"，1935 年由上海商務印書館出版，1970 年、1973 年分別由臺灣、美國的出版社重印。郭斌佳年輕有為，二十八歲就獲得哈佛大學歷史學博士，但在 1980 年代初期身體就不好，長期住

院。1985 年中期，因患癌症需要做手術，故不能前來北京參加紀念活動。

鄧嗣禹在哈佛大學的博士論文為 "Chang Hsi and the Treaty of Nanking, 1842"（張喜和 1842 年南京條約），由費正清撰寫序言，1944 年芝加哥大學出版社出版，1945 年由加州大學出版修訂本，1962 年哈佛大學出版社再版，1969 年芝加哥大學出版社重新印刷。這篇在費正清指導下撰寫的博士論文，傳承了他的研究旨趣與學術思想。鄧嗣禹在這篇博士論文中得出的結論，進一步豐富、完善了費正清在 1934 年發表處女作中的研究成果。論文中對於中英談判的重要人物張喜，涉及談判細節的《張喜日記》做英譯。1988 年，論文由楊衛東翻譯的中文節譯本，發表於中國社會科學出版社《國外中國近代史研究》第十輯。1950 年代至 1960 年代，由費正清及其弟子所形成的哈佛學派，在有關中國近代史研究方面，居於西方學術界的領導地位。

繼鄧嗣禹 1944 年出版博士論文之後，張馨保在費正清指導下於 1958 年獲得哈佛博士學位，論文題目依舊涉及鴉片戰爭問題研究，名為 "Commissioner Lin and the Opium War"，並於 1964 年由哈佛大學出版。他所使用的資料，包括林則徐的日記、鴉片戰爭文學集、怡和洋行檔案和其他重要的英、美商業檔案。費正清對該書同樣予以較高的評價。

《張喜和 1842 年南京條約》
簽名贈送版本（編譯者提供）

接下來，鄧嗣禹繼續介紹接受全國政協邀請的過程：

我答應去的時候，已經是八月二十幾號，來不及辦理外交、簽證等手續，就冒險登上飛機，機票是大使館寄來的，請去中國十天，一切費用由政協負擔。到了上海，補簽證，29 日抵達北京，第二天參加慶祝典禮，並在人民大會堂享受宴請，時間倉促，來不及通知任何人。坐飛機約 30 個小時抵達北京，寫信至少要六七天。但是，三十個小時無睡眠，人累得一榻糊塗。汝舟、習應、喬升三人來電報，九月六日接到，說是至報上看到我的名子，由政協請回國，故打電報托政協探望。從海外請回來的五位學者，誰也不便單獨行動，誰也未見親屬。

值得一提的是，1985年8月30日的《人民日報》介紹來自美國、加拿大、澳大利亞的外籍華人史學家時，僅提到鄧嗣禹、唐德剛、陳志讓、王賡武等人，而鄧嗣禹在信中表述「從海外請回來的五位學者」，那麼，另外一位又是誰呢？可能是張馨保。或許是因為當時張馨保與另外四位學者相比，年齡與資歷均屬年輕，報紙版面有限，未能列名提及。當年的《人民日報》原文如下：

紀念林則徐誕辰二百周年
全國政協宴請林則徐後裔及外籍華人史學家
　　【本報訊】記者曾祥平報道：全國政協8月29日晚在北京人民大會堂舉行宴會，招待林則徐的後裔和出席林則徐誕辰二百周年紀念活動的外籍華人史學家。
　　中共中央政治局委員、書記處書記習仲勛，全國政協副主席楊靜仁、劉瀾濤、程子華、胡子昂、錢昌照、楊成武、包爾漢、繆雲台、費孝通、屈武和有關方面負責人出席了宴會。
　　全國政協副主席劉瀾濤致祝酒詞。他說，林則徐是中國近代歷史上抵抗外國侵略，維護國家獨立的傑出的愛國人物，是中華民族的英雄。他在禁煙抗英鬥爭中，向全世界表明了中國人民對鴉片煙毒的深惡痛絕和反抗外國侵略的堅強決心。震驚中外的鴉片戰爭是睡獅初醒的象徵，為中國近代革命史開創了反對外國侵略的新紀元。林則徐的功績將永垂史冊。他還說，當年林則徐所憧憬的民族獨

立、經濟振興的理想，在中國共產黨領導下，在全國各族人民的團結奮鬥下，已經和正在實現，特別是歷史上遺留下來的香港問題已經得到圓滿解決。我們要緬懷林則徐的愛國業績，為實現四化和祖國統一大業而努力奮鬥。

林則徐的後裔、原中國常駐聯合國代表凌青（原名林墨卿）大使在講話中代表林則徐後裔對黨和政府的關懷表示感謝。他表示要發揚愛國主義傳統，為實現八十年代三大任務而努力。

林則徐後裔林建恒、林興、傅秀、林子東，來自美國、加拿大、澳大利亞的外籍華人史學家鄧嗣禹、唐德剛、陳志讓、王賡武等出席了宴會。

鄧嗣禹在信中，還詳細介紹參加這次活動的內幕、細節，以及活動之間的花絮：

從福州、泉州、廈門回來，唐德剛教授有一位侄女，從長春趕來，至旅館門口等了三個鐘頭，才見到唐教授，同去外面吃飯。第二天，原定她一同去東陵參觀，但是車上只能坐三個人，他們勸我不要去，我因腰酸背痛，也難得在北京休息一天，去商務、中華、琉璃廠購買點書籍。政協供給一部小汽車，讓我隨便去看朋友、買東西，這是九月十日，當時政協也買不到返美的機票，我很是著急，因為在九月十五日，我已經約好去醫院接受手術。經過多方催促，才說九月十三日或有希望。我發牢騷，說要去找鄧大姐，她是政協主

席,才於九月十一日接受我的要求,與唐教授同機返美。

十號晚上,王鍾翰同北大一教授要請我吃飯,去西苑飯店附近兩家飯店,原以為可以吃羊肉,但是已經人滿不能進去;另一家飯店,沒有外匯券不准進入。結果,回到西苑飯店,我請客。二人正在點菜,服務員把菜單從他手中拿走,說:你們不能在這兒吃飯。我們三人都很生氣,要她叫經理來,結果允許吃客飯。兩位客人大歎:從前上海租界公園,中國人與狗不許入內,現在亦然。

十一日,早七點去飛機場,到上海,唐君以我年老且體病為由,替我要求坐頭等艙,可以躺下睡覺,比較舒服,但仍約三十小時無睡眠,累極了!在飛機上,唐教授告訴我:他的侄女不能到飯店吃住(每日需要另付房費170-200元),也未能坐小汽車去看東陵。

鄧嗣禹(中)與唐德剛(左)、王賡武(右)在北京合影(編譯者提供)

在《人民日報》中提及的，參加紀念活動的四位海外歷史學家，唐德剛（1920-2009），美籍華人學者，畢業於國立中央大學歷史學系，哥倫比亞大學史學博士。陳志讓（1919-2019），加拿大籍華裔歷史學者，畢業於國立西南聯合大學經濟系，倫敦大學歷史系博士。王賡武（1930-），澳大利亞籍華裔歷史學者，曾就讀國立中央大學歷史學系，倫敦大學亞非學院博士。是四位學者中較為年輕的一位，也是目前還在世的歷史學家。鄧嗣禹（1905-1988），燕京大學歷史系畢業，哈佛大學博士。1985年參加林則徐誕辰二百周年紀念活動時，已經八十歲，因眼科疾病，離開美國之前，就已經預約手術的時間。可以說，他是帶病參加這次紀念活動的。從他的第二封信中，我們可以瞭解到，他當時的身體狀態：

返家後，因為太疲倦，不能接受手術，外科大夫要等到十月七日才有機會。六日命去醫院，只能喝水、吊鹽水，不能吃東西，還要打一針取血，照過許多X光片子。一個老人，經過了許多打擊，未能開刀以前，已經成為病人了！開刀以後，血管障塞，醫生很著急，注入顏色藥水，再照X光，以免影響心臟。本來住院五、六天即可出院，後以血管毛病為由，住了十天。因為醫院還有人要住院，急求出院。出院後第二天，全不能小便，肚子幾乎要破裂，又急去醫院，再動手術，且住院三天後才出院。腳不能走路，耳朵不能接打電話，老要對方說大聲一點，再大聲一點，使人不高

興。今天才到公事房,桌上材料堆集如山。

　　林則徐是中國近代史第一位民族英雄,也是名人裡的重量級人物,他的功績不僅是在虎門銷煙方面。目前,還有許多人如同當年的鄧嗣禹,在發表文章研究林則徐。

附錄一　北京大學任教歲月（1946-1947）[1]

一、我為何選擇北大

　　1946年，在芝加哥大學教了六年書，例當休假一年。胡適之先生約去北大講學，將書籍帶回國，想一去不復返。過去數年，為美國作育人才，總有「奶媽抱孩子，人家的」的感想。船經日本，有一天停留，乃由橫濱登陸，到東京聯合國代表團，拜訪吳文藻、謝冰心、王信忠、劉子健、徐中約等師友。吳府請客，高朋滿座，稍沾酒意，即高談闊論。在芝大替某教授教遠東史，包括日本，又每日訂閱《紐約時報》及其他雜誌一、二種，故對於歷史背景、遠東局勢，有相當的了解。蒙吳文藻先生推薦，想聘嗣禹任中國代表團高等顧問，月薪甚優，如記憶不錯，似為美金八百元，這是聯合國官員的待遇。那時被戰敗的日本國民，尚未能跟聯合國的人員隨便來往，所以住在中國代表團內，費用很有限，一年有相當的積蓄，故允許考慮。

---

[1] 〔編註〕本章第一節至第三節原題〈北大舌耕回憶錄〉，《傳記文學》，第46卷第1期（1985.01），頁62-65，標題為編譯者所加。第四節原載《傳記文學》，第43卷第1期（1983.07），頁29-34。

回到上海,小住數日,候船返湘省親,覺上海生活程度很高,乃由旅館搬住青年會。以後去南京中央研究院,拜訪傅斯年先生,告知去北大,或任中國駐日代表團高等顧問,尚在舉棋不定中。他拍拍胸膛說,「聽我傅斯年的,你一定要去北大,毫無猶疑的餘地。外交工作,有啥意思。去北大,去北大!」經此一番督促,即決定放棄去東京的幻想。至今回顧,引為幸事。

大概是8月中旬,由老家去北大,拿出胡適之先生的名片,上寫「鄭毅生祕書長,介紹我的朋友鄧嗣禹先生。」鄭先生少年精幹,滿面笑容的迎接。稍為寒暄,即領去見楊振聲代理教務長(湯用彤先生[2]在美國),及姚從吾史學系主任,我跟楊先生曾在芝加哥認識,請他講過演,吃過飯,領教過他所嗜好的杯中物。姚先生久仰其名,初次見面,即知為忠厚長者,訥於言,而敏於行。以後有關教授及生活事務,皆請姚先生幫助,他從不厭煩。但對於有暖氣設備的房間要求,他無法以應,因當時煤電,俱感短缺。幸有一位天主教神父,他在芝大遠東圖書館找材料時,曾有數面之緣。此次去找他,他欣然願意跟我同住,費用平均負擔。他的住宅,有房三、四間,有煤爐,溫暖之氣,如登天堂,非常高興。

我開兩門課,中國近代史與西洋史名著選讀。皆預先安排課程,列出參考書,預定大小考試日期,並需要作學

2　〔編註〕時為北京大學文學院院長。

期論文。一年當中,我從未缺課,只有一次,晚到兩、三分鐘,但亦不喜歡學生常缺課,有時也點名,所以學生缺課的很少。小考欠佳者,要來跟我作個別談話,找出背景,提出警告,以免大考不及格。不好的學生,多半是根底差,生活窮苦,要在外面打工,工資低,吃不飽,故進步遲緩。可是幸運得很,中國近代史班上有不少很好的學生,非常聰明用功。但無論程度好壞,學生都很客氣,很有禮貌,校園中見面,識與不識,冬天皆脫帽鞠躬,然後知他或她是我班上的學生,這是與美國不同的地方,使教書匠高興,減少「沙灘」的枯燥(當時北大在「沙灘」)。[3]

　　兩班的學生很不少,中國近代史更多,聽講者似乎感覺興趣。可是有一次評論某要人,下課後,有一學生心平氣靜的說:「鄧先生,您今天把我的祖父,批評得太苛刻,他並不像您所說的那樣頑固。」我說:「我只根據已發表的資料立論。品評歷史人物,隨時代而異,如對於曹操的評價,就是一個好例子。」

　　普通教書的人,多能記著好學生的名字。我在北大教書僅一年,高才生有漆俠、田餘慶、吳天南、羅榮渠、潘鏞、許世華、黃詠薺、龍麗俠等,這些人都在小考、大考得高分,算是我的幸運。西史名著選讀班,比較差一點。好的學生,只能想起趙思訓、向大甘、鄧銳齡、周昭賢等。最大的原因,是英文基礎淺薄。在日人佔領下,學生

3　〔編註〕文學院位於北京沙灘地區。

必須學日文，把英文忽略了。我介紹幾本日文講西洋史學的書，他們也不能全懂。據說日本教授早知要戰敗，即不認真教書，在班上唱日文歌，開開玩笑，講點故事，給學生們一兩塊糖吃，下課，以買中國人的好感。迫不得已，我採取一簡單課本，將英文新字，寫在黑板上，解釋意思。希臘、羅馬史學家之名，也照樣辦理，並註明音符，然後將每一史家之名著特點，略加說明而已。但數月以後，學生的英文也稍有進步。因為他們很用功，求知慾大，不怕翻字典，稍加指導即可見效。可惜有的學生，買不起英文字典，又不能常去圖書館，晚上要打工，圖書館太擁擠，去晚一點，找不到座位。

二、北大教授的趣事

北大教授們當中，確有不少名人。所處時間太短，不能全認識，不敢作點將錄。聊舉一二，以概其餘。每上一堂課，有十分鐘的休息時間，教過四、五十年書的陳援庵老師，一進休息室，即找一基角邊的椅子坐下，閉目養神，有時打鼾，曾前後兩次去請安，告知 1928 年，我是他班上的學生。他點頭為禮，似曾相識，用廣東國語，面帶笑容說幾個字，繼續他不可缺乏的休息。時間一到，即去上課。

另一教授，適得其反。每至休息室，談笑風生，令同事們聽之，樂而忘倦。他是發現北京猿人的裴文中先生。

曾記得1929年底，他穿田野工作者的衣服，脖子上圍著一條毛巾，告知聽眾用大繩纏著他的腰，深入地窖探摸，陸續掏出了牙齒骨、頭蓋骨等等。我告訴他，我是當時聽講者之一，請他繼續講講「北京人」的下落。

裴文中盯了我一眼，喝一口茶，很高興的開了話匣子，幾位同事們，馬上手端茶碗，或口含香煙，趕過來，圍著他靜聽。他說1939年春，平津局勢險惡，知難保「北京人」的安全。幾經祕密商量籌劃，將「北京人」慎重包裝，深夜從協和醫院取出，用汽車運至塘沽，打算搬上美國小軍艦，運至美國保存。拂曉，汽車抵塘沽海岸，日本憲兵探知有異，派飛機追趕，並開槍驚駭。司機及押運者停車，忙將「北京人」，投至海中。適逢海潮澎湃，轉瞬無蹤無影。裴文中長嘆一聲說：「可惜得很，恐怕我們永遠找不到北京人的下落了。」我看錶，已超過了休息時間，趕急去上課，已晚了一點。裴教授的口才好，一聽之後，可使人畢生難忘。以後對「北京人」的下落，他雖有不同的說法，然在那一天，我聞如是。

除此以外，在北大同事當中，我得到了一位很好的朋友──政治外交專家崔書琴，哈佛大學博士。因為我們是先後同學，有共同的師友，一見如故。月薪領到以後，我把錢擱在手提包中，問他那家銀行利息高、穩當？他說你把錢交給我，我替你存在銀行。即照辦，以後每月如此，稱他是我的義務財政部長。此後每禮拜六，差不多總在崔家打牙祭。下午3、4時許，北大、清華、燕京的教授

們，中有大名鼎鼎的科學家、文學家，以及政治新聞學家等，去他家打麻將或橋牌，共十餘位，打得非常認真，幾乎不談別的事情。有一次我參加打麻將的桌子，忽然大叫一聲「碰！」別人奇驚，「你為什麼不早說？」「我早未看見。」約7時許，崔太太說：「飯得了，請您們用飯。」她是前東南大學教授徐養秋的女公子，中英文並茂，確是大家閨秀，家中有一老廚子，作菜的手藝很好。飯後，崔太太宣布飯菜用費，平均分配負擔，價廉物美，人人歡顏。跟飯館比較，有天淵之別，再喝茶吃水果，即散會。清華、燕京同人返校，必須趕上晚班汽車。住在北京城內的人，玩了一下午，吃了一頓好飯，也要回去休息。雖然來賓的政治背景不同，而能在一塊吃喝玩笑，這是崔書琴的外交手段。他是國際公法專家，是非正式的國民外交部長，平津政學商各界人士，他認識得很多，聯絡得很好。去平津作研究工作的外國學者，他跟北平圖書館長袁同禮等，盡量幫助，使他們居之安，研究工作進行順利。

其他的朋友，有沈從文夫婦，因為夏雲博士是我們的老朋友，我常去沈家聊天。曾昭掄、俞大絪、大綱等教授，因為俞大綱的關係，他們待我很客氣。去俞家閒談，古今中外，皆可接觸。談洪楊事，如數家珍，他們是曾國藩的親戚，從小就聽慣了。夏志仁（濟安）、夏志清兄弟，少年英俊，平易近人，一望而知為天才文學家。清華大學的金岳霖先生，每見面必舉雙手作揖為禮。經濟系教授陳振漢、崔書香夫婦，我們在哈佛時同學、同遊玩。燕

大師友顧頡剛、鄧之誠、齊思和、聶崇岐、翁獨健、吳世昌、周一良、王鍾翰等等，不勝備舉。回燕大，如不去翁家吃住，他們夫婦不痛快。宿舍中老齋夫，圖書館中的老職員，一見面，皆很歡喜。總說一句，我的朋友們，使我在北京的生活，過得很愉快。起初朋友請客，馬上接受，以後回敬。有一位哲學家，哥倫比亞大學博士嚴羣教授請客，福建菜，很好吃。後來傳聞嚴家孩子說，「爸爸，給我一點豬油抹在窩窩頭上吧，減少它刮我喉嚨的痛苦。」我聽了感覺不安，不敢接受飯局了。

　　同天主教神父住到春暖時，我請求搬出去，同他談西洋政治哲學，很有意思。他一貫的理論，是中國從古就受了印度、希臘、羅馬的影響。可是我們的生活習慣與飲食口味不同，每日坐三輪車往返，也有相當的麻煩。故請姚從吾系主任在北大找房間。他派我住紅樓一間課堂，其中粉筆塵土，相當的汙髒。他叫工人將黑板取出去，加以打掃。又見西洋史教授楊人楩夫婦住在一間較小的教室，黑板仍在，也就隨遇而安。吃飯又成問題，遇刮大風、下大雨的時候，出外找飯館，很不方便。後經鄭天挺先生設法，將松公府的廚房廚子，最高行政人員吃中餐的地方，讓給我們使用。其中包括季羨林、苗劍秋等。季先生久留德，精梵文與印度哲學。苗先生久留法，雲南人，很會說笑話，增加吃飯的興趣，我們吃得很不錯。有一天適逢假期，我們讓廚子休息一天。胡先生請我去他家吃便飯，有胡太太、毛子水圖書館長，共四人，一紅燒豬肉、一半葷

半素,及一素菜、一湯,共四味。老實說,他們所吃的不見得比我們好。因為我們飯團的人多半是光棍,或室家在別處,故講究吃。

不幸通貨膨脹甚速,月薪所入,僅能糊口半月或十天甚至一周之用。窮教書匠,既無地皮可刮,又無竹槓可敲。迫不得已,只好賣文彌補。第一篇寫西沙羣島的主權問題,先去清華、燕京兩校圖書館找材料,時值嚴冬,坐敞篷汽車來回,顛簸不堪,寒風刺骨。再去北大、北平圖書館及南池子歐美同學會找資料。而在各處所獲,並不如想像的好,也許不優於哈佛燕京學社的漢和圖書館。是否在日據時代書籍有損失,或名人把書借出未還,抑或書多而未編號供學者使用,則不得其詳。寫一篇學術文樟,費時多而稿費少,不合算。次寫半學術性文章,如〈中國學術世界化〉。那時有不少老先生,覺得中國學問,精深奧妙,絕非外國人所能窺測。所謂「桐陽子苦讀四十年,始略窺墨學門徑」。到現在,中國學術的確已世界化了,漢學中心林立,所發表的研究作品,不能說全沒有貢獻,這是我作中國學術世界化的微旨。今後各國的文化,無法閉關自守。但所得稿費有限,崔書琴建議寫時評(那時他創辦「獨立時論社」,專發教授們寫的時論稿子到全國各報社),他可以幫助,在平津各報發表一次,寧滬又一次,廣東香港第三次。由某通訊社代為分發。第一篇文章,〈什麼是中國的病根?〉我認為自私自利,是最大的病根之一。其中例證,不免有傷時賢。自由成性,骨鯁在喉,

不吐不快。不管左右派,隨便批評。書琴說:「你的批評是對的,可是太過火。」賣出幾篇文章,某通訊社不樂意再幫助發稿,只限於平津報紙,由新聞記者直接到紅樓來取稿。有時文章尚未寫完,請他抽煙喝茶,稍為等候。粗閱一過,登出發表。文章是否有價值是次要問題,糊口第一,好像從前胡也頻、沈從文合刊《紅黑》雜誌,解題云:「我們《紅黑》是要吃飯的。」我覺得慚愧,長此以往,不是好辦法。對於教書工作,一點不肯放鬆,所以寫短文的時間也很有限。帶回去幾管自來水筆,兩個瑞士手錶,陸續賣出,維持比一般人高的生活水準。

三、我與胡適先生的交往

北大有民主作風:全校教職員的月薪,上自校長,下至工人,完全公開。各人的收入,大家皆知道,院系會議,不管等級高低,凡能與會的人,皆當仁不讓,有發言權,有表決權。全校一律以「先生」稱呼,不冠以校長、學長等頭銜。不像有些外國大學,每一學系只有一正教授。正教授說:「我的意見是如此」,別人再不敢置一詞。今略述親身觀感,作為證明,以前是否如此,以後是否有改變,則不得而知。

適之先生恐我孤單,遇美國學者來訪,非請客不可時,常請嗣禹及其他一、二久住美國的人作陪。在南池子歐美同學會吃西餐,飯後他說:「敝校長月薪美金卅四

元，鄧正教授廿九元，其他一、二位不言而喻。來來來，我們大家掏腰包，把鈔票拿出來，付飯費。」

在芝大教書數年，那時見校長難如登天，教育部長蔣夢麟想見他，我請美國一參議員幫助，才能約好一次見面的時間。可是北大校長的辦公室，等於教職員的俱樂部，全校教授，皆可進見校長，毋庸預先約定時間。有一次我去造訪，見接待室有一玻璃櫃，其中陳列一些蔡元培、魯迅等人的歷史文物。一進室內，工友照例倒茶，其中已有數人在座，彼此隨便談天，開玩笑，胡適亦參加閒談，並略言及徐志摩跟陸小曼的戀愛故事。我莫名其妙，好像香港廣東飲茶的地方。忽然談笑沉寂下來，向達先生說：「胡先生，您把北大所有的圖書經費，用去買《水經注》。我們教書的幾無新材料作研究工作，學生無新教科書可讀，請問這是正當的辦法嗎？」他面孔表情，相當的嚴厲。胡先生笑著說：「我用北大圖書館經費買幾部善本《水經注》，是確實的。要說我把所有的圖書經費，全用在買《水經注》上，以致學生無新書可讀，那是不確實的，哈哈。」我看形勢，不免有一番舌戰，起立告辭，他照例送出接待室，拿出一小筆記本，問我有什麼事，他要記下來辦理，我說無要事，以後再來請安。

文學院開會，後來湯用彤先生出席。他不多說話，讓別人說，頗有佛道家的風格，史學系開會，姚從吾先生主席，與會者皆可自由發表意見，那時候楊翼驤先生是學系助理，他不斷說話。鄭天挺先生提到李田意，南開大學老

校友，希望他回國教書，姚先生常勸青年學者不要隨便發表文章，總之，會議場中，有聲有色，亦莊亦諧，不亞於，甚至優於美國的民主作風，美國間有年輕的系主任，威風十足，有不可一世之雄的態度，助教不對他鞠躬唯謹，以後飯碗有關，正、副教授對他不客氣，也許可以使他們難升級與加薪。

當時北大的規矩，大學畢業生，要作一篇畢業論文，派我指導十幾個學生，他們的程度參差不齊，很難當作「填鴨」式的，在短期內培養起來，作出一篇夠學術水準的論文。好在他們都樂意埋頭苦幹，有的寫出來也斐然成章。有的從前未做過學術論文，無法一步登天。結果一半及格，一半要繼續修改，即算不及格。

1947年5、6月，北平的物價越漲越高，鈔票一天一天的不值錢，局勢愈後愈緊張。左思右想，再去看胡先生，一進辦公室，不管別人說什麼，馬上開門見山。「胡先生，抱歉得很，一年例假已到期，我想回美國教書，請您原諒。」他表示驚異。他說：「去年我請馬祖聖、蔣碩傑跟你鄧嗣禹三人來北大教書，希望你們三位青年教授，把在美國教書的經驗，施之於北大，提高理科、經濟跟歷史的標準，採嚴格主義，盼在三、五年之後，能使北大與世界名大學並駕齊驅，為什麼你剛來了一年就要離開，請打銷此念頭。」我再說：「我已考慮了很久，跟同學、同事們相處得非常之好，實在捨不得離開北大。然人是要吃飯的，而且我要吃得相當的好，再三思維，別無辦法，只

好辭別心愛的北京，再去給別人抱孩子。」胡適先生了解情景，他看看其他的同事說：「各位在坐已很久了，此事一言難盡，我請你取消辭意，以後再談，如何？」

消息很快傳滿校園，鄧某將要離開北大，已買好飛機票。傅樂素、嚴倚雲兩位講師請客，我所指導作論文的學生，皆來參加，有好幾盤菜，皆不離雞蛋，炒雞蛋、炸雞蛋、蒸雞蛋加蝦米、木須肉、西紅柿雞蛋湯。嚴倚雲等會作菜，皆很可口。我問為何有這麼多雞蛋？他們說：「每人每周有三個雞子兒，作為營養料。現在全拿出來，為先生送行，以報答您的辛苦教育之恩。」我聽了，很受感動，覺得不安。

去買飛機票，三次未成功。有人提議，送點禮物，可以生效，我不願意。書琴說，我叫你的小同鄉周教授同你去買。一到機場櫃臺，我說：「我已經來過三次了，未買到票。此次若不成功，我要告訴交通部長俞大維。」售票員生氣，「你最好請俞部長到這兒來，看看此處擁擠的情形。」說罷，跟別人打招呼了。周先生請我去旁邊坐一坐，休息休息，讓他去辦。他客客氣氣，說幾句好話，不到十分鐘，把票買好了。我要對他永遠表示感謝。

去飛機場以前，未告訴任何人。不知何故，去送行的，有我所指導作論文的全體同學，不管及格與否，皆來送行。我們合照一張相片。他們齊聲說，鄧教授，祝您一路平安，一路福星。使我感激得流淚，說不出話來，匆匆登機而別。若在美國，絕無此幸運。約半月以後，接到北

大寄來的一大信封,內容是一張繼任聘書以示好感。

1984 年 10 月於美國芝加哥

四、胡適之先生何以能與青年人交朋友

傳記文學社徵求胡適之先生書信,檢舊日函件,幸得二通,即以應徵,因忙未即寄。獨行及失眠之時,回想 40 年代與胡先生之交游,往事歷歷,如在目前。特偷閒寫出,以見他能友青年的祕訣。

若干在美國教書的同事,退休之後,遷居溫暖地區,以便終年可以打網球、打高爾夫球、游泳等等,豈非不亦樂乎?但重聚細談,多謂搬住別處,難交朋友,尤其是青年,青年人見熟識之老人多敬而遠之,客氣者略點頭為禮,否則,視如路人。而胡適之先生一生能與許多少壯學子,往來通信,實是難能可貴。謹先追述一、二件故事,然後觀察與分析其中的理由。

1. 美國青年人禪宗信徒多

胡先生大使任滿後,在美國幾處大學作短期講演,當時我在芝加哥大學教書,兼主持陸軍特訓班(A.S.T.P. - Army Special Training Program)。教美國大兵們說中國話,兼讓他們了解一點中國歷史社會、風土人情,準備他們遇必要時,去中國對日本人作戰時之需。1944 年初春,我們禮聘胡先生去芝加哥大學講學十餘日,所以他戲稱我為

「鄧老板」。每日講演一次，每周五次。其他時間，他喜歡有人陪同聊天，古今中外，無所不談。尤其是關於民國初年史事，他知道幕後背景，個中底細，普通書中，不易看到。他能從早談到晚，滔滔不絕，娓娓動聽，使人久聞不厭，而且畢生難忘，此非對於文學小說，修養有素，再加以說書者之技巧，聽之入彀，絕難吸引人之注意如胡先生之成功。

他說：某年在普林斯頓（Princeton）大學與日本鈴木禪宗大師，辯論禪宗佛學，鈴木教授說得玄之又玄，聽眾莫名其妙。而胡先生講訓練禪宗學徒的方法與故事，學徒初入講堂，聽不懂，問問題，所答非所問，莫名其妙，再發問，討一記耳光，罵他愚笨，不堪造就，只好作些挑水、砍柴、作飯、掃地等苦工。如此經月累年，有時去聽講發問，又討了很多耳光，挨了無數次打罵，才令離開嵩山，走入泰山。僧丐遠道跋涉，日曬夜露，忍飢挨凍，偶遇善心人，賞給他一點殘菜剩飯，聊以果腹。或遇強盜罪犯，引誘作惡，加入三教九流，不從又挨打挨槍，經過無數的磨練，才慢慢地達到另一名山，從另一名師學禪宗佛法，其教授之方，與第一名師不相上下，即挨打挨罵，作苦工，受困惑，兼受高年級門徒的欺凌，如美國大學壓迫一年級新生。又經過若干歲月，令步行至另一名山，學禪於另一名師。千辛萬苦，走盡中國五大名山，耗磨十來年歲月，才令返回原來的嵩山。此時，僧徒雙膝跪在老佛爺面前，很感動的說：「老佛爺，您沒有教給我什麼，可是

我現在已學會了一切！我已大覺大悟，看破凡塵。」胡先生講的極為生動而通俗，並說，這是實踐的哲學，致良知良能的方法，是開了第三隻慧眼的祕訣。若是僧徒不虔誠，無決心，早已放棄學佛的念頭，加入三教九流，作歹人或暴發戶去了。現在美國的年青人，多半是禪宗的信徒。他們不聽父母之言，叫他們閉著嘴，兒女好壞，不要他們管，只要自己去學會一切，等到三十以後，他們才能看破凡塵，什麼都懂了。杜威說：「教育是生活，社會上的磨練，是人生問題的試驗室，最好的大學。」

2. 誰是鄉下人

胡先生在芝大講學時，其中有一禮拜天，當時一位原籍德國教中國美術史的教授，預呈胡先生一張美麗的請帖，訂於晚8點，在他家歡迎胡博士，請我作陪，盡帶路之責。中午他同一哲學家在芝大教職員俱樂部共餐，他叫我也加入。胡先生吃得很少，我勸他努力加餐，他正在談話，未理會。請他為哲學會講演，他以無新意貢獻，婉詞謝卻。飯後仍在他房中繼續閒談，至6時，我提議去吃飯，他說有宴會，不必吃了。我懷疑恐怕是茶點歡迎，他肯定的說：「正式宴會總在晚上8點，我在外交界多年，知道很清楚。你是鄉下人，所以不明白，哈哈！」我從前雖在北大作過他的「偷聽生」，但並不熟悉。此次長談數日，彼此可以開玩笑。

7點3刻，我提議雇車去宴會，當時有雨，街道滑濕。

他問路途多遠，大約一英哩，他堅持步行。到主人門口，看錶剛8點，他很高興，「這一次外國人不會說我們不守時刻。」可是客人很少，胡先生不介意，又高談闊論。不知為何，忽然聽他談到西洋棋與中國圍棋的比較，也很有意思。不知不覺客廳已擠滿了客人，主婦推開餐廳門，見桌上所陳列的是三文治，每一片麵包切成八塊，上加乾酪、沙丁魚或鹹魚子之類，另有花生米、糖果、零碎糕點、咖啡等等。胡先生看我一眼，我們有點會心的微笑。主人把各種三文治，傳送兩三次，喜歡吃者取一片，否則婉謝。胡博士飢形於色，他拿三文治盤向男女來賓傳遞，有拒絕者，他說：「您不吃，我吃一塊。」有接受者，他笑著說：「我也陪你吃一塊。」盤中物轉眼將盡，主人已明白客人未吃晚飯，急入廚房，再加一盤三文治。然無論如何，非肉不飽。過了11點，我乘機進言，明早禮拜一，主人與來賓，多要上課，我們回家吧？談話仍繼續十餘分鐘，才各自歸家。在門口，我告訴胡先生：「五十五街有一家中國小飯館，要到12點才關門，我們趕快去。」他說：「你為什麼不早告訴我？」出門不遠，攔阻了一輛計程車，車夫說：「休車了，除非長距離，短程不去。」「我多給小費。」說著，已坐在車中了。至飯館門口，胡先生一直走入廚房，李掌櫃正在洗刷，預備關門，胡先生自我介紹：「我是胡適。」伸手待握，我趕緊說：「這是中國鼎鼎大名的學者，胡適之大使。」李掌櫃把油滑的手在衣上擦一擦，即握手，胡先生的手也濕了，

我說：「何必如此？」

他說，他常跟華盛頓的大師傅握手，又引起一個故事，我趕緊要李老板預備兩位客飯，然後靜聽故事。他做大使時，外交政策，多由政府要人辦理，大使卻常須穿大禮服、戴高帽，參加婚喪或其他典禮宴會。那時的中國使館，在十九街黑人區，附近有一中餐館，往往晚宴之後，他在餐館門口下車，把高帽扔在櫃檯上，跟老板握手，叫一杯咖啡或一盤水果，跟他聊天，慢喝慢吃，無憂無慮。在此休息半點鐘，揚眉吐氣，然後回使館。

可是，據胡先生說，有一午夜，忽來一人，向餐館老板借錢。老板說「可以」，他打開收錢箱，伸手掏摸，掏出來的不是錢，而是一支早已裝好子彈的手槍，馬上對要錢人肩上打一槍，把他嚇跑了。此後胡先生也不太敢去了。我說，1937-38 年，在國會圖書館做事，有時去使館訪友，也去過那家餐館一、二次，略識其老板與胖兒子。胡先生說：「他現在是北京樓的經理了，在 Chevy Chase Circle。」（1963-64 年，我在華府任客座教授一年，有一次在北京樓請客，先去訂菜，告知經理我認識他父親及其遇盜事，他給我們預備一隻北京烤鴨，皮厚如銀元，清脆味美，為一生在世界各處吃到最好的烤鴨，且又送一瓶香檳酒，可謂禮失而求諸野。）吃吃談談，快到早上 1 點，猛然一聲響，老板娘李太太下逐客令了，趕緊付錢走！我送胡大使回芝大教職員俱樂部，沒說晚安，但問大使：「今天誰是鄉下人？」舉手哈哈而別。

3. 世界上最民主的俱樂部

　　1946年胡校長從美國請馬祖聖、蔣碩傑、鄧嗣禹去北大教書，希望我們採嚴格主義，設法提高學生的程度。他的辦公室，採公開政策，教授隨時可以進去，不必有預約。凡是進去的人，工友照例倒一杯茶，送上熱毛巾，然後隨便談天。上自國家大政，下至家中瑣事，凡可供談助者，皆百無禁忌。也有人跟校長為難，當面批評他。如向達教授，罵他把北大的購書經費，皆用在買《水經注》上。他答辯，這是誇大不確實，但不生氣。我坐得很久了，無緣談私事，起立告辭。他照例送客人至校長室外，問有何事，即記在小日記簿上，回答說：「我盡量辦理。」從珍珠港事變時起，嗣禹在美國各大學任教四十餘年，從未見有如他這樣民主化的大學校長。他總是滿面笑容，絕未予人「我是校長，你當服從」之態。我知道美國某一大學，見校長之難如見皇帝！教授如有問題，問系主任，系主任問院長，院長問副校長，副校長問校長，階級森嚴，手續複雜得可怕。從在一年一次的社交場中，可與校長見一面，握一次手，除寒暄數語外，形同木偶。與北大胡校長比較，同事們隨時可去找他，可跟他開玩笑，真是不可同日而語。

　　遇有英美來賓，一塊聚餐，胡先生常邀我作陪。餐後，他說：「敝校長月薪美金卅四元，鄧嗣禹正教授廿九元，請大家傾囊相助。」大家湊錢響應，合成一大堆鈔票，方能付清飯費。美國大學，教職員的薪金，皆諱莫如

深，嚴守祕密。但在北大，上自校長，下至校工，他們每人每月的薪金，皆印在一張長約七、八尺的紙單上，領到月薪後，在上面簽名蓋章。全校的人，如有興趣，皆可以查看，絕對公開，無守祕之必要。反觀美國，教授們所得，相差甚巨，薪金高下，無固定標準，全憑個人的創作與活動能力為轉移。講到平等待遇，薪資公開，美國雖是民主，與中國當時的北大比，真是望塵莫及。

凡此種種，胡先生能友青年之道，已思之過半。若加分析，要點如下：

一、他能禮賢下士，無學閥官僚架子，所謂愛人者人恆愛之，敬人者人恆敬之。

二、他能愛護青年，雖自視甚高，好品評古人、前輩、同輩，而對於晚輩，多褒而少貶，所謂後生可畏。與年齡相差甚多之青年人通信，亦常稱兄道弟，聚會時以平輩相待。

三、他渴求與吾國青年人士為友，凡聞某校有一特殊人才，不管何科何系、文理工等，必欲面談或通信筆談。如在芝大，他打聽了鄒讜、盧懿莊、馬祖聖等（其時楊振寧尚未去芝大念書，故無從得知），即主動與之聯繫。後輩給他寫信，他皆親筆回答，甚至加以考據，長數頁，打夜作寫成，樂此不疲，使接信者興奮鼓舞。「人之患，在好為人師。」胡先生函件，據淺見寡聞，很少批評青年，妄出主意，而只是發揮己見，供人採擇。同青年面談，亦隨青年的志趣為轉

移,如嗣禹喜歡近代史,他常談民國初年的軍閥政客掌故。若青年有春溫,談點桃色新聞,他也願意參加,講點陸小曼與徐志摩的戀愛故事。總之,他力求發現人才,與青年人為伍,求不落後,避免老朽。誠如他所說:「老雖老,卻是河南棗,外面皮打皺,裡面瓤頭好。」他要給青年人一個「我也是你們當中的一分子」的印象。

四、他能竭誠款客,在紐約作寓公時,來訪客人不絕。有一次楊聯陞兄同我去見他,他健談,轉瞬至吃飯的時候,起立告辭,不讓走。當時收入甚微,以芽菜豆腐款客。伍廷芳倡豬血養生論,胡博士談豆芽菜中的維他命,豆腐之容易消化等等,實則「司馬昭之心」,我們深知,益發感動。所以「我的朋友胡適之」遍天下,實非偶然。

附篇一　從粵漢路慘案看中國的公共事業[1]

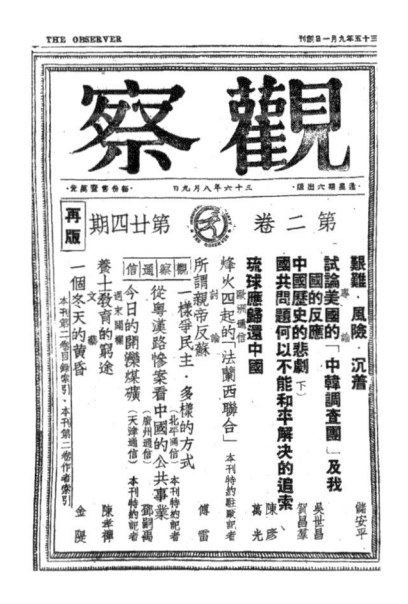

《觀察》第 2 卷第 24 期封面

　　粵漢鐵路最近發生一樁死了七、八百個旅客的慘案，其原因是值得檢討的。

　　1947 年 7 月 10 日下午 5 點 20 分，八五七號列車從韶機開出不很遠，在英德橋出事了。車頭及十一個車廂，皆掉在急流的河中。末了一個車廂，一半在橋上，一半懸在天空。車中說是裝載了三百個換防的軍人，六百多個旅客。有幾個車廂滿載豬牛貨物。出事之時，附近的民船及駐軍不救人，只搶撈豬牛充飢。出事之後，路局對於幸獲生存或跳車受傷者數十人，又無適當的醫治與照顧。出事

1　〔編註〕原載《觀察》，第 2 卷第 24 期（1947.07），頁 26-27。

後數十小時，交通中斷。第二次通車至英德橋時，路局不備船隻載旅客過河換車，而讓他們自帶行李，自找渡船。這是粵漢鐵路英德橋的慘案，恐怕是鐵路史上最大的慘案之一。

本文作者出外十來年，回國來看到兩種顯著的進步：一是航空事業的發展，二是火車免票之取消。十餘年前，坐頭、二等車的人，多半不買票，買票的是擠在三等車中的貧苦客人。一個普通大學生，若是在鐵路局認識一個小職員，就可以找到坐一、二等車的免票，其他有勢力的人更不用說了。在那樣的情形之下，鐵路還是賺錢的機關。現在無票乘車的人，尤其是所謂特別快車，已少至鳳毛麟角，路局的高級職員乘車，據說也要買票。我想中國財政部從鐵道方面，一定有一筆很大的收入，鐵路設備一定有很大的改進，然而事實上只有火車加價，卻少有改良的地方。國內別的鐵路不進步，皆歸罪於共產黨的破壞，粵漢鐵路在近兩年來，未遭受軍事上的破壞。今年兩湖米糧便宜，生活程度不高，票價似可維持原額，可是也加了好幾倍。加價的理由，鐵路上的職員莫明其妙，旅客更是莫明其妙。一年以來，運費已一再增加，而建設一仍其舊，看不出什麼進步。

去年9月我乘坐粵漢鐵路時，看見許多輕便鐵橋或臨時橋樑，用小小的甚至彎彎曲曲的樹枝架起，火車在橋上慢慢移動，好像一個骨瘦如柴的肺癆病人，抗了一件百多磅重的行李，雖然竭力在掙扎，而左右擺動，我很替他擔

憂。每過一渡河水汪汪的橋樑，我要出一把冷汗。我想這樣的輕便鐵橋，遲早要發生慘案的。

去年有輕便火車，今年沒有了，我不知道這是進步還是退步。去年把二等車廂改作頭等，三等改作二等，車上破破爛爛，窗戶也不完全，飯車狹小擁擠，髒汙不堪，今年仍是一樣，連衡陽那樣大的車站，痰盂也找不出幾個，旅客如不願隨地吐痰，又未帶夠手巾時，就要跑到大門外去吐了。

「慢」是中國文化的特徵，粵漢鐵路兩年來在太平環境之中進步的遲緩，可說是歎為觀止了。

據我親身旅行的經驗與觀察，此次大慘案的發生，是由於路局辦事人的腐化與玩忽職守。局長如重視路政，重視人命，就早當把橋樑修理結實，不當把臨時鐵橋永久使用，等到出事以後，才去修理。站長、段長如履行職務，也當早知英德橋的危險，或報告路局修理，或減輕列車重量。且粵漢鐵道出事，不止英德橋一次。在7月內頭十天，聽說還出過其他兩件事情。如7月5號飯車出軌，又有某一天，兩個車頭碰頭。可見路政的腐化，是養之有素了。7月12衡陽報紙登載車站上一點消息，路局職員及路警大罵新聞記者，說是「他媽的，他登我們的事情，要打毀他的報館」。普通的小事情，外部不容易知道，或不容許知道，就是英德橋慘案死亡的人數，路局人員也是諱莫如深。在站長室門口，有問死亡人數多寡者，嘴裡說「兩三百吧」，卻伸出一個大手指與食指作手勢，告訴屋

內的同事。

在粵漢鐵路上補車票，或由二等換到頭等，或買睡鋪，照例只由旅客給錢而沒有收條的。我由武昌上車時，由上鋪換到下鋪，找補一萬元，沒有收條。另外一位青年會的朋友，由二等換到頭等，找補十餘萬，也無收條。

粵漢路頭、二等候車室的茶房，每月恐怕有好幾百萬元的收入。每開一班車，到裡面候車的人喝茶，各給茶錢一、二千元，還不算什麼，最重要的收入是賣「飛票」。買頭、二等火車票，非大要人或路局中有朋友，不容易買到。候車室的茶房代買，卻非常容易，每張票多出幾萬元，茶房跑到票房裡，馬上把票拿出來了。不然早去，站一、兩個鐘頭，快要輪到你買票的時候，茶房在後面叫一聲賣票人的名字，「我還要五張，鈔票不要數，明天我交進來」，五張票馬上拿走了。輪到你的時候，賣票的人說，沒有頭等票了。就我個人說，我先登記，得站長允許，買票時犯規跟著茶房跑到售票室才搶著一張頭等車票，可沒有臥鋪，其他先跟我排隊等候的幾個人，皆未買到。上車之後，有四、五個床鋪空著的，求站長賣給我，站長說不行。稍後車廂裡的茶房卻能賣給我，交給他幾萬元，又是無收據。

這是我親身經歷、千真萬確的事情。據我的觀察，似乎是上下共同作弊。上級職員不聞不問，所謂「水太清則無魚」之謂也。上級職員不計劃大規模的改革，下級職員樂得佔小便宜。結果，不管粵漢鐵路一帶地方，是怎樣的

平靜，人工物價是怎樣的便宜，兩年以來，鐵路建設無改進，「特別快」差不多站站停留，等於特別慢，而票價卻加了好幾倍。路局的收入不全報部，交通部當然非一再加價不可了。中國人不值錢，英德橋淹死的人還不如淹死的豬牛什物，有人搶撈。中國老百姓出錢，得不到安全的保障與幸福的享受，而這些錢又不能全歸國庫的收入，只飽了幾個人的私囊。這是中國公共事業的經營，也是中國事業進步遲緩的原因。

讓我再說一句，「慢」是中國文化的特徵。中國人的自私自利，營私舞弊，又是社會混亂與一切事業進步遲緩的總因。

附篇二　返美途中考察日本教育[1]

在美軍的佔領下,日本的政治、社會、經濟、文化,都是直接、間接受太上皇麥帥的指揮。在麥帥的幕府中,管理教育文化事業的,佔了第六樓各公事房。中分高等、初等、幼稚園各級教育。語言、文化與宗教,也包括在教育部門,成了一個龐大的組織。每一組有幾個美國人作首領,雇幾個日本專家作助手。美國主要的目的,是想改革日本的教育制度,剷除軍國主義,領導日本國民走向民主政治的途徑。這種偉大工作的進展,現階段的收穫,及其將來的結果,是本文所要報告與討論的。

（一）日本目前的教育體制

日本的教育組織,現已經改成六—三—三—三制,即是初小六年、高小三年、中學三年、大學三年。日本的國民皆可受六年強迫義務教育,教科書由美國人監督修改,取消天皇神權的地方,增加民主思想的灌輸。在高等教育方面,美國的管事人韓佩翁（A. M. Halpern）君現正在著手組織日本的專門人才,將使各種頭等專門學者,屬於一個類似英國皇家學會的團體。各種學會組成後,將產生

---

[1] 〔編註〕原題〈日本的教育一瞥〉,《中蘇日報》,1947年9月18日,版3。後收錄於《獨立時論集》,第1集（北平:獨立時論社,1948）,頁139-141。原報刊文中說明:作者為美國芝加哥大學史學教授,此文係在其赴美途中所作。

一個總會，與美國的學術團體總會（Council of American Learned Societies）相彷彿。從這些學術團體與專門人才的組織，希望能夠控制日本的智囊。

在語言方面，主管人員，也是韓君。此君是一位社會學家與語言學家。他的太太是土生土長的日本人。他自己非常聰明，學過一年多日文後，便用新科學方法，訓練美國軍官，學習日文，以作治理日本之用。以這樣的資格與新語言學的理論，故美國起初主張日文拉丁化，完全以羅馬字，代替日文。其後因日本學者很客氣的反對與請求，纔採取一種折中的緩和辦法：即不用拉丁字，而限制用漢字，選出一八五〇個最常用的字，指定日本人使用。另用日本助手，每日分析報章雜誌，作出用漢字的數目統計表，看是否超過那個法定的字彙。據主管人員告訴我，成績很好，超過的字很少。偶遇無辦法時，才用一兩個漢字，出乎一八五〇字的範圍，但這只是偶然而已。

日本教育制度與語言文字的改革，據這位主管人員的自述，是成功與滿意的。

問他中小學教師的選擇標準如何？講堂授課時，有何監督方法？他的答覆是榮譽制度（Honor System）。甄別六百個小學教師，無人落地。課堂中實際講授情境，簡直無法監督。吉普車一至日本鄉下，塵高三尺，一、二里路遠，便可知道美國人來了，教師很容易改變講授方法，所以無法監督，也用不著監督，完全採取日本人自己管理自己的誠實制度或榮譽制度。以上是美國人對於日本教育的

改革,與他們自己的看法。

(二) 考察東京大學教育現狀

日本人的反應是怎樣呢?日本的教育情形與學生的生活狀況又是如何,這是本節所要報告的。

我以中國駐日代表團苗專員之陪伴,訪問東京帝國大學嘉治真三教授。此君前在日本文部省任事多年,六─三─三─三制,據說是他多年的主張而未實行者。這次以美國人的力量推動,使日本人多受義務教育,更減少文盲的成分,這在他看來,是「最好的,必須的」辦法。他們領我去看東京帝國大學,現在只稱東京大學,減少「帝國」兩字。房子古香古色,未受炸彈洗禮,仍有莊嚴氣象。

首先參觀圖書館,館長抱歉,說因窮,房子未打掃乾淨,新書也未大增加。他們有七十五萬冊書,日文書占一半,中文、西文的占一半。在樓上、樓下參觀的時候,正是上午 11 時,學校在暑假期中,學生不多,閱覽室只有五分之一的座位,被衣服襤褸的學生佔據。在小公事房中,有些小職員躺在椅子上睡覺,顯出營養不足,極端疲乏的樣子。從此引起我的興趣,要求參觀學生食堂。嘉治教授先領我去看東京大學的校長南原先生,此君為日本的反戰首領之一,聞脾氣古怪,而思想新穎。他告訴我東京大學的學生約一萬人,教授約四、五百人。教授的薪金,每月約四千日圓,若家庭人口多,可著增。教授、講師與助教的薪俸,皆相差不多,教授與工人的收入──工人每

月約得三千五百圓——亦相差不多。所以南原君說，從工資與薪水方面看，現在的日本可說是平等了，民主化了。因為各人所得，都是最低的生活費用。戰後倖存的高樓大廈，多半被美軍徵用了，現在各級人住的地方，也差不了很多。學生繳學費每年約六千圓，在 7 月 29 日的官價，合國幣十五萬元，膳食費每月四千五，合國幣十一萬餘元，這可以說是跟北平的生活費用不相上下。我問東京大學學生的情形如何，南原校長答：

「一般的情形還好，只是窮。百分之八十的學生，要在外面兼事，以便賺錢謀生。」

我問：「學生在外面兼事作工，不影響他們的學業嗎？」

「不大受影響，因為他們很用功，或許要減少睡眠時間。」

「貴校的考試嚴不嚴？考試時，學生要求劃範圍嗎？」

「敝校考試，絕對嚴格，學生絕無要求劃範圍之事。」

「貴校的學生常鬧風潮嗎？」

「很少，很少。只是戰敗不久的時候，學生自動起來要求辭退有軍閥思想的教授，此後就努力謀生，埋首學問了。」

「貴校的學術標準還是跟從前一樣嗎？」

「一樣。」

「美國人對於貴校的管制，厲害不厲害？」

「東京大學完全獨立，享受自由，美國人未加以任何干涉。」

「貴校高深的科學研究，仍跟從前一樣，未受到戰事影響嗎？」

「大致一樣。」

「你們的科學試驗室，可以讓我去看看嗎？」

「當然歡迎，不過設備太簡陋了。」

「南原先生，以你自由主義的立場，看日本目前最大的困難問題是什麼？」

「據淺見，日本目前最大的困難，是物質的缺乏，一切學校設備皆簡陋。其次是精神糧食的缺乏，一切國外的書籍，皆不能寄到日本來。」

「你對日本的教育與文字改革，有何意見？」

「教育改革甚好。文字改革，美方先主張日文拉丁化，我首先反對。因為一國的文字有固定的習慣，日文同音異義字甚多……不能隨便改革云。」

臨行時，他送給我一本英文小冊子，題目是《創造新的日本文化》（*Creation of New Japanese Civilization*），裡面開宗明義承認日本的戰敗與崩潰，懷疑過去日本歷史的傳統觀念，而要求日本來一次文藝復興與宗教改革，造成一種新文化。但此種偉大的事業，應該由日本人自己創造。若是一切改革，都由盟國接一聯二的發出指令來提倡，頗覺遺憾云。末了一兩句話，似是這本小書的用意所在。

南原校長送別後，他早已叫來管理食堂的人，領我們去參觀學生吃飯的地方。飯廳是模仿美國的自理食堂制度（Cafeteria），無堂役工人。每人按入食堂的先後次序，

拿一小茶盤，取飯食一份，然後選一桌子進食。每人有粗麵包約半磅，湯一碗、菜一碟，中有肉類食物二枚，形似北平的南煎丸子，外附生菜二片。全盤食物可一兩口食盡。食堂由學生經營，學校只派一人監督。據管事的學生說，他們吃的東西，是米麥豆雜糧混合品，只好作洋麵包吃，每人日吃三次，皆不能飽，故有分作兩次吃的。這樣的食物，還說是日本學校中最好的。跟食堂的學生談話，他們說，他們最大的困難，是一方面要在外面兼事，一方面要用功念書，而睡眠不足，營養不夠，頗覺為難。我們在食堂參觀十餘分鐘，就食的學生皆肅靜，無喧嘩或驚視參觀者之狀。日本人在美國人的眼光中，的確是成了馴民。在中國人看來，有人說是「天真爛漫」，我看，他們看中國人是不慢不卑，行若無事。

以後參觀游泳池，男女合游，據說校外人士亦可參加。東京大學收女生，但很少女生能夠考進去，因為她們的程度不及男生，而學校又不願意破格錄取。

總觀東京大學的情形，1937年有嚴肅輝煌之氣，1947年有森嚴蕭條氣象。人民似在醉生夢死的狀態中奮鬥，在愁雲慘淡中彷徨。表面上的笑容，掩不住內心的飢餓與痛苦。

（三）美國對日本的改革

從第三者方面的領教，如中國駐日東京代表團中幾位深明國情的專家，及自己的觀察，知道日本的教育，在學

生的質與量兩方面,都盡量維持戰前的水準。學術空氣還濃厚,學生自求學費,自力更生。除在外兼事外,學生兼營黑市買賣。一般的道德墮落,貧苦女生尤甚。日本高等教育,理科設備不良,所以東京大學不願意我去參觀。美國想控制日本的科學研究,駕馭日本的技術人才。東大的名教授皆繼續供職,未受更動,而高等教育的科學研究,則大受影響。在中小學教科書方面,尊重天皇的地方取消了。增加公民課,提倡民主思想,將來可有相等的成功。但在歷史教科書中,如「九一八事變」、「蘆溝橋事變」,仍然沿用日本的觀點。

日本與美國,同是自高自大,剛愎自用的國家。日本人的自大,直到現在,還認為他們一切是好的。政治制度的改革,是無關宏旨的東西。他們只承認科學不如美國,而科學的落後,不是日本人的聰明才智不夠,乃是日本政府對於科學的提倡與鼓勵不夠。其他的改革,日本人只是敷衍麥帥的面子,凡是麥帥說要改革,他們馬上往前進,要自己去改革,如語言文字,俱願自動改革,甚至戰事犯也願自動逮捕。這些都是日本人顧全面子的聰明辦法。

美國人的自負,是目空一切,獨斷獨行。藐視其他聯合國,更藐視中國。有許多日本人玩的政治把戲,中國人容易看明白,美國人不懂,然絕不願意請教或接受中國人的啟示。日本的歷史教科書,關於中國的事情,記載很多,美軍中沒有通曉遠東史的人材,而亦不願中國人審查,致遺留好些傳統的說法。

日人管理東北的時候，最大的改變，是強迫東北人說日語，強迫中國小孩對日人行三鞠躬禮，這是 1937 年我在瀋陽看見的。在美國管理的東京，最大的改變，是日本人不行九十度的鞠躬禮了，而略為點頭示敬。日本下女開門時，也不對客人行跪拜禮了，而只鞠躬。這是民主的傾向，與美國管理的收穫。

　　簡單說來，日本的國民與日本各級的學生，都在艱難困苦中，沉著氣，臥薪嚐膽的奮鬥。這種有組織、富於服從性的國民，左派的人可以領導，右派的人亦可以領導，美國人可以領導，俄國人亦可以領導。美國人對於日本教育上的改革，雖然在表面上微奏膚功，而實際難以動搖日本人的國民性。民主思想成功之時，要在二、三十年以後，或在受軍閥思想甚深的教員死盡以後。而日本的危險性，可隨時隨領導者之意志而發生。所以美國改革日本的教育與日本的國民思想，不見得是成功，而日本乘機發展國民教育與維持學術水準算是成功。與我國淪陷期間的教育相比較，真是不可同日而語了。

附錄二　風雨同歸：香港、澳門訪問始末（1956）[1]

彭靖

　　1955年，在周恩來親自安排下，中共成功將錢學森從美國引介回大陸。之後，開始運用各方面的力量，積極動員在海外，特別是在美國各大學工作的知名學者回到大陸工作。

　　錢學森是舉世聞名的空氣動力學專家，加州理工學院博士，跟隨其導師、美國飛彈之父馮・卡門教授（Theodore von Kármán）一起進行飛彈研究。1950年8月被美國移民局扣留，並將他拘留在終端島（Terminal Island）監獄十五天，其後繼續監視住居長達五年之久，不准他離開美國。1955年10月，錢學森才獲得准許出境，經香港回大陸。

　　錢學森回國事件，加快中共飛彈的研製進程，成為中共進行愛國主義和民族精神教育的教材。在這一基礎上，中共以多種形勢開展動員、爭取留美學者回大陸的熱潮。

　　1956年，中共針對知識分子問題專門召開了工作會

---

[1] 〔編註〕改寫自：《澎湃新聞》，私家歷史欄目，2020年4月19日。

議，會後制定了〈1956-1967年科學技術發展遠景規劃綱要〉，希望提升科學技術人才的需求。又制定了〈關於爭取尚在資本主義國家的我國留學生回國工作的通知〉。根據統計，當時所謂在資本主義國家工作或學習的留學生大約還有七千餘人。其中美國有五千餘人、英國七百餘人、日本一千餘人、法國三百餘人。

周恩來曾特別做出指示：「1956年至少爭取一千名尚在資本主義國家的留學生回國參加社會主義建設。」而美國在與中共的1955年日內瓦大使級會談後，不再公開阻撓留學生回到大陸，最大問題得到了解決，一年內爭取一千人回國的總體目標也是切合實際的。

1956年5月2日，為了動員在美國大學任教的楊聯陞（字蓮生）、鄧嗣禹、王伊同能夠回到大陸工作，時任北京大學亞洲史系主任周一良，曾寫過一封長信給上述三人。信中除了介紹北京大學、燕京大學合併之後，1949年之前回國的，以及原在北大任教的歷史學家工作安排情況之外，特別希望洪業（字煨蓮）、趙元任、李方桂等人也能一同回國工作。

蓮生、嗣禹、伊同兄：

多年不通信了，去年在萊登開會聽到一些你們的近況。這封信設法從別處寄出，希望它不至於付諸東流。如果你們看到這信，希望慎重考慮我所提出的問題。這是你們在國內的老朋友們（不只是我們夫婦而已）的共同願

望。我們常常想到你們,談到你們,誠懇地盼望大家都能平安歸國,貢獻所學,為人民服務。

　　解放六年以來,我們的國家起了根本的變化。多少新鮮事物真是更難歷數,不是我這短短的信所能書其萬一。如果你們有機會看到《人民日報》的話,我想一定也能夠瞭解一些。我們常說「舊社會把人變成鬼,新社會把鬼變成人」,這句話大可概括一切。由於社會制度的改變和殖民奴役的擺脫,中國國際地位也空前提高了。近年來,我們在國際事物上所起到的作用和取得的勝利姑且不談,僅以個人而言,我去年到西歐開會便深切感到,過去在外國讀書的人吐出了一口氣。我們每個人都以作為站起來了的新中國人民而自傲!

　　此時,鄧嗣禹獲得傅爾布萊特計畫(Fulbright Program)資助,正在日本研究。同時,他美國的夫人與兩個女兒同行。5月8日,在日本寫信給正在湖南師範學院上學的女兒鄧同蘭,告知來到日本的情況:

初來日本天氣很冷。圖書館無暖氣,手腳指都凍壞了。……
我們是坐飛機來日本的。五個大箱子,從船上寄來。可惜在路上丟了三個。大概是船在日本或高麗靠岸時,被小偷把鎖打開,把裡面的東西都取走了,可算是不幸的很。

同時，他在信中也描述了從事研究工作的情況，並提到年底到香港的想法：

在日本做研究工作也不是很滿意，設備不完備，助手懶惰只希望拿錢不做事。好些很普通的中國書籍，日本竟找不到。
……
在日本生活住不慣，生活程度也相當高。我希望今年年底去香港一遊。

另外，他告知將李劍農所著《中國近百年政治史》翻譯成英文，並且快要出版了。詢問長沙有無蔡鍔的遺著。

此時，鄧嗣禹輾轉接到周一良的來信，所以有意到香港考察、遊覽一次，並透過香港這個中國的門戶，瞭解大陸的最新發展現狀。原來留美同學現在國內工作、生活的情況如何，也是鄧嗣禹希望瞭解並關注的內容。

關於這方面，周一良在信中繼續寫到：

再談談我們的情況吧。五二年院系調整，清華成為工科大學，北大、清華、燕京的文理法工院合併為新的北京大學，我們都到了北大，鄧懿教外國學生中文，我先教中國史，後改教亞洲國家史。今後在相當長的時期內，這將是我教學和研究的範圍。
……

你們一定關心很多老同學和史學界的人物，讓我簡單介紹一下。為了發展歷史學，科學院在這方面有三個所，第一所管上古到南北朝；第二所管隋唐到鴉片戰爭；第三所管近現代史。各地大學和師範大學、師範學院設有歷史系。

……陳寅恪先生在廣州中山大學待遇極為優厚，因眼睛不好，在中山主要為高年級的同學開課，仍不斷寫文章，最近還在中大學報上發表了〈論王導之功業〉。向達先生在北大歷史系，兼北大圖書館長同時，又是歷史第二所所長，很忙碌。北大歷史系裡你們認識有張政烺、余遜、鄧廣銘、邵循正、楊人楩、齊思和、張芝聯。齊思和因為世界史方面的需要，現在主要是教外國歷史了。為了加強南開的歷史系，所以從52年起，鄭天挺、雷海宗都到了南開教書，分別主持中國史和世界史方面。蓮生認識的丁則良，他現任東北人大歷史系副主任。侯仁之專搞地理去了，現任北大地質地理系主任。

聶崇岐在科學院第二研究所專門搞史料編輯工作，最近我們標點重印通鑑，他擔任了總校閱，這都是他最擅長的工作。傅樂煥繼續搞遼金元史，王鍾翰繼續搞清史，馮家昇搞維吾爾史，都在中央民族學院研究部。朱士嘉在歷史第三研究所，也繼續他的方志工作和中美關係史的研究。鄧之誠先生已經退休，仍住在中老胡同的北大宿舍，領全薪。最近《骨董瑣記》由三聯書店再版。他還出版了一本《桑園讀書記》。孫毓棠在科學院經濟研究所，專門搞他所擅長的中國經濟史。從上面名單的報告，你們可以看到，過去的專家們

今天不但繼續在崗位上工作,而且是比以前安排得更恰當,更能發揮了他們的長處。

北京史學界有兩個人沒有完全回到本職崗位,因為實際需要,繼續作政府工作,他們就是副市長吳晗,和教育局長翁獨健。但是吳晗同時是科學院學部委員,公餘之際還寫文章,修改《朱元璋傳》已經快要出版。翁也兼著民族學院研究部主任。還有譚其驤是你們熟悉的。他原來在上海復旦歷史系,前年因改繪楊守敬歷史地圖,把他調來北京。搞一套歷史地圖是老譚多年來的願望,只有到今天才實現。他現在指導著一些人在工作,這部地圖出版後,對於研究中國歷史將有很大幫助,遠比箭內的書要詳細可靠的多。

再報告一下劍橋的朋友們的情況吧。吳保安擔任武漢大學歷史系主任,已經好多年了。高振衡任南開大學化學系副主任,馮秉銓任華南工學院教務長。陳新民、黃培雲任華東冶金學院的副院長,陳標生在清華,陳振漢、王珉源都在北大。嚴仁賡在北大經濟系,同時是我們的副教務長,張培剛在武漢的華中工學院當總務長,史國衡在清華當總務長。總之,這些人所學的,有用的東西都發揮了作用。

以上所談的可能都是你們想知道的事,從這些情況你們可以瞭解歷史科學工作也正如祖國其他事業一樣蓬勃開展中。無論什麼人都在發揮潛能,劍橋的老朋友們都沒有辜負所學,他們的工作成績也都得到了人民的認可。

在爭取海外留學生回大陸的方式上,在 1956 年以前

主要以中央為主,中共國務院文化教育委員會(簡稱文委會)經過協商討論,組成一個以馬敘倫為主任的「辦理留學生回國事務委員會」(簡稱辦委會)。辦委會隸屬於文委會,主要有四項任務:(一)調查尚在國外的留學生,動員其早日回國。(二)對留學生回國前後的宣傳瞭解及教育。(三)留學生回國後的招待。(四)統籌解決回國留學生的工作。還有一些因經濟困難無力回國的人,辦委會也積極給予幫助,向文委會申請了四萬美金作為接濟之用,為進一步爭取留學生回大陸工作奠定了基礎。

但是,當時這項「暫行辦法」僅僅是一個宏觀的意見,並未能見到具體操作細則。周一良在信中不僅告知了操作細則,還說明了具體注意事項:

我們非常盼望你們,以及尚在美國的其他一些朋友們好好考慮一下回國問題。如果旅費有困難,特別像你們這種全家在外的,可以到華盛頓、印度駐美國大使館領取路費——這是我們政府和印度政府協商好的。如果圖書儀器之類怕國內沒有,影響工作,也可以由印度領款購回到國內再報帳。人民政府說到哪裡做到哪裡,你們完全可以放心。回國工作無問題,找到恰當工作以前的一切生活費用,政府也負擔。錢學森回國後政府如何對待他,你們或許聽到了吧?洪煨蓮、趙元任、李方桂諸先生,我們也都歡迎他們回來。請將此信先給洪先生一閱,將來我還要給他寫信。因不知嗣禹兄地址,故一併寄到劍橋,請楊、王助力轉達。卞學璜兄夫

婦、陳觀勝兄夫婦如尚在劍橋，也希望給他們看看。

一良　五六年　五月二日
懿附筆問好

　　1956 年以後，中共國務院文委會根據已經回國的留學生反映，尚在國外的留學生主要存在兩大顧慮：一是對大陸現況缺乏瞭解，思想上尚有若干顧慮：由於留學生多數在 1949 年以前出國，離開大陸都有六年以上時間，因此對大陸的真實情況不太瞭解，或多或少也受到一些美國及國民黨宣傳的影響，特別是 1949 年以後開展的「鎮反」、「三反」、「五反」等一系列政治運動，也讓留學生擔心回國後會被「洗腦筋」，受政治迫害。二是個人實際困難，例如有些人工作合約尚未結束，有些人娶妻生子不便遠行，有的怕申請後不能馬上回到大陸，導致失業、生活無法維持等。

　　因此，為了做好爭取留學生回到大陸的工作，中共中央決定轉變爭取工作的重心，專門成立爭取還在資本主義國家留學生回到大陸的工作組，「工作組之下，由內務部、高教部、公安部共同組成聯合小組，負責進行留學生家屬工作」。[2]

　　1956 年以前，無論是宣傳還是接待，都是圍繞海外留學生來開展，自 1956 年後，工作重心則轉向留學生的

2　〔編註〕李滔，《中華留學教育史錄：1949 年以後》（北京：高等教育出版社，2000）。

家屬、朋友,以及已回國的留學生,主要方式是透過動員他們寫信,告訴留學生大陸的現況,激發留學生的愛國主義。主要從三個方面著手:一是讓已回國的留學生給尚在海外的同學或是親朋寫信,信件內容以自身體會為主,將大陸的社會主義建設、中共中央的知識分子政策告訴他們,呼籲他們放下思想顧慮,返鄉參加建設。二是讓留學生家屬給在海外的親人子女寫信,以親情感動留學生,讓他們早日回鄉與親人團聚。三是讓已經回到大陸的留學生給他們的海外友人(比如導師、同學、著名的科學家等)寫信,利用他們親身體會,影響輿論,協助留學生回到大陸。中共中央強調應當使留學生感受到親人的溫暖,而不是一味地責難、怪罪,要諒解留學生的困難和處境,給予他們同情與關懷。[3]

9月初,鄧嗣禹抽出空餘休息時間,到東京、北海道等地遊覽。

9月10日,鄧嗣禹在日本操心印第安納大學急需尋找中日文圖書編目人員一事,故致函錢存訓:

　　講學榮歸,理當接風。敝圖中日文編目員,時到現在,仍未能獲得合適人選。袁守和先生曾介紹蒲友書君(附原函),蒲君文翰最佳,滿望可以來此就職,無需面談。但因從未習日文,婉辭。吾兄可以與蒲君接洽。

3　〔編註〕李滔,《中華留學教育史錄:1949年以後》。

吳光清介紹一人，中英文皆不通（請守祕），在臺大專修歷史，來美改習化學，後又改習圖書館學。敝處因為找不到人，嗣禹又不願此職位為日本人奪去，故在無辦法中，仍請此君來此試作 1-2 年，但尚未回信。有一日本人，現在東京，願重返美國工作，曾在哈佛工作 1-2 年。裘先生表示移民局手續麻煩特甚，費盡九牛二虎之力終於被迫返國。

梅貽寶先生云有一女士在芝城 City Library 工作，可否請兄電詢。否則，編目部現任（老處女）將要自殺矣。因為找了數月未能成功。一笑即清。

9月28日，在給女兒鄧同蘭的家信中，他再次提到聘請的兩個日本助手工作效率低下：

日本助手工作了七、八個月，然京都大學的東方學者尚未做完。

……

只好大小粗細事，皆由自己動手。

……

日本的圖書館管理不善，書籍雜誌散布各處，我得從樓上跑到樓下，從史學系跑到文學系、哲學系等等，到處找書籍雜誌。每天從早上八時以前出門，晚六時才回家，東跑西找，累得不堪。希望能夠將《日本東洋學者與中國學者名鑑及其著述》一書，在聖誕節之前編成。

12月初，在東京飛機場，寫信給女兒鄧同蘭（應該是在購買機票之後）：

> 我臨時決定，飛遊南洋各國。十二月二十四日飛抵香港，停 23 小時；飛至泰國，停九日；飛新加坡又停九日；飛西貢，正月十五日；返香港，住至正月十九日。你如能來香港，父女團聚甚佳。
>
> 但不必過於勉強，致於國法。如不能來，請告知需用物品，如能寄，皆當寄來。我常照有顏色照片，所以無黑白照片相贈。一年前，抵達東京時，朋友攝一全家福，雖小，聊甚於無。即祝。
>
> 父嗣禹匆匆書於東京飛機場

12月24日，鄧嗣禹抵達香港，拜會萬有圖書公司老闆徐炳麟等朋友，後至泰國（停九日）、新加坡（又停九日）、1月15日到越南西貢及東南亞等地考察後回到香港，再由香港返回日本。

那時，女兒鄧同蘭正在湖南師範學院生物系就讀二年級。接到此信時，正值期末考試前期，由學校特批（校方希望她能動員父親回來工作）去香港與父親會面，並一同遊覽香港、澳門景點，拜會澳門培正中學校長，約一週時間，並留有香港、澳門等地的留念合影。

鄧同蘭晚年回憶這段經歷，在她的年譜中寫道：

1956年冬季，正值我在湖南師範學院期末考試之前，父親來信說：長期旅居國外，但每時每刻都在想望祖國，思念家鄉，想念年邁多病的父母和妻兒。但是當時，中美兩國斷交多年，父親無法回國。因此，要我去香港同他見面。我將父親的來信給年級輔導員老師看，不久由羅院長代表學院找我談話，特批我可以不參加學院規定的期末考試，及時去香港探望父親。同時，要我詳細地介紹祖國繁榮昌盛、國力發達、經濟穩定的大好形勢，力爭要這位著名的歷史學家回國，為振興祖國建設做貢獻。

　　當時，在大學的同班同學也很重視這件事，她們為我準備好較時尚的短大衣、皮鞋等物品。我從湖南長沙坐火車到廣州，晚上乘輪船從廣州出發，次日凌晨抵達香港，由香港萬有圖書公司經理徐炳麟接站，入住到香港預訂的旅館。父親同天中午到達香港，我們在徐炳麟的陪同下，共同遊覽了香港市容、海洋公園，九龍和維多利亞港區，攀登了獅子山、太平山。在太平山上，三人曾興致勃勃地合影留念。

　　晚上，我們同住在一個旅館。父女之間暢所欲言，我向父親介紹國內的形勢，以及人民的生活現狀，公正地評論國內的政治運動情況：如土改中家庭的情況，以及「三反」、「五反」、「四清」運動對於家庭的影響，還介紹了目前家裡父母妻兒的現實生活狀況等內容。當時，由於父親在日本的研究助手不得力，他有意要帶我出國，給他當研究助手。

鄧嗣禹（左）與鄧同蘭（中）、徐炳麟（右）在香港太平山合影（編譯者提供）

鄧嗣禹（左一）、鄧同蘭（左二）與澳門培正中學校長鄺秉仁夫婦（右一、右二）合影（編譯者提供）

第三天，我們由香港乘船到澳門，當天參觀了媽祖廟、觀音堂、白鴿巢公園等許多著名風景區，並在徐炳麟的引薦下，拜會了他的好朋友，培澳中學校長夫婦，當晚由培澳中學校長作東請客。之後，三人下榻培澳中學附近的賓館。

鄧嗣禹（左）、鄧同蘭（右）在澳門媽祖閣合影（編譯者提供）

臨近離開澳門時，父親帶我到澳門商業街上最大的一家商店，為我買了一條金項鍊，一個高級皮箱，作為禮物送給我。當時我考慮，國家培養我讀師範學院，我還沒有為國家做出任何貢獻，現在去美國不合適。同時，我按照學院領導的交待，耐心勸說父親在適當的時候，能夠回國，將所積累的知識和經驗用於國家的發展建設方面。父親答應我，回去後會認真考慮此事，同時他還鼓勵我要好好學習功課，以

後為國家培養更多的師範人才。隨後，父親離開澳門到達日本，再由日本返回美國。我提著一個空皮箱，順利通過海關檢查，回到長沙。這個澳門的皮箱，我一直很珍貴的保存下來，作為傳家寶，在兒子結婚時，我又贈送給他，並鼓勵他向外公學習。

　　回到學校後，學院領導給我安排了一個單人房間，複習備考期末考試的內容。在複習期間，為了報答學院領導的關懷，我起草了一份四頁紙內容，關於赴香港、澳門探望父親的思想彙報材料，考試結束後再次進行修改、完善後提交。對於我的思想彙報材料，學院各級領導都比較滿意，鼓勵我繼續給父親多寫信，早日促成父親回國的事宜。

　　此後，鄧嗣禹先後於 1972 年、1978 年、1985 年，先後三次回國開展學術交流與各種紀念活動。

　　從 1956 年周一良給鄧嗣禹等人的一封長信，以及湖南師範學院透過留學人員親屬，動員海外留學人員回到大陸所做出的努力，我們可以真實看到，當年中共在爭取資本主義國家留學生回到大陸所採用的方式和方法。

附錄三　文化大革命後的中國教育和知識分子生活問題（1974）[1]

鄧嗣禹著　楊秀珊譯

一位拙於言辭的中國觀察家注意到，毛澤東和孔子似乎在中國與其他地方進行一場人氣與影響力的競賽。千百年來，《論語》是中國學生的必修課，相比之下《毛主席語錄》也有類似的情況，印行數百萬冊。孔子是一個謹於言辭的活動家，他認為一個政治家不必有過多的言辭：「君子欲訥於言，而敏於行。」[2]

在這方面，毛澤東試圖模仿孔子。據報導，毛澤東因為在 1969 年中共九大開幕之前，已經多年來沒有公開談話，而失去了他的演講能力。過去許多中國、韓國與日本的儒家追隨者，積極探求孔子的智慧，今日許多中華人民共和國與其他國家的幹部，也積極追索毛澤東思想。

在教育界，孔子說：「有教無類。」意即，教育不能有所取捨，不能由貴族壟斷。孔子同情窮人：「自行束脩

1　〔編註〕原載 S. Y. Teng, "Education and Intellectual Life in China After the Cultural Revolution," *Contemporary Education*, Vol. 45, Iss. 3 (Spring 1974), pp. 174-182.
2　〔原註〕《論語・里仁》，第 24 則。

以上，吾未嘗無誨焉。」毛澤東比孔子更進一步，他讓工農兵子女免試、免費進入大學。毛澤東為了社會大眾，讓教育設施迅速擴充。因此毛澤東被指控為「不是一個真正的馬列主義者，而是一個行孔孟之道借馬列主義之皮」。[3]

這個指控是不精確的，因為毛澤東確實遵循著馬克思的教育思想。在《資本論》的第一卷裡，馬克思談及「未來的教育」，將是把「生產勞動同智育和體育相結合」。[4] 在《哥達綱領批判》中，馬克思再一次強調生產性勞動的重要性。「生產勞動和教育的早期結合是改造現代社會的最強有力的手段之一。」生產勞動曾是囚犯的「改過自新的唯一手段」。[5] 在這方面，毛澤東堅定地和馬克思走在同一路線上。

毛澤東倡導教育面向工農，而不是資產階級菁英。「儘管工農掌握政權，教育體系主要由中農和城市小資本家的子女所佔據，雖然八成的人口是工農，但工農家庭的多數青年仍然被拒於教育大門之外。」[6] 這就是1950年代早期的狀況。

十年後，北京大學來自工農家庭的學生，「從1960

---

3 〔原註〕〈五七一工程紀要〉，我懷疑這份據稱是林彪之子所寫的機密文件真實性。

4 〔原註〕Marx, 1965, I, pp. 529-530.

5 〔原註〕Marx, 1966a, pp. 33-34.

6 〔原註〕*Educational Theory in the People's Republic of China, The Report of Ch'ien Chun-jui*, tr. John Hawkins (University of Hawaii Press, 1971), p. 23.

年的六成六八降到 1962 年的三成七七」。[7] 無怪乎 1964 年毛澤東打算發起教育革命。據報導，他認為課程太多，負擔太重，從小學生到大學生都天天處於緊繃狀態。因為在微弱的燈光下學習，學生近視人數日增。課程非得砍掉一半不可。孔子只教學生六藝：禮、樂、射、御、書、數，就這樣孕育出許多賢者。中國兩位著名詩人李白與杜甫，既非進士，也非翰林。關漢卿和曹雪芹是中國最著名的劇作家和小說家，他們也都不是進士、翰林。明朝做得最好的皇帝，只有明太祖、明成祖兩位，一個不識字（毛澤東原文如此），一個識字不多。

毛澤東說，現在的考試方法是以學生為敵人，舉行突然襲擊。他建議公開出考題，向同學公布，讓同學自己看書，自己研究，看書去作。考試可以交頭接耳，甚至冒名頂替。毛說：「那又有什麼關係？」[8]

孔子來自貧窮家庭。他放過羊，管過帳，彈過樂器，射過箭，趕過車。他說：「吾少也賤，故多能鄙事。」孔子沒上過學。自童年起他就與百姓在一起，理解他們的問題。孔子並不通曉工業和農業，所以他四體不勤，五穀不分。[9]

相反，毛澤東主張：「教育必須為無產階級政治服

7　〔原註〕Victor Nee, *The Cultural Revolution at Peking University* (New York: Monthly Review Press, 1969), p. 62.

8　〔原註〕Chung Hua-min，〈目前中國大陸大專院校的教育革命〉，《祖國》，67（1969.10），頁 2-3。

9　〔原註〕Chung Hua-min，〈目前中國大陸大專院校的教育革命〉，頁 3。

務，必須與生產勞動相結合。」理論與實踐必須合二為一。理論必須源於實踐並用於實踐。學生不僅要學習書本知識，也要學習工業生產、農業生產和軍事。學生要批判資產階級，學校要辦工廠和農場。所有實驗室不僅要滿足教學和科研需要，還要承擔國家的生產任務。這些工廠和農場要把大學和社會密切聯繫起來，使知識分子廣泛聯繫工農兵群眾，親自參加社會實踐，接受再教育。[10]

人們或許會說，毛澤東受到了約翰・杜威（John Dewey）的實用主義影響，認為教育即生活。

教育包括小學、中學和高等教育。知識生活涵蓋大學教授的生活方式和一般知識分子的興趣。「文革」是無產階級文化大革命的簡稱，是一次社會政治的大變動，包括紅衛兵採取的激進行動在內，後來為反擊紅衛兵而派工人和軍人進駐學校。這場革命始於1966年，1969年結束。期間各級學校關閉，直到1968年毛主席批示：「大學還是要辦的，我這裡主要說的是理工科大學還要辦，但學制要縮短，教育要革命，要無產階級政治掛帥……走從工人中培養技術人員的道路。要從有實踐經驗的工人、農民中間選拔學生，到學校學幾年以後，又回到生產實踐中去。」[11]

---

10 〔原註〕《為創辦社會主義理工科大學而奮鬥》（*Strive to Build a Socialist University of Science and Engineering*）（北京：外文出版社，1972），頁15-17。
〔編註〕本書為英文書。

11 〔原註〕Edward E. Rice, *Mao's Way* (Berkeley: University of California Press, 1972), p. 486.

在批准之後,學校逐漸重啟。大多數以前的學生被下放農村或邊疆地區的農場和工廠。他們沒有回到原來的學校,不是已經畢業,就是已經找到工作了。

托兒所

托兒所是中國的公社、工廠、礦山、公司和政府機關的共同特徵。由於是雙薪家庭,不得不把嬰幼兒送托。訓練有素的護士和老婦人被雇來專門照看孩子。托兒所一般是免費的,由公款來維持。

我在上海和人民公社參觀的托兒所都很整潔,光線充足,日照和通風良好。在訪客到來前,有幾個三到五個月大的小嬰兒在哭,但護士馬上就把他們抱起來哄。二到五歲大的孩子快樂地玩耍,拍著他們的小手來歡迎我們。

幼兒園

幼兒園在中華人民共和國非常普遍。在幼兒園的主要活動,就是讓他們集體玩遊戲、唱歌、講故事、跳舞等等。他們唱歌都伴有手勢,有《我愛北京天安門》(天安門類似莫斯科的紅場)、《紅太陽》,這兩首歌都是歌頌毛主席的。在幼兒園裡沒有一般學校教的那些正式課程。

與托兒所的孩子不同,幼兒園的孩子通常回家吃午飯,因為他們住在附近。

初等教育

　　小學教育從七歲開始，是普及教育且幾乎免費。課程簡化，科目較少，以進行更深入的練習。主科有六個：語文十二節，算術六節，手工和活動各二節，畫圖和唱歌各一節，一週總共二十四節，每節四十五分鐘。第二年的科目相同。其他科目如自然、歷史、地理和體育，在小學教育的最後兩年。高年級學生每週二十八節。

　　中文讀寫課程（語文）佔了一半的時間，從語言的難度和實用性來看是值得的。我在北京第一實驗小學參觀過課堂講解和運用視聽材料進行語言訓練。

　　據該校的 Chang 老師介紹，這所學校建於 1912 年，目前有六十八位教師，一千一百七十名學生分成二十二個班。文革期間學校曾一度關閉，1967 年 3 月重啟。他說：「我們教政治、語文、數學、音樂、圖畫和英語。」他們剛開始在五年級教英語，還處於實驗階段。

　　有一個三年級班的學生正在上語文課，黑板上掛著一幅畫，標題是「看圖說話」。畫裡一個小學生在雨中舉傘而行，另一個學生沒有傘，在後面跑，老師問：「我們該做什麼呀？」

　　一個學生舉手站起來說：「毛主席教導我們說，我們應該互相關心，互相愛護，互相幫助。」

　　老師說：「你講的道理很對。但是，假如有傘的同學家離學校近，沒傘的離學校遠，你們該怎麼辦？」

　　許多學生一起喊：「有傘的應該打著傘，把沒傘的同

學送到家,然後再回自己家。」

政治宣傳和公民教育始於幼小階段。在各級教育機構裡,無論是材料的選擇還是發言討論,政治基調都非常強,光榮永遠歸於毛主席。

囿於篇幅,我不想談其他地方也有資料的「半工半讀」學校和「業餘」教育。[12] 我要談談使我印象深刻的少年宮。

上海的少年宮每天接待二千餘名青少年參加午後活動。小學生和初中生在上完學校規定的課程後,自動自發來到這裡交流經驗,學習各種技藝,如體操、雜技、芭蕾和現代舞、彈奏樂器、唱歌、唱戲、繪畫、剪紙、小型引擎或幫浦的電線線路、製作飛機模型、理髮及其他實用的技術。少年宮還組織孩子們參觀工廠、碼頭和革命舊址。他們身穿五顏六色的衣服或制服,熱情歡迎訪客,向外賓和華僑高喊「熱烈歡迎!」

中等教育

中等教育由三種學校組成:普通中學、培養小學教師的師範學校、職業技術學校。教授的重點課程語文、數學、物理和社會政治。根據規定,中等教育為大學的預備

---

12 〔原註〕Robert D. Barendsen, *Half-work, Half-study: Schools in Communist China*; Paul Harper, *Spare-time Education for Workers in Communist China*. 這兩本小冊子都是由美國衛生、教育及福利部(U.S. Department of Health, Education and Welfare)於 1964 年出版,編號分別是 OE14100 與 OE14102。

學校。但有些學生,尤其是政治活躍分子,在普通中學成績不好,就不斷要求廢除大學入學考試,而他們成功了。

在文革前,中等教育分為初中和高中,各有三個學年,現在高中則縮減為二年。科目包括:漢語言文學,每週六小時;外語每週四小時,上滿兩年。課程表裡也有政治學、中國歷史、中國和世界地理、音樂和美術,還有農業基礎和衛生課程。

以北京師範大學附中為例。它建於 1901 年,但是從 1966 年的夏天到 1968 年的夏天整整關閉了兩年。到 1972 年 8 月,學校有一百五十四名教職員工和一千六百七十六名學生。有一座工廠和一座農場供教師和學生與工人和農民頻繁接觸,以向工農學習。

學校大力加強馬克思主義、列寧主義、毛澤東思想的學習。共青團和紅衛兵組織也是。人們普遍希望今天的學生將成為明天社會主義建設的革命領袖。

這所中學每年有三十一週用來上課,八週用於工廠和農場勞動。暑假與寒假各是一個月。一個教師的月薪最低五十點四元人民幣,最高一百五十元人民幣。特級教師的特別薪資是一百七十元人民幣。一位老師告訴我,他的兩房公寓月租是一點四五元人民幣。

中學畢業生的出路或就業機會有二:在農場或工廠工作。

高中老師由當地政府指派,他們是終身職,不須每年續約。一位缺乏經驗的新老師可以由資深的同事協助,後

者可以旁聽前者的課，還可以得到學生的幫助。資深同事與學生都會以友好的方式向新老師提出有用的建議，並討論如何改進。其餘還包括聽黨的報告，參與別人的課程與專題討論會，和校內外老師交流經驗等等。經過這些努力後，如果老師仍然無法改進，他可能會被調去做其他力所能及的工作。但是這很少見，因為在中國，中學數學教師必須有數學學士學位。校長不能命令他去教專業之外的其他科目，而在美國我們有時可以這麼做。

學生可以根據興趣選擇課外活動，如文藝宣傳、打球、美術等。然而，體育或體操是有統一要求的，因為這是毛主席的教育指導原則之一，即培養德智體全面發展的學生。早上10時30分左右，課堂延長二十分鐘。一千多名學生跑到大操場，老師使用麥克風喊口令，做示範動作，學生跟著做。老師一看到有訪客出現，就指揮學生們鼓掌歡迎，聲音如同一陣驟雨般。

在我學生時代和他們的課堂教學有很大差異，從前我們專心靜靜地聽課，而現在他們喜歡問問題和討論。他們舉起手，提高聲音說「是」、「不是」，老師也鼓勵他們這麼做。讀完一個故事或古文典故後，側重解釋。老師問學生從課文中聽懂了什麼，再問下一個學生，接著第三個學生被要求比較不同的理解程度和解釋的細微差別。我注意到所有的學生都能用自己的話講出故事的梗概，顯示他們已事先在家預習。大多數被老師叫到的學生，手臂上都配戴著紅衛兵臂章，這表示在智力和毛澤東思想方面是個好

學生。由於是一種榮譽,許多學生在放學後也戴著臂章。

高等教育

儘管中國在西元前124年就建立了太學,並在1世紀時已發展到三萬名學生和七千名教授,1972年夏天在北京的各個中國大學也有差不多近三萬名學生和七千多位教授。[13]

這數字是真的,因為文革後中國的學院與大學才剛重啟,尚未完全發展起來。有些科系,如哲學、宗教等,還未招生。根據我個人與南京大學、北京大學、清華大學、武漢大學、西北大學(西安)的聯繫,有四個主要特點與我學生時代不同:

(1) 免試入學。
(2) 沒有校長。
(3) 免膳宿費、免學費,入學前是工人或農民的學生,在上學期間可以繼續領取原來的薪資。
(4) 每個科系似乎都在編寫自己的教科書。

入學考試是為了工農兵及其子女而取消,因為他們競爭不過中產階級。由中共地方組織領導的三人委員會執行校長的職責,如此一來,被任命為校長的黨員就不能像北大的陸平和武漢大學的李達那樣為所欲為。在三人委員會中,工人被看做是繼續馬列主義與毛澤東思想革命路線的忠誠衛士。革命委員會是執行機構,隸屬於立法與監督部

---

13 〔原註〕李宗侗,《中國歷代大學史》(臺北:中華文化出版事業委員會,1958),頁7-12。

門的文教組。

學費和其他費用的免除,是為了廣大無產階級群眾的利益,而不是為了那些被排除在高等教育之外的特權資本家。大學費用由地方政府負擔,許多學生仍由工作的原單位支付工資。

每間大學各自編寫教科書似乎是在浪費時間和精力。對中共教育者來說,這個問題的答案是,教材應有「革命性、批判性、針對性」,應具有「地方色彩」。正是為了地方色彩,北大和其他大學也在編寫自己的教科書。編寫教材的指導原則是符合毛澤東思想,從實踐和第一手資料中學習,重新塑造我們的世界觀。教材要徹底改革,化繁為簡,批判性借鑑外國的科技成果,「古為今用,洋為中用」,並破舊立新。[14]

教科書由老教授、年輕講師、學生和工人合組的委員會編寫。這是團體工作,不是個人任務。每完成一課,先以油印件分發給學生,徵求學生的反應、意見和建議。然後修訂、再油印,發給第二個班。經過數次修訂後,課本才能被印行。最後,所有新編的教科書都將由國家級的編輯委員會仔細審訂,揚長避短,期望最終出版一部滿足全國需要的優秀教科書。

教學方法也被徹底改革。中共教育家把傳統教學方法批判為死讀書與教師本位,理論與實踐脫節。教師滿堂

---

14 〔原註〕《為創辦社會主義理工科大學而奮鬥》,頁 29-30。

灌，學生機械跟，這種方法只能培養脫離無產階級專政、脫離工農群眾、脫離實踐的書呆子。因此他們提倡科研與生產任務相結合的新式教學方法。一份中共的文獻寫著：「遵循毛主席的教育路線『理論聯繫實際』，『實踐的觀點是辯證唯物主義認識論的首要基本觀點』，『實踐，認識，再實踐，再認識』。為了符合工農兵學生的特色，我們採用由淺入深的教學法，將典型方案、產品、流程和技術創新與生產任務和科研相結合。我們正確處理顯著關鍵問題、邊做邊學、系統教學、專業與通用、基礎課與專業課之間的關係。」[15]

我認為他們更強調實踐，而非理論，因為我參觀的每所大學校園周圍都有各種工廠與農場，農場裡滿是美味的水果或綠油油的蔬菜。

中國大學面臨的一大問題是如何讓學生休息。按學校規定，學生必須在 10 時就寢，6 時起床。但 10 時前，管理人員總是很難把學生從圖書館趕走，之後一些學生還用手電筒在樹下或床上看書。

會有這種情形是因為對於工人或農民來說，上大學是一件很光榮的事情，他們以前不可能上大學的。許多這類學生的數學、物理與化學知識基礎薄弱，要靠自身的勤奮和老師、同學的協助來彌補。

他們說，教授要隨時幫助學生，不管是辦公室還是家

---

15 〔原註〕《為創辦社會主義理工科大學而奮鬥》，頁 32-33。

裡，學生都可以自由拜訪老師，或在午飯、晚飯時間一起用餐，教授也會到宿舍輔助學生。

因此師生關係非常親密，感情很好。

許多報導說紅衛兵毒打老師，社會學家吳文藻教授和他的妻子──中國最著名的女作家──謝冰心被迫自殺。與這些報導相反，我有幸與這對夫婦一起用餐，而不是如他們自己開的玩笑般，和他們的鬼魂吃飯。

香港崇基學院文學院院長曾昭森曾寫：「大學教授在中國仍有很高的地位，他們不只享有數百年中國傳統傳承下來的敬意，也一直在接觸新知識、新技術、新方法，對世界其他地方的發展很有興趣。」[16]

在中華人民共和國，教師或教授都是政府授予的終身職。男性工人六十歲退休，女性工人五十五歲退休，而教授則沒有強制的退休年齡，有生之年都可以領到月薪，不管有無受到批判、被肅清、生病或是傷殘。在他去世後，如果他有年幼的孩子，政府還會給一筆家庭撫恤金。這就是為何在 1972 年 8 月，北京大學有二千一百名教職員工與四千二百名學生，而清華大學有二千六百名教授與四千多名學生。當時一名教授的月薪可以高達三百五十元人民幣，一級教授（如顧頡剛）可以高達五百元人民幣。而普通職員的基本月薪則只有三十元人民幣，一位小學或中學教師每月薪資則介於四十元人民幣到一百三十元人民幣之

---

16 〔原註〕Chiu-sam Tsang, *Society, Schools and Progress in China* (Oxford: Pergamon Press, 1968), p. 201.

間。足夠的收入可以讓教授買書、買畫，看電影、賞戲劇、逛二手書店、穿山東綢襯衫（如我所見），還能遊覽旅遊勝地。毫無疑問，生活的保障賦予知識分子們一定的滿足感。

在中國，不同政治見解會受到批判，但不會致命。中共領導人明白：「只要我們密切注意，對他們進行政治再教育，使他們能夠重新定位自己的專業知識，大多數原有的教員可以繼續教學，並為無產階級教育和社會主義文化科學做出貢獻。」[17] 毛主席指出：「我國的艱巨的社會主義建設事業，需要盡可能多的知識分子為它服務。」

但是學者們必須放棄知識分子的架子，把工人當老師。[18] 工人與農民必須學會讀寫；學者則必須進行體力勞動。他必須像農民或工人一樣生活和穿著。他不應該把自己關在象牙塔裡，使自己與社會和人民群眾隔離。總之毛主席試著使無產階級知識化，知識分子無產化。可以肯定的是，中國不是知識分子的舒適之地。

據我的觀察和與中國青年的接觸，他們能把自己的工作做得很好，如博物館解說員、翻譯、公車司機等等，許多人都是在職訓練的。

過去二十二年來，中國教育系統的成就令人印象深刻。高等科研和人才在文革期間受到的干擾不多，在核物

---

17 〔原註〕《為創辦社會主義理工科大學而奮鬥》，頁9。
18 〔原註〕《為創辦社會主義理工科大學而奮鬥》，頁7。

理學、氫彈和人造衛星方面都有所成。瑞典科學家提塞利烏斯（Arne Tiselius）是1948年諾貝爾化學獎得主，也是1946年至1965年諾貝爾基金會的主席，他在訪問中國時說：「我的所見所聞使我相信，在很多地方，中國人在生物化學和基礎醫學研究方面表現非常出色。他們為建立和加強科學研究做出令人矚目的努力，也非常在重視農業、工業和公共衛生領域的實際應用。」[19]

中國科學家和工程師建造了南京長江大橋，並在渤海周遭發現鐵礦和石油礦藏。他們合成了胰島素，建造全世界第一個合成汽油廠，製造自動化純氧系統、頂吹轉爐、全新的雙光束紅外線分光光譜儀、自動立體照相機。[20] 美國專家最近宣稱中國人在電子計算機方面已經領先俄國人。[21] 針灸在醫學上的應用更吸引西方人的注意，因為中國人對關節炎的成功療法還不為外界所知。

最重要的是中國培養了許多革命青年，他們「滿懷深厚的使命感要去淨化中國社會，不辭勞苦為人民服務。在中國，民眾熱切地追求實現毛澤東關於無私、政治覺醒的群眾願景。毛澤東呼籲，天生的奉獻和無私驚人，將會強

19　〔原註〕Chiu-sam Tsang, *Society, Schools and Progress in China*, p. 211.
20　〔原註〕*China After the Cultural Revolution: A Selection from the Bulletin of the Atomic Scientists* (New York: Vantage Books, 1970), p. 228.
21　〔原註〕哈佛電子計算機中心主任托馬斯・奇塔姆（Thomas Edward Cheatham）與其他五名美國電子計算機專家最近結束了為期三週的中國訪問回國，發表的結論刊登在 *Christian Science Monitor*, September 28, 1972, p. 3.

化他們的道德觀。」[22]

最後,我的三點觀察如下。第一,文革後的教育系統並沒有什麼新變化。中共政策強調理論與實踐的統一,這是王陽明在 16 世紀就主張的。開書考與回家考試 1965 年就已經在中國適用,免學費和建立行政委員會也不是空前的。

第二,文革後的教育政策仍是實驗性和臨時性的。中國的學校最近恢復以考試作為教育體系的根本,這是不滿的教師和教授透過中國媒體發表後,所爭取來的結果。教學人員說服領導人,如果要維持最低學術標準,晉級考試和大學入學考試是必要的。這顯示中國有一定程度的民主。[23] 但與此同時,「響應毛主席的號召,另外四十萬名知識青年(大多是中學畢業生)離開城市,到農村和邊疆定居,參加社會主義革命建設。」[24]

因此,我最後一點觀察是,因為唯物主義與人類慾望的矛盾,社會主義國家必然要經歷長期的鬥爭。人的本性傾向於舒適輕鬆的生活,當沒有壓力和阻礙時,資產階級學者將會由安逸變得奢侈,於是鬥爭、批判和改造成為必要。經過長期鬥爭,人們最終會回到黑格爾辯證法的正、反、合。合會在最合適的時機出現,接近孔子所說的「中

---

22 〔原註〕參見 Martin Singer, *Educated Youth and the Cultural Revolution in China*, (University of Michigan Papers in Chinese Studies, No. 10, 1971), p. 80.

23 〔原註〕*New York Times*, September 25, 1972, C3.

24 〔原註〕*Peking Review*, September 28, 1972, p.5.

庸」。透過以上推論，人們可能會說，中國還會面臨更多的鬥爭，但最終會走到與其他國家共存的中間路線。

譯後記

彭靖

　　我翻譯這本書的起因，是在 2015 年看到上海師範大學歷史系教授、博士生導師虞雲國對《家國萬里：鄧嗣禹的學術與人生》一書的評語。在這篇《南方都市報》2014 年好書評語中，他特別提到鄧嗣禹的這部遊記書籍，並希望儘快出版簡體版。於是，我就開始在芝加哥大學東亞圖書館（East Asian Collection, University of Chicago Library）的網頁上查找，並與周原主任取得了聯繫。由於圖書館管理制度的限制，當時他僅為我提供目錄、費正清序言和前言等共十頁的內容。

　　芝加哥大學是美國最負盛名的私立大學之一，也是外公鄧嗣禹曾經工作過八年的學校，他曾長期擔任東方研究院院長兼東亞圖書館主任。2017 年 4 月，應周主任邀請，我終於來到這所期待已久的學校。在周主任的陪同下，漫步在芝大校園內，參觀東亞圖書現代化的設備，閱讀與查閱館內的藏書，使我感慨良多。

　　自從 1891 年創建以來，芝大在許多領域都做出了傑出的貢獻，學術實力雄厚。其中，人類學、地球科學、經濟學、地理學、歷史學、語言學、統計學、社會學等學科專業，均在美國大學的相應領域排行榜中長期位居前十

名，為美國和全世界培養了大批優秀人才。

據不完全統計，芝加哥大學校友中有八十一位曾獲諾貝爾獎，為全球之最。著名華裔學者，諾貝爾獎得主楊振寧、李政道、崔琦和陳省身，以及國民黨前主席連戰等人，都是該校校友。美國前總統歐巴馬也曾在該校法學院執教十餘年。近期，在我編撰的《鄧嗣禹往來論學信箚解讀與研究》書稿中，還有楊振寧院士秘書提供的，在1980年代鄧嗣禹與楊振寧的四封往來通信。

本書作者鄧嗣禹是著名美籍華裔歷史學家，美國漢學研究先驅人物。1932年畢業於燕京大學歷史系，1935年獲得碩士學位後留校任教。1938年赴美留學師從費正清，1942年取得哈佛大學博士學位。曾任芝加哥大學東方研究院院長兼東亞圖書館主任，印第安納大學歷史系主任兼東亞研究中心主任，美國亞洲研究會研究與考察委員會主席，並曾於哈佛大學、美利堅大學、北京大學、香港中文大學等多所大學教書講授。曾獲得美國哲學研究會研究獎，美國社會科學研究評論會研究獎，美國學術團體理事會研究獎，聯邦政府衛生、教育與福利部頒發人文科學基金研究獎，美國全國教育協會研究獎等榮譽。出版《中國考試制度史》、《清代管理制度：三種研究》、《太平天國與西方列強》等著作三十餘種。其中，代表著《中國考試制度史》入選商務印書館「中國現代學術名著」叢書，英譯本《中國政治史，1840-1928》入選武漢大學「百年名典」叢書。在科舉制度、鴉片戰爭、太平天國、朝貢制

度等領域的研究，影響深遠。

迄今為止，《重訪中國：鄧嗣禹回憶錄》是他撰寫的，並經過編譯者補充的唯一一部回憶錄書籍。作者以其親身經歷、家信內容和大量研究史料為基礎，以幽默的語言，滿懷深情地回憶了他重訪中國的經歷，充分體現了他對於家國的深深眷念之情。

本書的總體結構與框架，編譯者借鑑《費正清中國回憶錄》的模式，書中主要章節，包括1946年至1947年在北大任教期間，他與胡適校長及北大眾多學者的交往；1972年2月中美聯合公報發表後的四個月，他作為第一批美籍華人學者重訪中國大陸的所見所聞；1978年他再次重訪中國大陸，與晚年的顧頡剛、謝冰心、譚其驤、顧廷龍、鄭天挺等著名學者的交往；1985年林則徐誕辰二百周年期間，他作為被邀請的五位海外學者之一，參加全國政協活動期間的內幕與花絮。書中內容，都可以為研究中國歷史、名人傳記寫作的學者，從事海外中國學研究的博士、碩士生們提供第一手可借鑑的史料。

《重訪中國》一書的翻譯出版，可謂經歷過許多曲折的過程。有些出版社雖然看好此書的內容與價值，但是擔心不能通過新聞出版署的審查，故而忍痛放棄。感謝芝加哥大學東亞圖書館主任周原博士的關照，破例提供全書的複印稿，並在之後的通信交往中，對於翻譯工作給予多方面的支持。感謝陝西師範大學歷史文化學院馮用軍教授為本書提供的審讀、推薦意見。同時，也要特別感謝民國歷

史文化學社,呂芳上社長慧眼識珠,認定本書的出版價值,李佳若編輯認真負責,為譯者潤色付出的辛勤工作。

在翻譯本書、寫作導讀與後記的過程中,我曾廣泛查閱與參考了美國耶魯大學趙浩生的〈美國華僑看尼克遜訪華〉、何炳棣等的《留美華裔學者重訪中國觀感集》、葉永烈的《紅色的起點:中國共產黨誕生紀實》、韓毓海的《重讀毛澤東:從 1893 到 1949》、費正清《費正清中國回憶錄》、麥克尼爾著,肖明波譯,《哈欽斯的大學》(William H. McNeill, *Hutchins' University: A Memoir of the University of Chicago, 1929-1950*)等多種圖書資料。在翻譯過程中,為編譯者提供幫助的人還有很多,難以一一列舉,在此一併表示謝意。

必須指出的是,雖然編譯者始終本著對讀者負責的態度,認真地翻譯本書,先後也得到了許多人的幫助。但是,因為鄧嗣禹這本書籍行文典雅、用詞考究、句式繁複,涉及的知識面又非常廣泛,加之本人才學有限,譯文中難免出現一些紕漏,在此懇請廣大讀者和專家學者不吝指正。

彭靖
2025 年 4 月 5 日
記於上海市海上國際花園

史家薪傳 06

重訪中國：鄧嗣禹回憶錄
China Revisited by An Overseas Chinese Historian

作　　者	鄧嗣禹
編　　譯	彭　靖、彭　麗
總 編 輯	陳新林、呂芳上
執行編輯	李佳若
封面設計	溫心忻
排　　版	溫心忻

出　　版　**開源書局出版有限公司**
香港金鐘夏慤道 18 號海富中心
1 座 26 樓 06 室
TEL：+852-35860995

民國歷史文化學社 有限公司
10646 臺北市大安區羅斯福路三段
37 號 7 樓之 1
TEL：+886-2-2369-6912
FAX：+886-2-2369-6990

初版一刷	2025 年 5 月 20 日
定　　價	新台幣 500 元
	港　幣 168 元
	美　元　25 元

I S B N　978-626-7543-64-1（平裝）

印　　刷	長達印刷有限公司
	臺北市西園路二段 50 巷 4 弄 21 號
	TEL：+886-2-2304-0488

http://www.rchcs.com.tw

版權所有・翻印必究
如有缺頁或裝訂錯誤
請寄回民國歷史文化學社有限公司更換

國家圖書館出版品預行編目 (CIP) 資料

重訪中國：鄧嗣禹回憶錄 = China revisited by an overseas Chinese historian / 鄧嗣禹著；彭靖編譯 . -- 初版 . -- 臺北市：民國歷史文化學社有限公司, 2025.05

　面；　公分 . -- (史家薪傳 ; 6)

ISBN 978-626-7543-64-1 (平裝)

1.CST: 鄧嗣禹　2.CST: 回憶錄

782.887　　　　　　　　　　114004812